普通高等学校"十四五"规划旅游管理类精品教材
国家级一流本科专业建设旅游管理类特色教材
外交部澜湄职业教育基地建设成果

旅游学概论： 理论与实践

Introduction to Tourism: Theory and Practice

主　编◎朱　逾
副主编◎陈永涛　刘　啸

华中科技大学出版社
http://press.hust.edu.cn
中国·武汉

内 容 提 要

本教材从认识旅游活动和旅游发展史入手，围绕旅游消费者、旅游目的地、旅游接待业三方面进行了旅游系统构建，对旅游学中若干基本概念如旅游市场、旅游资源、旅游产品进行了阐释，还对当今旅游活动的发展脉络、旅游活动产生的影响进行了描述。本教材共分为十章：旅游活动的历史发展、认识旅游活动、旅游系统、旅游消费者、旅游市场、旅游目的地、旅游资源、旅游接待业、旅游产品、旅游影响。每章设有导读案例、导读思考、知识导图、学习目标、本章小结、复习思考、自测习题等项目，章节内设有案例透视、教学互动等学习任务。

本教材可作为高等学校旅游管理专业用书，也可作为广大旅游从业人员的培训教材或参考资料。

图书在版编目（CIP）数据

旅游学概论：理论与实践／朱逾主编.--武汉：华中科技大学出版社，2025.7.--（普通高等学校"十四五"规划旅游管理类精品教材）.-- ISBN 978-7-5772-2231-8

Ⅰ.F590

中国国家版本馆CIP数据核字第2025EB2792号

旅游学概论：理论与实践　　　　　　　　　　　　　　　　　　　　　　　　　　　　朱　逾　主编
Lüyouxue Gailun：Lilun yu Shijian

策划编辑：王　乾　陈思宇

责任编辑：鲁梦璇

封面设计：原色设计

责任校对：刘　竣

责任监印：曾　婷

出版发行：华中科技大学出版社（中国·武汉）　　　　电话：(027)81321913
　　　　　武汉市东湖新技术开发区华工科技园　　　　邮编：430223

录　　排：孙雅丽

印　　刷：武汉市籍缘印刷厂

开　　本：787mm×1092mm　1/16

印　　张：12.5

字　　数：264千字

版　　次：2025年7月第1版第1次印刷

定　　价：59.80元

出 版 说 明

Publication Note

为深入落实全国教育大会和《加快推进教育现代化实施方案(2018—2022年)》文件精神,贯彻落实新时代全国高校本科教育工作会议精神和《教育部关于加快建设高水平本科教育全面提高人才培养能力的意见》、"六卓越一拔尖"计划2.0系列文件要求,推动新工科、新医科、新农科、新文科建设,做强一流本科、建设一流专业、培养一流人才,全面振兴本科教育,提高高校人才培养能力,实现高等教育内涵式发展,教育部决定全面实施"六卓越一拔尖"计划2.0,启动一流本科专业建设"双万计划"。

基于此,建设符合旅游管理类国家级一流本科专业人才培养需求的教材,将助力旅游高等教育专业结构优化,全面打造一流本科人才培养体系,进而为中国旅游业在"十四五"期间深化文旅融合、持续迈向高质量发展提供有力支撑。

华中科技大学出版社一向以服务高校教学、科研为己任,重视高品质专业教材出版,"十三五"期间,在教育部高等学校旅游管理类专业教学指导委员会和全国应用型课程建设联盟旅游专业委员会的大力支持和指导下,率先组织编纂出版"普通高等院校旅游管理专业类'十三五'规划教材"。该套教材自出版发行以来,被全国三百多所开设旅游管理类专业的院校选用,并多次再版。

为积极响应"十四五"期间国家一流本科专业建设的新需求,"国家级一流本科专业建设旅游管理类特色教材"项目应运而生。本项目依据旅游管理类国家级一流本科专业建设要求,立足"十四五"期间旅游管理人才培养新特征进行整体规划,邀请旅游管理类国家级一流本科专业建设院校国家教学名师、资深教授及中青年旅游学科带头人加盟编纂。

该套教材融入思政内容,助力旅游管理教学实现立德树人与专业人才培养有机融合,让学生充分认识专业学习的重要性,加强学生专业技能的培养,并将学生个人职业发展与国家建设紧密结合,让学生树立正确的价值观。同时,本套教材基于旅游管理类国家级一流本科专业建设要求,在教材内容上体现"两性一度",即高阶性、创新性和挑战度的高质量要求。此外,依托资源服务平台,打造新形态立体教材。华中科技大学出版社紧抓"互联网＋"时代教育需求,自主研发并上线了华中出版资源服务平台,为本套教材提供立体化教学配套服务,既为教师教学提供教学计划书、教学课件、习题库、案例库、参考答案、教学视频等系列配套教学资源,又为教学管理构建集课程开发、习题管理、学生评论、班级管理等于一体的教学生态链,真正打造了线上线下、课内课外的新形态立体化互动教材。

　　本项目编委会力求通过出版一套兼具理论与实践、传承与创新、基础与前沿的精品教材,为我国加快实现旅游高等教育内涵式发展、建成世界旅游强国贡献一份力量,并诚挚邀请更多致力于中国旅游高等教育的专家学者加入我们!

前言
Preface

"旅游学概论"是教育部指定的旅游管理专业核心课程之一,也是入门课和基础课。在新的发展形势下,"旅游学概论"课程能"确立旅游管理类专业的知识体系,界定知识范围,指明知识方向,展示知识全貌"。基于这一教学目标,我们编写了这本教材。

在教材内容设计上,本教材依托旅游系统的观点来分析旅游活动现象。遵循"先分析旅游系统核心要素,再认识旅游活动现实表达"的写作思路,设计了旅游消费者(旅游系统核心要素)、旅游市场(旅游活动的经济文化表现)、旅游目的地(旅游系统核心要素)、旅游资源(旅游活动的地理环境表现)、旅游接待业(旅游系统核心要素)、旅游产品(旅游活动的经济表现)等内容,以此来搭建该课程的专业知识框架。

在教材写作思路上,本教材强调通俗性、可读性、应用性。全书知识内容简明,案例丰富;教学任务多样,引导学生更加便捷地学习相关知识和进行技能训练,方便教学检查与评估;既有适度的基础知识,又有必要的技能训练,力求体现"以学生为主体,以教师为主导,以提升能力为本位,以培养素养为目标"的教育教学思路,以培养应用型的现代旅游人才。

本教材由朱逾负责构思框架、编写大纲、确定知识点、审定章节内容。第一章、第二章、第八章、第十章由朱逾编写;第三章、第四章、第六章由陈永涛编写;第五章、第七章、第九章由刘啸编写。研究生唐志雄负责部分资料的收集、文献的整理和文字图表编辑校对。

本教材是众多学者智慧的结晶。特别是关于旅游系统、旅游目的地、旅游接待业、旅游影响的内容,充分学习和借鉴了田卫民教授的观点,并参考了田卫民教授的《旅游学概论》一书中的部分观点。同时,李天元教授的《旅游学概论(第六版)》、谢彦君教授的《基础旅游学》,保继刚教授的《旅游地理学》、马勇教授的《旅游规划与开发》、吴必虎教授的《区域旅游规划原理》,也是本教材重点参考的书籍。其他多部《旅游学概论》及相关书籍也给予了本教材诸多借鉴和启发。国内外学术期刊论文、案例分析、新闻报道为本教材的编写提供了丰富的素材。在此衷心感谢这些成果创造者。编写中参考借鉴的各种文献，虽尽力做了标注，但难免有遗漏，在此也向各位相关文献的作者表达真挚的歉意。

由于成书的时间仓促，加之我们的知识水平及行业经验有限，书中难免有遗漏、欠妥之处，恳请各位专家和广大读者批评指正，以期不断完善。

目录
Contents

Note

第一章
旅游活动的历史发展

中国古代诗词中的旅游

中国古代诗词中蕴含了丰富的旅游现象,这些作品不仅反映了诗人的行游经历,也展现了不同时代的旅游风貌和文化内涵。

《诗经》是中国最早的诗歌总集,其中许多篇章反映了先秦时期的社会生活。《卫风·氓》通过"氓之蚩蚩,抱布贸丝……以尔车来,以我贿迁",描述了一位女子出嫁的过程,展现了当时婚嫁旅行的场景。婚嫁旅行是先秦时期重要的旅行形式之一,体现了家族间的联姻和迁居。

唐朝诗人李白著名的七言绝句《望庐山瀑布》中有:"日照香炉生紫烟,遥看瀑布挂前川。飞流直下三千尺,疑是银河落九天。"这首诗描绘了庐山瀑布的壮丽景色,展现了唐朝文人对自然景观的热爱和当时山水旅游的盛行。

宋朝文人热衷于登高望远,通过游览名胜古迹来抒发情感和思考人生。范仲淹《岳阳楼记》中的名句"登斯楼也,则有心旷神怡,宠辱偕忘,把酒临风,其喜洋洋者矣",既描绘了岳阳楼的景色,也表达了对自然和人生的感悟,体现了宋朝文人的文化旅行特点。

徐霞客是明朝著名的地理学家、旅行家和文学家,他创作的《徐霞客游记》记录了其30多年的旅行经历,他的足迹遍及大半个中国。他的旅行不仅是地理考察,也展现了明朝文人对自然和人文景观的热爱。

(案例来源:笔者根据相关资料整理)

导读案例

导读思考

这些诗词和作品不仅记录了中国古代的旅游现象,也反映了不同时代的文化背景和社会风貌。从先秦的婚嫁旅行到明清的地理考察,中国古代旅游文化在这些经典作品中得到了生动的体现。

知识
导图

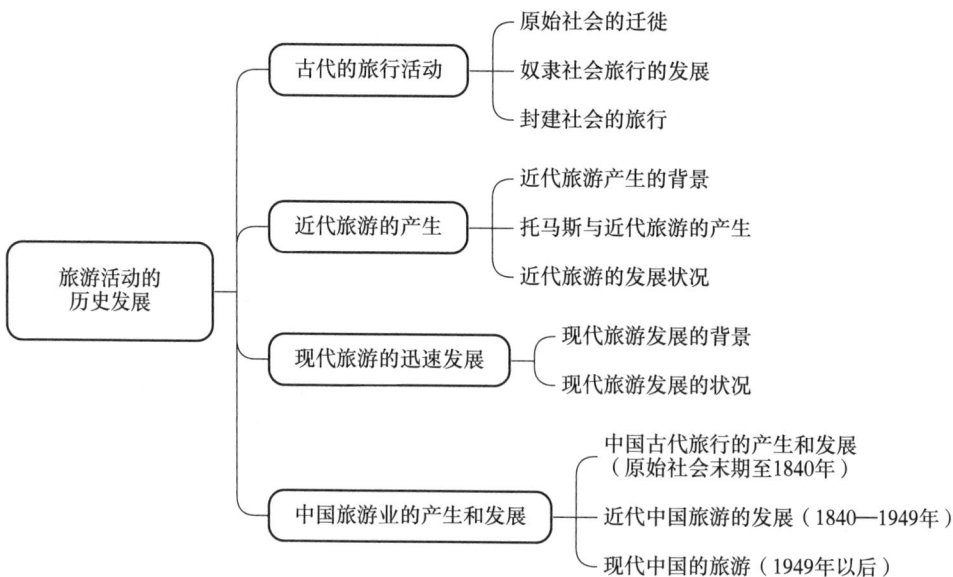

学习
目标

知识目标：

掌握旅游发展3个阶段的特征与划分的依据；

了解各个历史阶段的标志性事件、人物和旅游活动主要形式。

能力目标：

具备从资料、文献中收集旅游发展特点的能力。

素养目标：

培养学生传承优秀传统文化的意识，增强文化自信与民族认同。

　　人类旅游活动从何时起，目前还没有确切的定论，但是有一点是可以确定的，即旅游并不是随着人类的产生而产生的，而是人类发展到一定阶段的产物。从历史的眼光看，人类的旅游活动大致经历了3个发展阶段：古代的旅行活动、近代的旅游活动和现代的旅游活动。

第一节 古代的旅行活动

人类古代的旅行,从时间上是指19世纪中叶以前的漫长时期。从原始社会的生存迁徙,到阶级社会形成后以商贸、朝圣、军事、求知等为目的的旅行活动,人类在古埃及、巴比伦、古希腊、古罗马、古中国等文明发源地及跨区域往来中持续拓展旅行实践。

一、原始社会的迁徙

(一)原始社会的迁徙活动

原始社会没有旅游,只有迁徙。迁徙行为是人们出于谋生的目的,或者受到自然原因(如气候等对生存环境的破坏)、人为原因(如战争)的威胁而被迫离开定居地,在新的定居点定居下来,不再回到原来的定居点。迁徙是人类最古老的活动。在原始社会早期,由于生产力水平和抵御自然灾害的能力都十分低下,人类的生存无时无刻不面临着严峻的威胁,如饥饿的困扰、自然灾害的侵袭、动物的攻击、他族的入侵等。为了寻找天然食物和躲避灾害,我们的祖先不得不辗转迁徙。他们没有固定的居所,必须不断寻找适合生存的栖息地,如非洲原始人类向亚洲、欧洲的迁徙,亚洲的因纽特人通过白令海峡向美洲大陆迁移等。

(二)原始社会旅行的产生

旅行是人类有了定居生活之后的一种行为。它产生的前提是人类历史上的三次社会大分工。

第一次社会大分工是农业和畜牧业的分离,它出现在距今大约一万年前的原始社会晚期。农业促成了定居,是旅行产生的必要条件之一。第二次社会大分工是原始社会末期出现的手工业同农业的分离。在这一阶段,随着生产力的发展,制陶、建筑、纺织、编织等技艺得到发展,并逐渐成为专门性的行业。第二次社会大分工使劳动生产率进一步提高,剩余产品数量增多,交换开始成为一种重要的社会现象。到了原始社会末期向阶级社会过渡的阶段,出现了第三次社会大分工,即商业从农业、畜牧业和手工业中分离出来。由于剩余产品数量的增多和商业的发展,产品交换的地域范围不断扩大,商人们需要辗转各地进行交换活动,因而产生了旅行经商或外出交换产品的需要。由此可见,原始社会的旅行是当时生产生活的组成部分。商业的发展促成了早期旅行活动的产生,但这种旅行活动的范围和规模都是比较有限的,旅行还没有形成一种广泛的社会现象。

二、奴隶社会旅行的发展

到了奴隶社会时期,旅行得到了进一步的发展。原因之一是社会各行业分工更加细化,商业更加发达;原因之二是奴隶制统一国家的建立,使社会秩序相对稳定,为旅行活动的发展创造了条件。古埃及、古巴比伦、古印度、中国、古希腊和古罗马等都是旅行活动最先发展兴起的国家。

(一)古埃及、西亚——古代旅行的发展时期

公元前3200年前后,古埃及形成了统一的奴隶制国家,标志着奴隶制社会的建立。公元前27世纪,埃及进入了古王国时代,确立了以法老为首的中央专制政体,并大规模地兴建金字塔。宗教旅行在当时十分盛行,古埃及每年要举行很多次重大的宗教集会,吸引官员、地方代表和信众参与朝拜活动。当时,古埃及与邻国的交往也十分密切。根据记载,公元前1490年左右,哈特谢普苏特女王访问蓬特地区。

(二)古希腊、古罗马——古代旅行的全盛时期

古希腊在公元前8世纪形成奴隶制城邦国家。公元前5世纪,以雅典为首的希腊城邦进入古典时代黄金期,文化、经济、政治高度繁荣。城邦货币的流通和希腊语的广泛传播,大大促进了当时旅行活动的发展。古希腊的提洛岛、德尔斐和奥林匹亚是当时著名的宗教圣地。尤其是在建有宙斯神庙的奥林匹亚,每4年都要举行一次盛大的祭祀活动,其间还举行多种体育竞技活动。每逢活动期间,人们从四面八方涌向奥林匹亚,观看摔跤、赛跑等各种竞技活动,这就是古代奥林匹克运动会的起源。这些活动都极大地推动了古代旅行的发展。

古罗马时代的旅行在古代旅行中颇具代表性。古罗马时代始于公元前753年,不断的征战使古罗马的疆域十分辽阔。全盛时期,罗马帝国地跨欧、亚、非三洲,地中海成为帝国的"内湖"。其时,古罗马的陆路和水陆交通已十分发达,交通沿线的旅店、驿站也为旅行者带来很大的便利。另外,货币的使用、拉丁语和希腊语的流行都极大地方便了旅行者的旅行游览活动。古罗马时代是古代世界旅行的全盛时期。

三、封建社会的旅行

公元5世纪,随着西罗马帝国灭亡,欧洲逐渐向封建社会过渡。由于封建社会各国纷争不断,加之自给自足的自然经济也使商业的发展受到限制,旅行活动一度陷于沉寂。这一阶段较为突出的旅行活动主要有阿拉伯宗教旅行、意大利商务旅行和开辟新航路探险旅行。

(一)阿拉伯宗教旅行

7世纪初,穆罕默德创立伊斯兰教,统一了阿拉伯半岛。随后,阿拉伯统治者逐步

建立了横跨亚、非、欧三大洲的阿拉伯帝国。阿拉伯帝国地域辽阔,商品丰富,交通运输十分发达。当时,伊斯兰教的教义广泛流传,而且其规定了朝觐制度,每个穆斯林一生必须到宗教圣地麦加朝圣一次。特殊的地理位置以及宗教的影响,为阿拉伯帝国的旅行创造了良好的条件。朝觐期间,信徒、商人、艺术家们云集麦加。

(二)意大利商务旅行

11世纪,罗马教皇以"收复圣地"之名,发动了九次十字军东征,确立了西欧各国在东方的商业优势,促进了东西方之间的经济交流。之后,以威尼斯商人为代表的商人为了开拓市场,开始了商务旅行,架起了东西方商贸和文化交流的桥梁。意大利旅行家马可·波罗(1254—1324)就是当时著名的旅行家之一。他原本为了经商离开家乡威尼斯,前往中国,经过两河流域、阿富汗、帕米尔高原,沿丝绸之路到达元朝的大都(今北京市市区)。在那里,他得到了忽必烈的信任,在元朝为官。马可·波罗在中国期间,四处游历,并到过苏门答腊、爪哇、印度等地。1295年,他才回到威尼斯,不久便在威尼斯与热那亚的战争中被俘。在狱中,他口述完成了著名的《马可·波罗游记》,讲述了他在东方的见闻。此书对新航路的开辟产生了很大的影响。

(三)开辟新航路探险旅游

14—16世纪的文艺复兴时期,西方资本主义开始萌芽,激发了西方封建统治者对扩张和财富的追求。《马可·波罗游记》中对东方富庶的描述,也催生了以寻找原料、抢占市场和积累资本为目的的远航探险热潮。西班牙、葡萄牙是当时的海上强国,许多著名的航海家和探险家在这个大航海时代涌现,哥伦布、麦哲伦都是其中的代表人物。

1492年,哥伦布奉西班牙王室之命,希望根据"地圆说",从大西洋向西航行到达中国和印度。他带领船队横渡大西洋,到达了美洲大陆,当时他误以为到了印度,所以把当地土著居民称为"印第安人"。此后他还多次航行到美洲,开辟了欧洲到美洲的新航线。

1497年,葡萄牙国王派达·伽马向东航行,经非洲西海岸南下,绕过非洲南端的好望角到达印度,开辟了西欧通往印度的海上新航线。

1519年,麦哲伦率西班牙船队经大西洋,绕过南美洲南端(今麦哲伦海峡),穿越太平洋,到达菲律宾。虽然麦哲伦在菲律宾死于非命,但他的船队在1522年完成了世界首次环球航行回到西班牙。这是一次伟大的旅行活动,不仅证明了"地圆说",也为环球航行开辟了新的航线,扩大了人们的视野和旅行范围,对旅游的发展产生了深远的影响,麦哲伦率领的船队也被公认为世界上首次完成环球航行的团队。

从人类社会早期旅行活动的特点来看,商贸旅行和宗教旅行居于主导地位,旅行活动的参加者主要是统治阶级、王公贵族及其附庸阶层。他们人数不多,在总人口中所占比重很小,因此,此时的旅行活动不具有普遍的社会意义。

纵观整个古代时期,人类旅行有如下特点:第一,出现了多种旅行活动形式;第二,商人开辟了旅行的道路,商贸旅行占据主导的地位;第三,参加人员规模不大;第四,出现了旅行家及旅行游记。

教学互动

阅读一本古代时期的国外旅行著作,并写一篇读书笔记。

第二节　近代旅游的产生

一、近代旅游产生的背景

（一）17世纪"大旅游"的兴起

从17世纪初开始,"大旅游"(Grand Tour)成为文艺复兴运动所预示的追求自由、渴望知识这一潮流的直接产物。在当时的欧洲,上流社会的人认为完成绅士教育,"大旅游"是其必走的一步。1670年,"大旅游"一词已经被使用,这是一种持续数年的长途旅行,通常以法国和意大利为主要目的地。17—19世纪,欧洲(尤其是英国)的贵族或富家子弟通过这种旅行来完成他们的教育。"大旅游"并没有固定路线,不同时期的旅行目的地也有所变化。但到18世纪时,已形成一条标准路线:巴黎是必经之地,罗马则是旅程高潮。英国青年通常从多佛尔渡海至法国勒阿弗尔,随后与来自法国、德国、荷兰、瑞典和丹麦的同龄人在巴黎会合,进行长期驻留。在此,他们学习法国礼仪与时尚,并接受骑术、击剑和舞蹈训练。从某种意义上讲,"大旅游"的兴起在一定程度上促进了近代旅游的兴起和发展。

（二）工业革命对旅游发展的影响

工业革命(或称产业革命)是机器生产代替工场手工业的过程。18世纪60年代,以哈格里夫斯发明的"珍妮纺纱机"为代表的一系列生产技术的革新被认为是工业革命的起点。到19世纪,英国、美国、德国、法国等欧美国家都完成了工业革命。工业革命既是一场生产技术的革命,也给生产关系和经济生活带来巨大变革。工业革命对近代旅游的影响主要表现在以下几个方面。

1.加速了城乡之间的人员流动

产业革命带来了机器生产和流水线作业方式,生产规模迅速扩大,导致大量的农村人口涌向城市。同时,城市化进程的加快,使城市环境变得拥挤嘈杂。工作和环境的压力使人们产生了对大自然的向往,人们需要通过旅游来改变工作环境,调节、舒缓紧张单调的生活节奏,因此,外出旅游的人数日益增多。

2.带来了阶级结构的新变化

工业革命造成社会阶级结构的重大变化。工业资产阶级和工业无产阶级逐渐成为社会的两大阶级。同时,由于劳动生产率的提高,工业无产阶级的收入不断增加,加之他们为争取自身利益进行的不懈斗争,带薪假期逐渐成为可能,这些因素都使得外出旅游的人数不断增加。

3.改善了交通条件

蒸汽机的发明和应用为远距离的旅行提供了便利。1807年,美国人罗伯特·富尔顿将蒸汽机应用于轮船,蒸汽机轮船速度快、载量大。此后一段时间,无论是在内河航运还是在远洋航运,蒸汽机轮船都是水上交通运输的主角。1814年,被称为"铁路之父"的斯蒂芬森发明了蒸汽机车;1825年,世界上第一条铁路在英国正式通车,之后美国、法国等相继修建了铁路,开辟了陆路运输的新篇章。火车、轮船等现代的交通工具逐步取代了马车等旧式交通工具,它们缩短了旅途时间、降低了旅行费用,使更多的人参与到旅行活动中,也使大规模、远距离的旅游活动成为可能。

二、托马斯与近代旅游的产生

世界上第一次以一个组织的形式出现,并与运输业直接挂钩而开旅游业先河的人是英国的托马斯·库克。托马斯·库克(1808—1892年)出生于英格兰,他是一名英国旅行商,被誉为近代旅游业的先驱者。

1841年7月5日,托马斯·库克包租了一列火车,运送了570人从莱斯特前往拉夫巴勒参加禁酒大会,团体收费每人一先令,免费提供带火腿肉的午餐及小吃,还有一个唱赞美诗的乐队跟随,这次短途旅游活动标志着近代旅游及旅游业的开端。

1845年,托马斯·库克率先在英国正式创办了托马斯·库克旅行社,成为旅行代理业务的创始人。因此,托马斯·库克被世界公认为商业性旅游的鼻祖。

1845年夏,托马斯·库克亲自担任领队,组织了350人的消遣观光团去利物浦旅游。库克本人对这次的团体旅行进行了周密的计划,并事先亲自考察旅游线路,确定沿途的游览点,与各地客栈老板商定旅客的吃住等事宜。利物浦之行结束后,库克整理并出版《利物浦之行手册》,该手册是早期的旅游指南。

1846年,他又组织350人到苏格兰集体旅游,并配有向导。旅游团所到之处受到热烈欢迎,从此,托马斯·库克旅行社在英伦三岛名声大噪。

1851年,托马斯·库克组织了16.5万多人参观万国工业产品博览会。

1855年,托马斯·库克组织了从英国莱斯特前往法国巴黎的团体旅游,这次旅游活动在巴黎停留游览4天,全程一次性包价,其中包括在巴黎的住宿和往返旅费,总计36先令。事实上,这也是世界上组织出国包价旅游的开端。

1865年,托马斯·库克开办了一家旅游用品商店,同年,为了进一步扩展旅行社业务,其与儿子约翰·梅森·库克成立托马斯父子公司(即通济隆旅行社),迁址于伦敦,并在北美洲、亚洲、非洲设立分公司。

1872年,托马斯·库克和他的伙伴们开始了为期8个月的环球旅游。

1892年,托马斯·库克发明了最早的旅行支票,可在世界各大城市通行,通济隆旅行社还编印了世界最早的旅行杂志,该杂志曾被译成7国文字,再版达17次之多。

同时,许多的类似旅游组织在欧洲大陆纷纷成立。1857年,英国成立了世界上第一个登山俱乐部。1885年,英国又成立了帐篷俱乐部。1890年,法国和德国分别成立了观光俱乐部。自1850年起,美国运通公司兼营旅行代理业务,并于1891年发行了旅行支票,其与英国的托马斯·库克公司、比利时的国际铁路卧车公司一起被称为20世纪初三大旅行代理业务公司。

教学互动

制作思维导图,总结托马斯·库克对近代旅游业发展的作用。

三、近代旅游的发展状况

随着旅行社的发展,旅游交通、餐饮住宿、旅游景区等相关行业也得到了发展。交通运输部门利用其掌握的道路和交通工具资源,经办了旅游业务。例如,1822年,英国的罗伯特·司麦脱经办了轮船旅游业务;1895—1896年,美国运通公司相继在伦敦和巴黎建立办事处,所经营的业务大多是旅游业务。轮船、火车是近代主要的交通工具,在近代旅游中发挥了重要作用。随着贸易和旅游的发展,铁路、公路和码头出现了许多供旅游者住宿的旅馆。19世纪末,旅游促进伦敦旅馆业大规模发展。另外,旅游景区的建设也有所推进,国家或私人投资开发了游乐场、运动场、赌场、疗养地、浴场等旅游设施,使人们旅游活动的内容更为丰富多彩,改变了过去仅靠客观存在的旅游资源吸引旅游者的状况。

近代旅游业产生和发展的另一个标志是商业酒店的兴起和发展。从发展历史来看,酒店业经历了不同的阶段。在古代客栈时期,设施简陋的客栈仅提供基本食宿,是人们旅行活动中落脚歇息、交流信息和聚会交往的地方。后进入大酒店时期,当时,随着工业化进程的加快,为方便贵族和上层人物度假及公务旅行的需要,大酒店盛行一时。1829年,在波士顿落成的特里蒙特酒店(Tremont House)堪称第一家现代化酒店,它为整个新兴的酒店行业确立了标准。该酒店不仅客房多,而且设施设备较为齐全,服务人员亦经过专业培训,入住旅客十分有安全感。

随着近代旅游业的蓬勃发展,无论是客栈还是专供特权阶层使用的豪华酒店,都不能满足日益增长的中产阶层旅游者的需要。1908年,被称为"酒店业开山鼻祖"的美国人斯塔特勒建成了第一家商业饭店——斯塔特勒酒店,这标志着酒店业开始全面进入商业酒店时期。斯塔特勒酒店不再刻意追求豪华奢侈,而是注重管理,并深受美国汽车工业、机械工业等大规模生产范式的影响,实行标准化的管理,大量地推出"平民化、大众化"的酒店产品,全力降低成本以获取高额利润。这一时期开办的酒店,注重方便、舒适、清洁、安全,服务虽仍较为简单,但已日渐完善,经营方向开始转向以客人为中心,酒店的住宿价格也趋向合理。这使得更多的人有可能成为旅游者,因此也在很大程度上推动了近代旅游业的发展。

近代旅游相对于以前的旅游表现出了新的特点:第一,以消遣为目的的旅游规模不断扩大;第二,旅游参与者的层次更为广泛;第三,旅游业的发展促使旅游活动更加商业化;第四,旅游活动的形式更加多样化。

第三节　现代旅游的迅速发展

现代旅游是指第二次世界大战以后,特别是20世纪60年代以来迅速在世界各地普及的社会化大众旅游,旅游方式极为丰富多彩。现代旅游类型按地理区域划分,有国际旅游和国内旅游;按组织形式划分,有团体旅游、散客旅游、包价旅游、自助旅游等;按旅游工具划分,有航空旅游、铁路旅游、汽车旅游、海上巡游等;按活动内容划分,有文化旅游、探亲旅游、观光旅游、疗养旅游、探险旅游等;按费用来源划分,有自费旅游、公费旅游、社会旅游等。

一、现代旅游发展的背景

现代旅游的崛起和迅速发展,说明人类的旅游活动是随着社会经济的发展而由低级向高级发展的。只有在当今世界经济发展到较高水平的背景下,具备现代化、国际化、规模化、大众化特征的旅游活动才得以形成,并推动现代旅游业的蓬勃发展。

现代旅游产生和发展的因素是多方面的。现代旅游作为大众参与的社会经济文化现象,其出现离不开社会提供的必要条件。其中,持续的和平环境是基础保障,社会生产力水平的提高是根本动力,而政府政策的推动则起到了重要的促进作用。

(一)社会生产力水平的提高是现代旅游产生和发展的根本原因

社会生产力水平的提高为现代旅游的发展带来了客观需求。社会生产力水平的提高,直接表现为国民收入的增加、国民工作时间的缩短和国民生活的改善。全球范围内劳动时间的普遍减少和带薪假期的增多,是现代旅游趋于群体性的一个重要原因。生产力的发展必然带动社会消费水平的提高和消费结构的优化,这对世界旅游市场的繁荣和旅游业的蓬勃发展起到了决定性作用。随着社会生产力水平的持续提高,人们的旅游需求将会进一步扩大并且消费能力将会进一步提升。

社会生产力水平的提高，为现代旅游的迅速发展提供了物质条件。高速列车的出现，超音速客机的使用，缩小了世界的空间距离，缩短了国内、国际旅游的交通时间，使现代旅游获得了前所未有的广阔发展空间。现代科学技术的发展和社会生产力水平的提高，不仅为人们提供了方便、快捷和收费低廉的交通方式，同时为旅游者提供了舒适且完备的食宿和各种游乐设施和设备，为现代旅游的繁荣提供了有利的物质条件。

社会生产力水平的提高和科学技术的发展，提高了旅游信息传播和旅游组织的效率。第二次世界大战后，随着交通和通信网络的快速发展，旅游信息的传播速度大幅提升，人们获取信息的渠道更加多元化。旅游从业者可以通过电视、电影、广播及各种书刊等载体宣传世界各地的自然风光和人文景观，激发人们的旅游动机，不断提高旅游宣传的效果。计算机技术的发明和应用，大大提高了世界各地旅游组织工作的效率，旅游者可以通过网络预订酒店和车票，查询旅游线路和旅游包价等，使现代化、国际化的大规模旅游活动得以有序开展。

（二）政府对现代旅游发展的促进作用

现代旅游产生和发展的另一个重要原因是政府对现代旅游发展起到的积极作用。随着大众旅游的兴起，世界上几乎所有国家的政府都在不同程度上支持和鼓励本国旅游业的发展。政府之所以支持旅游业，特别是国际旅游业的发展，是因为旅游业具有多项功能：赚取外汇收入，平衡国际收支；增加就业机会，维护社会稳定；提高资源利用效率，推进经济发展；塑造国际形象，改善国际关系。因此，第二次世界大战后很多国家的政府都把推进旅游业发展列为重要战略，几乎所有国家都设立了全国性的旅游管理组织，并通过经济、法律、政治手段干预旅游业的发展。

我国政府也越来越重视旅游业的发展，已把旅游业纳入国民经济发展规划；旅游业的发展速度持续加快，服务质量不断提高；旅游体制改革不断深化，相关法律法规逐步完善；行业管理日益规范，旅游业在我国国民经济中的地位不断提高。

二、现代旅游发展的状况

纵观20世纪60年代以来世界旅游业的发展，主要呈现以下特征。

（一）旅游者的大众性

旅游者的大众性主要体现在三个方面：一是指旅游群体越来越广泛。旅游由过去只有贵族、官僚、富商等少数人才能享受的一种奢侈的游乐活动，变成普通劳动者广泛参与的社会活动。二是旅游人数越来越多，人们外出旅游的频率不断增加。这一特点在发达国家表现得比较明显。早在20世纪80年代，美国每年国内旅游人次就已达近12亿；英国每年出国旅游的人次就几乎达到全国人口的半数，英国每年平均外出旅游3到4次的人数占全国总人口的55%。如今，这些数字会更高。可见，旅游已经成为人们日常生活不可缺少的部分。三是旅游作为一种激励员工的手段，已被企业或各种组织广泛采用。随着人们观念的改变,越来越多的企业和公司将奖励员工出游作为激励员工的一种重要手段,通过商务会议旅游、海外培训等形式激励员工。奖励旅游并非一般的员工旅游,而是企业提供一定经费,委托旅行社精心设计的"非比寻常"的旅游活动。奖励旅游目前已经成为旅游市场的重要组成部分,并且其规模还在迅速扩大。

(二)地理的集中性

尽管现代旅游活动已经打破了地域的限制,发展成为一种全球性的社会经济活动,但从旅游活动的分布来看,表现出极大的不平衡,往往会集中于某些国家或地区,甚至是集中于某些具体的旅游景点。现代旅游首先在西方经济发达国家兴起,全世界90%以上的国际旅游者来自发达国家或地区,同时,他们又接待着80%的国际旅游者。同样,在某一国家内,各地的旅游发展也具有地理上的集中性。以我国为例,旅游者主要集中于广东、北京、上海等经济发达地区和云南、广西等旅游资源丰富的地区。

(三)旅游的季节性

旅游资源的季节性及人们外出旅行时间的相对集中性,使得现代旅游的季节性非常突出。旅游的季节性的形成原因可概括为自然季节性因素、社会季节性因素及偶发性因素。

一般来说,主要依赖自然旅游资源吸引旅游者的国家和地区,旅游接待量的季节性波动比较大;主要依赖人文旅游资源吸引旅游者的国家和地区,旅游接待量的季节性波动就比较小。消遣型旅游受季节性制约多一些,事务型旅游几乎不受季节性影响。

(四)增长的持续性

第二次世界大战后,世界经济的发展经历了许多曲折过程,尤其是很多西方资本主义国家的经济都经历了经济危机的冲击。然而,旅游业始终保持上升态势,至今仍充满朝气。虽然个别年度旅游人数及旅游收入略有波动,但整个全球旅游业整体呈上升趋势。2001年"9•11"事件给美国的旅游业带来很大的冲击,2003年的"非典"使中国的旅游业受到重创,旅游人次和旅游收入同比下降,这充分体现了旅游业的敏感性特征。因此,只要不发生全球性的经济危机或大规模战争,世界旅游业将保持持续增长的发展态势。

(五)旅游种类多样性、个性化

随着社会经济的发展与文明程度的提升。传统旅游形式如商务旅游、宗教旅游、观光旅游及教育旅游稳步发展,与此同时,休闲度假旅游和参与性旅游项目逐渐成为现代旅游活动的主体。旅游需求,则呈现出明显的多元化特征,各类新兴旅游形式不断涌现,如文化旅游、艺术旅游、生态旅游、疗养旅游、探险旅游、考察旅游、体育旅游、新婚旅游、民俗旅游、会议旅游、探亲旅游、美食旅游、购物旅游,以及乡村旅游等,极大地丰富了旅游市场。

案例透视

第四节　中国旅游业的产生和发展

一、中国古代旅行的产生和发展（原始社会末期至 1840 年）

中国是具有数千年发展历史的文明古国，也是世界上旅行活动兴起较早的国家之一。《山海经》《史记》中均记载了祖先们的旅行活动。

（一）夏、商、西周时期

中国旅游的萌芽可以追溯到公元前 21 世纪夏朝的商业活动，这些活动从多方面创造了旅行的条件，推动了旅行的发展。

公元前 21 世纪，禹的儿子启建立了我国第一个奴隶制王朝——夏朝。在夏朝，随着生产力的提高，剩余产品增多，出现了物物交换，这种物物交换通常发生在相邻的氏族之间。夏朝最喜欢经商的是殷氏族。殷人原来游牧于河南、山东一带，他们因为经常迁徙，沿途接触了很多部落，并与部落居民发生了密切的物物交换关系，所以在历史上留下了"殷人重贾"的印象。

公元前 16 世纪和公元前 11 世纪，商朝和周朝相继建立。商周两朝的政治环境相对稳定，手工业水平快速提升，车船等交通工具得到广泛应用。交通条件的改善进一步扩大了人们的活动范围，极大地促进了商业旅行的繁荣。在我国整个奴隶社会时期，以贸易为目的的商业旅行一直居于主导地位。

（二）春秋战国时期

春秋战国时期，是由奴隶制向封建制进化的社会大变革时期，这时期的婚嫁、游说、游学，以及在宫廷生活中活跃起来的狩猎、游览活动，盛极一时。

春秋时期，列国纷争，诸侯并立，政治联姻更是诸侯、天子竞相使用的外交措施和统战工具。所谓的"秦晋之好"即说明了当时诸侯通婚的风尚。

从春秋末年到战国末年，社会上兴起了一股投师问学的风气，称为"游学"。孔子就是当时最有名的老师，他一生收弟子 3000 多人。战国时，文化教育鼎盛，九流十家（儒家、墨家、道家、法家、名家、杂家、农家、阴阳家、纵横家、小说家）各立门户、各阐其教，这股求学之风一直延续到秦始皇焚书坑儒。

春秋战国时期王室衰微，诸侯各自为政，"治国平天下"是诸子百家共同研究的课题，从而掀起了一股"周游列国"的游说大潮，代表人物有孔子、墨子、孟子等。

（三）秦汉时期

秦始皇统一中国后，中国进入漫长的中央集权社会。政治上的统一和稳定，经济上的持续发展,相对完善的水陆交通体系,以及各地区人民的友好往来,都为当时的旅行发展创造了良好的条件。秦汉时期的旅行主要有帝王巡游、官吏宦游,以及文学漫游。

帝王巡游在秦汉时期最为壮观。秦始皇一生巡游五次,旨在考察军事防务、祭拜名山大川、宣扬王朝声威,最后病逝于巡游途中。秦始皇以后,秦二世、汉高祖、汉武帝等都曾有过巡游。帝王巡游期间,全国大修驿道,这在很大程度上促进了旅游资源的开发,推动了旅游活动的发展。

官吏宦游中最有名的是张骞出使西域。汉初发生过几起匈奴南侵的著名战例,威胁到汉王朝的安全,因此,汉武帝执政时,下定决心反击匈奴。公元前138年,张骞出使西域。其间历尽坎坷,于公元前126年才返回长安。张骞出使西域的重要成果是开辟了汉朝通往西域的通道。另外,张骞还详查了西域诸国的地理状况、风俗习惯等。后来,汉朝还曾第二次派张骞出使西域,随从300多人,浩浩荡荡,旅途一帆风顺。张骞两次出使西域,为"丝绸之路"的畅通建立了不朽功绩。

文学漫游也是秦汉时期较盛行的一种旅游形式。当时国内的许多有志之士"读万卷书,行万里路",为拓宽视野、增广见闻而在全国范围内漫游,西汉时期伟大的史学家、文学家司马迁,就是文学漫游的杰出代表。

(四)魏晋南北朝时期

魏晋南北朝时期,中国经历了长达300余年的分裂与动荡。在社会剧烈变革的背景下,上至帝王将相、下至平民百姓,无不深受现实世界无常之苦,转而寻求精神世界的依托。这一时期兴起了以自然山水为载体的新型旅游活动——玄游与佛游。

玄游植根于老庄思想,主张在自然山水中陶冶性情。当时,统治阶级内部争斗激烈,政治环境险恶,许多正直之士厌恶权势之争,崇尚老庄玄学。他们以谈玄为荣,以玄游为尚,以山水为友。著名的"竹林七贤"(阮籍、嵇康、向秀、刘伶、阮咸、王戎、山涛)、陶渊明、谢灵运等文人雅士,正是其中的代表人物。谢灵运尤其喜欢旅游,还发明了一种特别的登山鞋,其特点是"上山则去其前齿,下山去其后齿",比较有利于平衡身体和节省力气,后人称为"谢公屐"。

山水旅游的高潮,促进了山水诗、文、画的繁荣,同时由于道教和佛教的兴盛,增添了许多神秘而庄严的宗教景观,该时期开发的名山有青城山、罗浮山、茅山等,三大石窟也是当时的产物。

(五)隋唐时期

隋唐时期,中国重归统一,社会繁荣,这时候旅游活动的主要形式有帝王舟游、文人漫游、宗教旅游、国际旅游。

帝王舟游以隋炀帝杨广为代表,他是一位喜欢游乐的皇帝,上台伊始,就大修巡游基地——东都洛阳。随后,又下令开凿大运河,并派官兵到江南伐木,造龙舟,南游江都,这一行为最终成为导致隋朝灭亡的因素之一。虽然隋炀帝无休止的巡游给隋朝百姓造成了巨大的灾难,但修建的洛阳城和大运河使后代受益无穷。他所酷爱的舟游也在历代帝王的巡游中别具一格。

文人漫游在唐朝也盛行一时。唐朝沿袭隋制,实行科举取士制度,极大地调动了中下层知识分子从政的热情,因此,士人远游成风,并出现了如李白、杜甫、岑参等杰出的诗人。

佛教自西汉末年传入,至隋唐达到鼎盛。这一时期的宗教活动得到朝廷的重视和资助,有了很大的发展,先后出现了玄奘、鉴真等杰出的宗教旅行家。宗教的发展致使这一时期兴建了许多道教、佛教建筑物,如大雁塔、五台山寺庙、法门寺等。

隋唐时期国力强盛,与外界的交流也日益广泛,因此这时期的国际旅游也极为活跃,来华的外国使者、商人、学者、僧侣络绎不绝。日本遣唐使先后16次来华学习制度与文化,阿拉伯商人通过丝绸之路贩运香料、珠宝,换取中国的丝绸、瓷器与茶叶。

（六）宋元时期

宋朝受辽、西夏等的威胁和侵略,疆域较汉唐大为缩减,旅游活动整体不如唐朝的规模。然而,在理学思想影响下,文人士大夫寄情山水、修养心性的风气盛行,文人漫游成为这一时期的主流旅游形式。苏轼、黄庭坚、陆游等都是这一时期文人漫游的代表人物。

元朝实行民族等级制度,汉族士大夫的旅游活动相对沉寂,但元代出现了两个杰出人物:马可·波罗和汪大渊。马可·波罗是意大利旅行家,1271年启程来到中国。马可·波罗在中国待了约17年后,回到家乡。他的《马可·波罗游记》对后来的旅行活动产生了很大的影响。汪大渊是元代著名的航海家,搭载商船游历了几十个国家,其根据见闻撰写成的《岛夷志略》,成为研究14世纪南海交通及印度洋沿岸各国风情的重要著作。

（七）明清时期

明朝建立了大一统的汉族政权,社会关系较元代更为稳定,生产力有了较大进步,提升了士大夫和读书人的出游意愿。明朝时考察旅行极盛,较之唐宋时期普遍更加重视自然景观的鉴赏和旅游经验的总结,学术成就不凡。最杰出的旅行家有郑和、徐霞客等。

明朝,我国的航海知识愈加丰富,造船技术也更加精良。到明成祖朱棣时,他决心扩大邦交,通使海外,于是便有了郑和下西洋。郑和一生曾七下西洋。其船队规模、航行距离均创世界纪录。郑和首次航行比哥伦布发现美洲早87年,最远抵达非洲东岸。徐霞客是明末杰出的地理学家和旅游家,他20余岁起就在母亲的支持下,周游名山大川,增广见闻。徐霞客用30多年的时间考察地形地貌,探究地质、地理,并写出了60余万字的游记。他的游记篇幅巨大且内容十分丰富,既是一部地理学巨著,也是一部优秀的旅游文学作品。

清王朝的历史以鸦片战争为界可分为两个阶段。鸦片战争前,宫廷巡游传统得以延续,康熙、乾隆两位皇帝曾六下江南。鸦片战争后,中国沦为半封建半殖民地社会,在这种形势下,旅游也趋于外向,旅游活动呈现出外向型特征:一方面出现下南洋务工的民间流动;另一方面随着西学东渐,国人开始赴欧美留学深造。戊戌变法失败后,更多爱国志士远赴海外,通过游历联络同志、组建革命团体。

纵观中国古代旅行发展历程,随着时代的演进,帝王巡游、官吏宦游、商贸旅游、文人漫游、宗教旅游等旅行活动纷纷兴起,旅行的类型越来越多,内容更加丰富多彩。

案例透视 ▼

二、近代中国旅游的发展(1840—1949年)

(一)近代中国旅游产生的背景

近代中国以1840年鸦片战争为开端,这一时期的社会经济发展与西方列强的殖民扩张密不可分。随着国门被迫开放,大量西方商人、传教士、学者和冒险家涌入中国,在各通商口岸和风景名胜区兴建建筑,作为其商贸、旅游和居住的场所。

与此同时,清政府开始与西方国家建立外交关系,并向各国派遣使节。这些外交官员在履职期间广泛游历西方各国,考察异国风情。民间层面则出现了两种重要的跨境流动:一是劳工输出,许多中国人在海外谋生之余得以游览异域;二是留学热潮,特别是在19世纪70年代洋务运动推动下,大批中国青年远渡重洋赴欧美求学,形成了近代中国第一次大规模的海外游学浪潮。

(二)近代中国旅游业的发展

20世纪初,中国的旅游业务为少数洋商所办的旅行机构垄断。这些机构主要以西方侨民为服务对象,中国旅客常遭歧视,"高价买气受"的情况时有发生。曾遭到冷落的上海商业储蓄银行的创始人陈光甫,有感于洋商不仅掌控中国金融业,还垄断国内旅游市场,决心改变这一局面。经过深思,陈光甫决定创办中国人自己的旅行社。1923年,上海商业储蓄银行成立旅行部(中国旅行社的前身),这是中国第一家旅行机构。

陈光甫在经营方针上精心谋划,他以"服务社会"为宗旨,确立"发扬国光,服务行旅,阐扬名胜,改进食宿,致力货运,推进文化"的24字方针,开始了旅行社的创业之路。随着交通线的不断开辟,该社的业务有了长足的发展,先后在西安、广州等地设立了56所分支社及办事处,并在中国香港、新加坡设立了分社。

此外,还曾出现过其他一些以组织集体旅游为唯一业务的地方性旅行社,但这些旅行社的规模都不大。

铁路是近代旅游的主要交通工具。近代中国从1895年起建设有胶济铁路、滇越铁路、广九铁路、中东铁路。近代中国的内河航运、远洋航运、公路运输和民用航空也为旅游和旅游业的发展提供了一定的条件。

近代旅馆从清代末期开始发展起来，表现为外资经营的西式旅馆、民族资本经营的中西式旅馆、铁路沿线的招商旅馆，以及会馆、公寓等。西式旅馆大多建于租界，其中上海最多，如法式宫廷风格的华懋饭店、新古典主义风格的礼查饭店、英式古典主义风格的汇中饭店等。中西式旅馆是由近代中国本土工商业者投资兴建的融合中西风格的新式旅馆，既借鉴了西方旅馆的经营管理模式，又保留了中国传统建筑特色与服务理念，其建筑形式多为庭院式或园林式，如北京的东方饭店，天津的国民饭店，上海的中央饭店、大中华饭店、扬子饭店、国际饭店。招商旅馆是随铁路兴建而发展起来的。据统计，1934年重要铁路线上见于记载的旅馆和客店有1000多家，主要接待过往旅行者和客商。会馆和公寓在中国出现较早，汉代京师已有外地同郡人的邸舍。公寓与旅馆不同之处在于接待对象以居住较长时间的旅客为多，房费收取也多以月计。

近代中国的旅游推广活动包括参展国际性的博览会，还曾于20世纪30年代举办过规模较大的国货博览会和西湖国际博览会。

（三）近代中国旅游的特点

第一，中外联系加强，来华旅行的外国人和出国旅行的中国人数量都大大增加。西方来华旅游大多与帝国主义殖民侵略活动联系在一起，中国人的出国旅行大多和洋务留学联系在一起。

第二，产生了专门为旅行服务的机构和组织。1923年，中国第一家旅行社的前身——上海商业储蓄银行旅行部成立，1927年更名为中国旅行社。

三、现代中国的旅游（1949年以后）

（一）初创开拓阶段（1949—1965年）

中华人民共和国成立初期，旅游接待活动完全是出于外交的需要，其对象主要是友好国家的团体和友好人士，旅游接待的目的是让他们更好地了解和支持中国，以扩大中国的对外影响，具有友好接待性质。

为了更好地完成旅游接待任务，1949年11月中华人民共和国的第一家旅行社——厦门的华侨服务社正式成立。随后，中国逐步建立起两大旅行社系统：一个是1954年成立的中国国际旅行社总社及其分、支社，负责接待外国自费旅游者，由国务院及地方政府的外事办公室领导；另一个是1957年由各地的华侨服务社组建而成的华侨旅行社总社及其分、支社，负责接待海外华侨、外籍华人、港澳及台湾同胞，属于政府的侨务系统。当时对旅行社的要求主要是取得接待工作的政治效果而不是经济效益，接待对象也主要是根据政治条件选择，而不是广招八方来客。旅行社名义上是国有企业，实际运作中都是行政或事业单位。

1964年，设立在外交部下的中国旅行游览事业管理局（即文化和旅游部前身）成立,中国旅游业从此有了专门的领导机构。

可见,20世纪50年代至60年代的这种"政治接待型"旅游模式,不计成本,不讲效益,对国家经济的贡献微不足道。因此,这时旅游业还是事业,不是产业。

（二）停滞萧条阶段（1966—1977年）

1966年,中国旅游事业受到重挫。旅行社有的被撤销,有的被合并,旅游业基本上处于停滞阶段。

1971年以后,旅游工作才略有恢复。

（三）全面振兴时期（1978年至今）

1978年,在改革开放政策的推动下,我国旅游业开始从外事接待型向经济创收型转变,进入了全面振兴时期。

1. 以接待入境旅游为主的阶段（1978年至20世纪80年代中期）

1978年,我国的入境旅游者只有180.9万人次,旅游外汇收入只有2.63亿美元,在世界排名第41位,中国旅游业基本上是一张白纸。改革开放和高层决策者的推动加快了我国旅游业发展的步伐。人们普遍认识到旅游业对国家政治经济和改革开放的积极作用,也开始重视旅游管理、旅游开发、旅游促销等。国务院成立了由副总理牵头的旅游工作领导小组,各地政府也相继成立领导小组。1983年,联合国世界旅游组织接纳中华人民共和国为正式成员国,标志着中国旅游业已跨入世界旅游业的行列。

由于旅游设施不完善等因素,此时我国旅游业发展的重点是入境旅游,对国内旅游则实行"不宣传、不提倡、不反对"的方针。同时,这个阶段旅游业还没有完全市场化,国内旅游的硬件条件还不具备,有时航班严重不足,甚至需要靠空军协助。

2. 入境旅游和国内旅游并行发展的阶段（20世纪80年代中期至1997年）

20世纪80年代中期,随着我国社会经济的发展和人民生活水平的不断提高,国内旅游市场逐步形成,出现了国内旅游和入境旅游共同发展的新格局。国家有关部门也对国内旅游发展给予重视,提出国家、地方、部门、集体、个人"五个一起上"的方针,形成全社会大办国内旅游业的格局。

1986年,旅游业的接待人数和创汇收入被正式纳入《中华人民共和国国民经济和社会发展第七个五年计划》(1986—1990年);1991年,《中华人民共和国国民经济和社会发展十年规划和第八个五年计划纲要》正式明确将旅游业的性质定为产业;1995年5月1日起,我国实行每周五天工作制,每周有两天的休息日。这都说明国家已经真正认识到旅游业的经济带动作用,包括旅游业对国民经济的直接贡献,以及由于旅游业对其他行业的刺激为国民经济带来的间接贡献。至此,国内旅游开始迅速发展。

3. 入境旅游、国内旅游和出境旅游全面发展的阶段（1997年至今）

1983年,广东省作为试点率先开放本省居民赴香港旅游探亲。1997年,国家旅游局和公安部联合发布《中国公民自费出国旅游管理暂行办法》，标志着中国公民自费出国旅游正式规范化、市场化。从受限制到目前已成为全球第一大出境游客源国，中国的出境旅游发展迅速。统计显示，1991年中国公民出境旅游约为88万人次，1999年为300多万人次，2007年的出境旅游人数达3740万人次，继续保持高速增长。

　　经过改革开放以来的快速发展，我国的现代旅游业经历了从单一入境旅游、入境旅游和国内旅游共同发展，到入境旅游、国内旅游、出境旅游三个市场共同发展的过程。我国旅游市场日趋成熟，旅游业在国内生产总值中所占的比重也越来越大，已成为具有较大规模的经济产业。目前，中国保持着全球第四大入境旅游接待国、全球最大的国内旅游市场、出境旅游最大客源国的地位。

本章小结

　　人类旅游活动的演变经历了古代旅行、近代旅游和现代旅游三个阶段。古代的旅行活动虽然种类繁多，但只局限于少数人和狭小范围内，不具有大众旅游的意义。近代旅游具有一定的阶级性和局限性。第二次世界大战后，由于世界经济迅速发展，科技高度发达，文化交流不断深入，以及政府政策的持续支持，大众性、多样性、持续性的现代旅游活动逐渐成为一种普遍的社会现象。我国的旅游在中华人民共和国成立，特别是改革开放以后得到重视和振兴，并进入了全面发展阶段。

复习思考
▼
参考答案

自测习题
▼

复习思考

1. 旅游活动在不同历史阶段的特征是什么？
2. 中国和西方古代社会的旅游活动类型各有哪些？
3. 产业革命对旅游发展的影响是什么？
4. 为什么说托马斯·库克是世界近代旅游业的创始人？
5. 现代旅游迅速发展的原因和大众旅游的表现是什么？
6. 1978年以来，我国旅游业经历了哪些重要改革？

第二章
认识旅游活动

导读案例

有一种叫云南的生活——旅居云南

2024年9月，一位60多岁的河南安阳妇女在网络直播中说出了"种完麦子，我想往南走，到西双版纳，过个冬天"的心声，掀起了"旅居云南"的话题热度。

旅居是一种结合旅行与居住的生活方式，指暂时性地移居至非原居住地，在异地进行短期或中期生活，同时保持工作、学习或创作等日常活动。不同于短期旅游或永久移民，旅居通常持续数月到数年。旅居者通常依赖远程工作、自由职业等使收入不受地理限制。相较于观光客的短暂停留，旅居者倾向于融入当地生活。

旅居正从老年人的"旅居养老"生活方式，发展为多元群体共同向往的生活形态，越来越多的年轻社会群体加入旅居行列。在"候鸟型"旅居仍是市场主流的同时，"数字游民"正成为互联网时代的新型旅居群体。

数据显示，2023年旅居云南的人数达到389万，平均旅居天数80天，并涌现出诸如曲靖市马龙区土瓜冲村、文山壮族苗族自治州广南县六郎城村等一批备受关注的乡村旅居目的地。云南旅居带动当地发展特色种养、民宿、户外露营、农家餐饮等，因地制宜推出休闲游、文化创意体验等特色旅居产品。这些不仅带给外地旅游者美好的生活体验，还在探索中形成了一些典型经验模式，有力促进了乡村振兴和新型城镇化。

（案例来源：根据云南网《"原创"旅居云南引领云南旅游新变革》、中国旅游研究院《中国旅居市场需求调查报告》等资料编写）

导读思考

案例中的旅居是不是旅游？什么是旅游？什么是旅游活动？

知识
导图

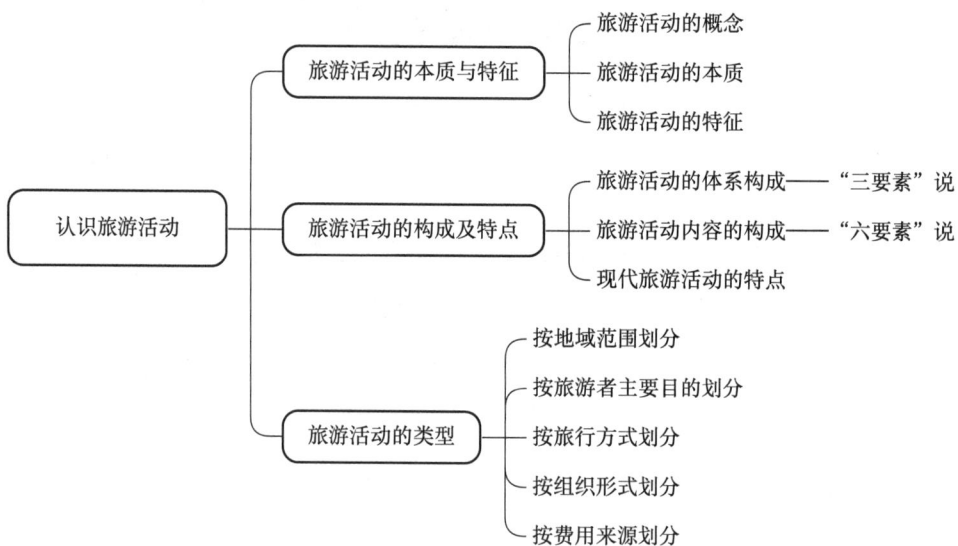

学习
目标

知识目标：

掌握旅游活动的概念及其本质属性；

了解现代旅游活动的特点，以及旅游活动的构成要素。

能力目标：

具备收集相关旅游活动统计数据，并据此进行旅游活动特征分析的能力。

素养目标：

培养学生主动思考、探真求实的科学素养。

旅游活动的发展与人类社会经济和文化的发展相统一，在不同的历史时期和阶段呈现出不同的表现和特征。认识旅游活动的本质及其内涵，是当前旅游学研究的基础性问题。

第一节 旅游活动的本质与特征

一、旅游活动的概念

我国早在南朝时期,沈约的《悲哉行》一诗中就有"旅游媚年春,年春媚游人。"的描述英语中,"tour"这个词来源于拉丁语"tornare"和希腊语"tornos",原指车床或圆形运动,14世纪这个词在英语中有"环形旅程"的意思,这与中文"旅"(出行)+"游"(游览)的构词逻辑不同。现代旅游学将旅游定义为"人们离开惯常环境,为期不超过一年,以休闲、商务等为目的的活动",这一定义已超越了单纯的往返行程概念。

(一)国际学术界对旅游的定义

目前国际旅游学术界对于旅游仍无统一的定义,较为流行和较有代表性的定义如下。

(1)1811年英国出版的 *A Dictionary of the English Language* 中对"旅游"(tourism)有了最早的描述,即"离家远行,又回到家里,在此期间参观游览一个地方或者几个地方"。

(2)1927年,蒙根·罗特等编纂的《国家科学词典》把"旅游"定义为一种社会交往活动:狭义的理解是那些暂时离开自己的住地,为了满足生活和文化的需求,或各种各样的愿望,而作为经济和文化商品的消费者逗留在异地的人的交往。"旅游"一词在德语中是由"陌生"和"交往"两个词组合而成的,因而该定义重点突出了"交往"的含义。

(3)1942年,瑞士学者汉泽克尔和克拉普夫在他们合著的《普通旅游学纲要》中认为:"旅游是非定居者的旅行和暂时居留而引起的现象和关系的总和,这些人不会长期定居,并不牵涉任何赚钱活动。"这个定义于20世纪70年代被旅游学科专家联合会(International Association of Scientific Experts in Tourism)认可,简称"艾斯特定义",也是目前国际上普遍接受的权威旅游定义。

(4)1991年,联合国世界旅游组织在加拿大召开了"旅游统计国际大会",会后制定了5本技术手册,其中对旅游的定义是"旅游即包括人们为了休闲、商务和其他目的,离开他们惯常的环境,到某些地方以及在某些地方停留,但连续不超过一年的活动。"

知识活页

国际学术界对旅游的几种定义

Hunziker & Krapf (1942)——Tourism is the sum of phenomena and relationships arising from the travel and stay of non-residents, in so far as they do not lead to permanent residence and are not connected with any earning activity.

UNWTO(1995)——Tourism comprises the activities of persons traveling to and staying in places outside their usual environment for not more than one consecutive year for leisure, business, and other purposes.

Stephen L. J. Smith(1995)——Tourism is the set of activities of a person traveling to a place outside his or her usual environment for less than a year and whose main purpose of travel is other than the exercise of an activity remunerated from within the place visited.

（二）国内学术界对旅游概念的一些代表性看法

《中国百科大辞典》中指出，旅游是观赏自然风景和人文景观自览活动，包括人们旅行游览、观赏风物、增长知识、体育锻炼、度假疗养、消遣娱乐、探亲猎奇、考察研究、宗教朝觐、购物留念、品尝佳肴以及探亲访友等暂时性移居活动。从经济看，旅游是一种新型的高级消费形式。

李天元和王连义认为，旅游是非定居者出于旅行和逗留等和平目的而引起的现象的总和。这些人不会在旅游目的地定居和就业。

谢彦君认为，旅游是个人以前往异地寻求审美和愉悦为主要目的，所经历的一种具有社会性、休闲性和消费属性的短暂活动。

沈祖祥认为，旅游是旅游者（主体）借助旅游媒介等外部条件，通过能动的旅行活动，为满足自身某种需求而进行的非定居性动态过程，是一种文化复合体。

魏向东认为，旅游是旅游者在自己可自由支配的时间内，为了满足一定的文化目的，如游憩、娱乐、求知、增加阅历等，通过异地游览的方式所进行的一项文化体验和文化活动，并由之而导致的一系列社会反映和社会关系。

综合上述对旅游的各种定义，人们虽然对旅游认识和研究的出发点和侧重点不同，对旅游概念的界定有着不同的内容，但是对旅游的概念已经在以下几个方面取得了共识。

（1）旅游是人们出于移民与就业以外的原因离开其定居地，前往异地的旅行访问，这体现了旅游的异地性。

（2）旅游者到旅游目的地的旅行访问是一种短期行为（最长不超过1年），这体现了旅游活动的暂时性。

（3）旅游会引起各种社会现象及产生各种关系，这体现了旅游的综合性。

二、旅游活动的本质

旅游作为一种大规模的社会文化现象，其本质内涵和社会意义日益凸显，旅游活动与其他社会活动的本质差异更加明显。我们可从以下三个方面来理解。

（一）旅游是人类社会经济发展的产物

旅游是人类社会生产力发展到一定阶段产生的社会现象,旅游的产生、发展与社会经济发展密不可分。在古代,由于社会生产力低下、剩余劳动物质贫乏,旅行只能是少数特权阶层和富有者的享乐活动。近代的资产阶级革命和随之而来的产业革命,促使社会生产力有了很大提高,社会财富急剧增长,城市化的进程促使人们的生活方式和外出旅游活动发生了根本变化。19世纪30年代开始的铁路革命和交通运输技术的进步,使旅游规模产生了质的变化。19世纪中期,由托马斯·库克创办的世界上第一家旅行社——托马斯·库克旅行社在英国成立,这标志着世界近代旅游业的诞生。此后,随着一大批旅游经营机构的诞生、职业导游的出现、旅游指南手册的问世、现代化酒店的崛起,以及后来为旅游活动提供方便、安全的金融工具——旅行支票、信用卡的产生,旅游经营成为一项经济活动,旅游业遂成为一个经济行业。到了现代社会,生产力和科学技术迅速发展,旅游已经成为一种特殊的短期性生活方式,大众旅游构成了现代旅游的主体,这种规模化的旅游促进了旅游者与旅游目的地的广泛接触和相互交流。由此可见,人类旅游活动的产生、发展是社会经济发展的必然结果。

（二）旅游是精神上的高层次消费活动

按照马斯洛需求层次理论的解释,人的需求可分为生理需求、安全需求、情感与归属社交需求、受尊重需求和自我实现的需求。上述5个层次的需求是逐级上升的,当低一级的需求获得满足后,追求高一级的需求就成为人们继续奋进的动力,就会产生诸如自尊、爱与被爱的需求,乃至自我实现的需求和美的需求。人们在经济能力和闲暇时间允许的情况下,人们会为了获得一份精神享受而进行旅游消费,通过付出一定的金钱、时间和精力,让自己沉醉于山水的观光体验或各种休闲活动的参与体验过程之中。在旅游中,人们的社交、受尊重和自我实现的需求都可以得到满足。就其本质而言,这种追求是人类实现自我发展和自我完善的方式,也是人们生活需求层次提高的表现。从旅游活动的过程来看,现代旅游者大都是以追求休闲和娱乐的美好目的而去参加旅游活动的,旅游者为了实现旅游目的,会在旅游活动中进行必要的消费,而旅游消费是一种文化含量较高的精神消费,正好迎合现代旅游者的需求。可以说,任何一个旅游者,尤其是现代的旅游者,在整个旅途生活中避免不了要付出金钱,而旅途中所有的消费都具有满足人们基本生活之上的享受和发展需求的价值。因此,旅游消费是比一般的生活更高级的消费形式。

需要指出的是,虽然从人类的生活需求层次来说,旅游是超出生存需求的高级消费形式,但是随着社会物质文明和精神文明的高度发展,在人们越来越富裕的前提下,人们的消费观念、消费结构必将产生相应的变化,旅游会逐渐成为人们生活的必需品,即成为生活中一个必要的组成部分。

Note

（三）旅游是一种社会文化活动

旅游从本质上是一种文化活动,有利于人们获取知识,开拓视野。中国有句古话叫"读万卷书,行万里路",这句话生动诠释了旅游与文化之间的深刻联系。从旅游主体来看,旅游者的性别、年龄、职业、教育背景和家庭环境各不相同,这使得旅游活动天然具有鲜明的社会文化特征。就旅游客体而言,无论是自然风光、历史遗迹,还是异域风情和时代特色,都蕴含着丰富的文化内涵和审美价值。从旅游开发建设的角度看,旅游资源的文化底蕴越深厚,开发利用的潜力就越大。自然景观如果叠加了文化的特质,就可以使蕴含在自然景观中的历史、文学、建筑、工艺美术、园林以及音乐、书法、绘画、雕刻等文化潜能得以充分释放。可以说,文化是旅游的灵魂,旅游是文化最好的载体。

总之,旅游是一种带有强烈社会文化属性的经济活动。

三、旅游活动的特征

纵观旅游活动的发展历史以及在各个阶段表现出来的特征,旅游活动始终表现出综合性、异地性、暂时性、流动性的特征。

（一）综合性

在整个旅游过程中,旅游活动具有综合性的特点。旅游过程中的各项活动互为条件、互相影响,它们必须综合为一个整体,才能构成旅游。许多人参与旅游活动,不仅体现在人们对物质需求和精神需求的追求上,还涉及政治、经济、文化等多维度的交往,具体表现为文化交流、人员往来、商业贸易、体育赛事等。因此,旅游活动本质上是一个以经济活动为表现形式,同时融合经济、政治、文化、社会等多重元素的复杂综合体。

（二）异地性

追新求异、猎奇求知,是人的本能与天性。人们长期在一个地方生活,很容易对自己日常所熟悉的事物和环境感到平淡乏味,希望到异地猎奇探新,并进行文化交流和生活体验,而旅游活动则能满足人的这种需求。因此,异地性是旅游活动的特点之一。异地性排除了在常住地内的旅行和在住所与工作场所之间往返的情况。

（三）暂时性

旅游者按预先计划好的时间外出旅游,又按计划规定的时间返回,是一种不同于在常住地的活动方式。为了便于统计和管理,相关国际组织对旅游活动的持续时间作出了明确规定。例如,联合国旅游组织（UN Tourism）将旅游活动的时间上限设定为不超过一年。这种时间上的限定进一步凸显了旅游活动的暂时性特点。

（四）流动性

旅游的异地性，决定了旅游活动的流动性。旅游者从客源地流向目的地，从一个游览地流向另一个游览地，从目的地返回常住地。旅游者的这种流动产生了对交通的需求，成为旅游活动的特点之一。

第二节 旅游活动的构成及特点

一、旅游活动的体系构成——"三要素"说

旅游活动作为一个完整的体系，由三个基本要素构成：旅游活动的主体、客体和媒介。

（一）旅游活动的主体——旅游者

在旅游活动的构成要素中，旅游者是旅游活动的主体。旅游首先是人的活动，是人们离开其常住地的外出旅行，以及在目的地停留期间所从事的全部活动，同时，旅游者的旅游活动与旅游企业及当地社会不可避免地进行接触，引发了一系列错综复杂的社会现象和社会关系。因此，没有旅游者就不会有旅游活动，也不会有旅游这种社会现象。

但是，一个人能否成为旅游者还受到多种主客观条件的制约。就主观条件而言，旅游者必须具有旅游动机，旅游者的身体状况必须满足旅游活动的要求。客观条件则包括旅游者必须具有一定的可支配收入和闲暇时间。此外，还需要交通运输条件等其他一些不可忽视的客观条件。

旅游者活动规模的不断扩大，即旅游者数量的增加、消费水平的提高、旅游方式的多样化等，直接地影响和决定着旅游业的发展水平及其内部构成。

（二）旅游活动的客体——旅游资源

在旅游活动的构成要素中，旅游资源是旅游活动的客体，是满足旅游者旅游意愿的客观存在物。旅游资源是吸引旅游者、激发旅游动机的直接因素，也是旅游业创收的前提。因此，旅游资源是一个国家和地区旅游业赖以存在和发展的最基本条件。

事实证明，一个国家或地区的旅游资源的特色、丰富程度、分布状况及旅游资源开发和保护的水平，直接影响着该国或该地区旅游客流的流向与流量、旅游业经营的规模及发展前景。

Note

（三）旅游活动的媒介——旅游业

在旅游活动构成要素中，旅游业是旅游活动的媒介。旅游业把旅游者和旅游资源联系在一起，使旅游活动顺利开展。

在近代旅游业产生之前，旅游活动主要是一种自发的、少数人参加的活动，旅游主体和客体直接联系。旅游者的外出旅游活动大多表现为漫游、探险等方式，缺乏对旅游客体的了解和认识。同时，由于基本旅游设施和旅游服务的缺乏，旅游者的旅游活动缺乏组织，存在诸多不便，因此，早期旅游活动规模较小，内容也较单一。

旅游业诞生之后，它在旅游者和旅游资源之间起到了媒介和桥梁的作用，旅游业通过提供各种旅游供给及对旅游市场进行组织，使得旅游者的旅游活动方便易行，从而大大推动了旅游的发展。旅游业作为旅游活动的媒介，已经成为推动旅游活动开展的重要因素。

二、旅游活动内容的构成——"六要素"说

一般认为，人们在旅游中的消费主要涉及六个方面，即吃、住、行、游、购、娱，这就是旅游活动的"六要素"说。从六要素的角度考察旅游者消费的结构特征，有助于判断旅游目的地的性质，了解当地旅游发展所带来的经济效益的结构来源，认识旅游业的潜力所在，从而制定合适的旅游发展政策。

（一）餐饮和住宿

饮食和睡眠是保证人们基本生存的必不可少的内容，餐饮和住宿是保证旅游活动顺利进行的基本条件，同时也是人们旅游活动的主要组成部分。餐饮和住宿的种类、卫生环境的状况都会影响旅游者对旅游活动的最终评价。

（二）交通

旅游者离家到异地进行旅游活动，首先要进行空间上的位移，即要搭乘交通工具。"行"是旅游活动不可缺少的内容，是联系旅游者与旅游对象、客源地与目的地的重要环节。便捷的交通能够提高旅游的舒适度，也能丰富旅游活动的内容。

（三）游览

游览是旅游活动中最基本和最重要的内容，是旅游者期望的旅游活动的核心部分，旅游者外出旅游的真正目的就是放松身心，增长见识。游览的内容越丰富，越具有魅力，就越能使人们暂时忘却时间的流逝，达到"乐而忘返"的境界。

（四）购物

购物是指旅游者购买与旅游相关的商品，这些商品有助于旅游活动的进行，也能

够提高旅游体验的质量。旅游者购买具有当地特色、民族特色的纪念品或旅游用品,可以更好地延伸旅游活动的价值。

(五)娱乐

娱乐是指旅游者在旅游活动中所观赏和参与的文娱活动。文娱活动不仅可以缓解旅游者参观游览的疲劳,还可以丰富和充实旅游活动,丰富文化体验。随着生活水平和生活质量的提高,人们对精神性旅游活动产生了更高的需求,旅游娱乐活动特有的文化内涵和高参与度强烈地吸引着旅游者,对旅游活动起着赋色增彩的作用,提高了旅游活动的质量。

三、现代旅游活动的特点

旅游活动出现历史早,发展变化快,特别是第二次世界大战后,旅游活动呈现出普及性、地缘性、季节性、脆弱性等特点。

(一)普及性

第二次世界大战前,旅游只是少数上层人士的特权。第二次世界大战后,特别是20世纪60年代后,普罗大众成为旅游队伍的主力军,旅游度假成为普罗大众都享有的基本权利。正如联合国世界旅游组织在1980年发表的《马尼拉世界旅游宣言》中明确提出:旅游不仅是单纯的经济活动,更是现代社会的重要组成部分。休闲权、假期权和自由旅行权是《世界人权宣言》及各国法律认可的基本人权。

随着国际经济文化交流的发展、各国享受带薪假期职工的增多和带薪假期的延长,旅游成为一种生活方式,融入了人们的日常生活。如英国平均每年外出旅游三次的人数占到全国人数的一半以上,法国平均每年外出度假三次的人数占45%,瑞典更是高达75%。在经济发达国家中,大多数家庭都有自己的旅游预算。即使是那些生活并不富裕的家庭也总要精打细算,以便能够保证至少一年一度的全家旅游度假计划的实现。

在我国,随着居民收入水平不断提高、闲暇时间增多,已经实现了年人均出行一次的旅游规模。2024年国内旅游人数达56.15亿人次,比2023年增加7.24亿人次,增长14.8%。在一些经济发达的城镇和富裕的农村,旅游已经成为生活中的重要组成部分。

(二)地缘性

地缘性也称为地域集中性,是指旅游者并非平均分散于世界各个地区,而是往往集中到某些地区开展活动。旅游的地缘性是由区域旅游表现出来的。从全球旅游活动范围来看,欧洲、美洲、亚洲及太平洋地区旅游活动的总量一直占全球总量的90%以上;从一个国家或一个城市的角度来看,旅游活动在各地区的分布也具有相对集中的特点。根据统计公报的数据,2019年全国国内旅游人数在60亿左右,其中云南、山东、河南等地国内旅游人数较多,而宁夏、青海、西藏等地的国内旅游人数较少,各地差距明显。这种差距的存在,就是旅游活动具有地缘性的表现。

(三) 季节性

旅游的季节性是指旅游者外出旅游时间的选择及旅游接待地企业经营业务上所体现的明显的淡、旺季差异性。在旅游研究以及旅游业经营中,通常将一年中旅游者到访人数明显较多的月份(或者对某客源地来说,其居民人口中出游人数明显较多的月份)称为旺季,将旅游者来访人数相对很少的月份(或者对于某客源地来说居民出游人数相对很少的月份)称为淡季,介于这两者之间的其余月份则称为平季。旅游活动季节性的成因,主要受自然、社会及文化因素的影响。

1. 自然因素的影响

对旅游目的地来说,大自然有季节的变化更替,因此以自然景观为主要欣赏对象的旅游活动,就随季节变化而表现出明显的季节差异性。由于自然条件的差异,旅游目的地有着季节性特色景观,从而也就自然形成了季节性特色旅游。例如,内蒙古的草原风情游,只有在夏季才能够得到完美的体验;浙江钱塘江观潮,就受自然现象的季节性影响,表现出客流量集中于较短时段的特点;哈尔滨的观冰灯之旅,只有在冬季冰天雪地的环境下才能进行。

2. 社会环境的影响

社会环境涵盖政策、习俗、基础设施等因素,对旅游者的流向和流量具有显著影响。由于旅游客源地的社会环境差异,旅游客流往往集中在一年中较短的时段。例如,我国自 1999 年推行公民休假政策并经历数次调整后,居民旅游呈现出明显的节假日旺季和非节假日淡季特征。

3. 文化背景的影响

旅游者的性别、年龄、职业、受教育程度及传统习惯也会影响旅游活动的季节性。例如,中老年家庭旅游者的时间相对自由,考虑到经济支出等因素,其往往会选择错峰出行,从而形成该群体的季节性特征;同样是黄金周假期,春节黄金周远程旅游、出国旅游的数量通常少于国庆黄金周,这主要受我国居民传统习惯的影响。

(四) 脆弱性

旅游活动作为一个涉及政治、经济、文化等多方面的综合体,极易受到自然灾害、战争、疾病、恐怖主义、经济衰退以及社会时尚变化等自然因素和社会因素的影响。例如,"9•11"事件使美国旅游业和相关产业承受了巨大的压力;2002 年,巴厘岛爆炸事件严重影响了该地旅游业的发展;2003 年初,一场突如其来的"非典"疫情重创了中国的旅游业。

收集近十年世界旅游人数、消费额等数据,分析现代旅游活动的特点。

第三节　旅游活动的类型

在旅游活动中,由于旅游者的年龄、性别、收入、旅游动机、活动范围等因素的影响,不同的旅游者通常有不同的欲望和需求,表现出来的旅游形式和类型也不同。因此,旅游活动类型可以按照不同的标准来划分。

目前,国内外旅游学者对旅游活动类型的划分尚无统一的标准。研究者往往根据自身研究目的采用不同的分类方法,这导致划分结果存在显著差异。同时,采用任何一种标准划分出的旅游类型,都会与其他标准划分的类型产生交叉和关联。这从另一个侧面说明了旅游的复杂性和多样性。旅游类型的划分依据有很多,可概括为地域范围、旅游者主要目的、旅行方式、组织形式、费用来源等。

一、按地域范围划分

旅游活动按地域范围可划分为国内旅游和国际旅游两种类型。这是一种非常传统的且至今仍普遍使用的划分方法。

(一)国内旅游

国内旅游是指人们在居住国境内开展的旅游活动,通常是指一个国家的居民离开自己的常住地到本国境内其他地方去进行的旅游活动。根据联合国旅游组织的解释,并不属于本国居民的常住性外国人在所在国境内进行的旅游活动也属于国内旅游。国内旅游既可以根据在目的地的停留时间,划分为过夜旅游和不过夜一日游;又可以根据旅游活动范围的大小,划分为地方性旅游、区域性旅游、全国性旅游三种形式。

1. 地方性旅游

地方性旅游一般是当地居民在本区、本县、本市范围内的旅游。这实际上是一种短时间、近距离的参观游览活动,多数和节假日的娱乐性相结合,时间短、活动项目少,常是亲朋好友或小集体自发组织的旅游方式。

2. 区域性旅游

区域性旅游指离开居住地到邻近地区的风景名胜点的旅游活动,如周边城市旅游、省内旅游等。

3. 全国性旅游

全国性旅游是指跨多个省份的旅游，主要是指到全国重点旅游城市和具有代表性的著名风景胜地的旅游活动。例如，从广州出发，经桂林、西安、北京、上海的旅游路线；从北京经南京、苏州、上海、杭州、福建、厦门的旅游活动等。

（二）国际旅游

国际旅游是指一个国家的居民跨越国界到另一个或几个国家去访问的旅游活动。国际旅游既可以根据旅游者的流向，分为入境旅游和出境旅游；又可以根据国际旅游的范围大小，分为跨国旅游、洲际旅游和环球旅游三种具体形式。

1. 跨国旅游

跨国旅游泛指离开居住国到另一个国家或多个国家进行的旅游活动，以不跨越洲界为限。例如，中国的旅游者到日本、韩国旅游就属于跨国旅游。

2. 洲际旅游

洲际旅游指跨越洲际界限的旅游活动。例如，北美国家的旅游者到欧洲的旅游活动，或美国人到中国的旅游活动，都属洲际旅游。

这种旅游受制约的因素较多，如交通的发展状况、语言障碍，以及文化差异等。但正是这种障碍、差异才产生了巨大的旅游吸引力，吸引旅游者去认识不同的文化、欣赏不同的景色。

3. 环球旅游

环球旅游是指以世界各洲的主要国家(地区)的港口城市为游览对象的旅游活动。例如，英国"伊丽莎白二世"号游轮推出的号称"千人百日游全球"的行程，就属于环球旅游。这类旅游花费较高，参与者多为经济宽裕人士，其出行目的主要是度假观光，也包含部分科学考察和探险性质的旅游。

二、按旅游者主要目的划分

旅游活动按旅游者主要目的可划分为观光型旅游、保健型旅游、公务型旅游、宗教型旅游、购物型旅游、休闲型旅游、求知型旅游和猎奇型旅游等几种主要类型。

（一）观光型旅游

观光型旅游以游览观光为主要目的，是最普通和常见的旅游活动类型。观光型旅游主要包括访名胜古迹旅游、观自然风光旅游、寻根旅游、探亲访友旅游、参观重大建设成就旅游等。在国外，被称为世界七大奇观之一的埃及金字塔，以及希腊的古迹、瑞士的风光等，早已成为世界各国旅游者心目中的旅游胜地。中国北京的故宫和万里长城、杭州的西湖、西安的兵马俑等，已成为大多数观光旅游者的必游之地。

（二）保健型旅游

保健型旅游主要是为了回避炎热或严寒，调节生活环境，寻求健康的生活方式，欢乐轻松地度假，或治疗某些慢性疾病，以达到消除疾病的最终目的。这类旅游的主要形式包括疗养旅游、森林旅游、温泉旅游、度假村旅游、治疗疾病旅游等。例如，海南三亚避寒、云南昆明避暑的"旅居"活动就属于保健型旅游。

（三）公务型旅游

公务型旅游是指出于职业的需要，以参观展览、进行贸易和商务洽谈、出席会议或进行某些科学文化交流为主要目的的旅游活动。这类旅游的特点是以公务为主，兼顾观光游览。其主要表现形式包括商务旅游、会议旅游、讲学旅游等，目的地通常选择旅游胜地或风景文化历史名城。

在公务型旅游中，从事工商贸易实务的商人占比最大，他们的出行频率较高、次数也更为频繁。

（四）宗教型旅游

宗教型旅游是以朝圣、拜佛、求法、取经或宗教考察为主要目的的旅游活动。一些宗教信徒出于对各种神灵或佛祖的虔诚，或出于对名山古寺、教堂圣殿，以及丰富多彩的古代宗教建筑形式的迷恋，热衷于这种既能实现宗教目的又能获得审美乐趣的宗教旅游活动。中国的峨眉山、五台山等常常吸引来自各地的佛教信仰者的朝拜。

（五）购物型旅游

购物型旅游是以购买商品为主要目的的旅游活动。它是随着社会经济的发展、交通的便利、人们生活水平的提高而逐渐发展起来的一种购物与观光游览相结合的旅游方式。

（六）休闲型旅游

休闲型旅游以缓解工作压力、放松身心为目的，追求消遣娱乐、新型体育锻炼或愉悦的生活方式，已成为调节现代生活节奏的重要环节。在许多欧美国家，"享受一下临时变换环境所带来的愉悦"，已成为一些旅游者的口头禅。这类旅游因个人兴趣不同而内容多样，正在盛行的登山旅游、打猎旅游、野营旅游、钓鱼旅游、欣赏民间音乐旅游、结婚旅游等，均属于这一类型。我国也开发了一些具有地方特色的休闲型旅游项目，如杭州枇杷尝鲜旅游、哈尔滨观冰灯旅游、洛阳牡丹花节旅游、苏州沿古运河旅游、内蒙古草原骑马旅游等，都使旅游者感到情趣盎然，颇有乐趣。

（七）求知型旅游

现代科学技术的日益发达，人们文化素质的日益提高，意识观念的不断更新，反映

Note

在旅游生活中表现为追求文化和知识的欲求越来越强烈。在某种意义上说，有不少旅游者就是为了增长自然、历史、地理、文化、艺术、经济、科技等方面的见识而在某些地区旅行和逗留。这种旅游形式主要包括考古旅游、文化旅游、地质与生物考察旅游、电影节与音乐节旅游、研学旅游、工业旅游以及民族风貌考察旅游等。

（八）猎奇型旅游

一些当代旅游者偏爱新奇独特的体验，其心态类似于地质勘探人员考察、发掘稀有矿藏一样。这类旅游的参与者一般以青壮年为主，主要形式包括探险旅游、奇观旅游、原始地旅游等。例如，约旦的观沙漠奇景旅游让旅游者骑在骆驼上，一路上可看到部落居民在骄阳下放鹰狩猎，夜间住帐篷吃烤羊肉，听《天方夜谭》的故事，每年能吸引10多万旅游者；英国的乘气球旅游则让旅游者在短期训练后，可以乘坐气球，进行观景、摄影、歌舞等活动。这些旅游形式都属于猎奇型旅游。

三、按旅行方式划分

旅游活动按旅行方式可划分为汽车旅游、轮船旅游、航空旅游、铁路旅游和徒步旅游等几种主要类型。这几种类型旅行方式的特征，将结合交通工具的特点在第八章介绍。

四、按组织形式划分

旅游活动按组织形式可划分为团体旅游和散客旅游。

团体旅游是指将一定数量、有共同或相似目的的人组织起来，以集体形式开展的旅游活动。团体旅游的参与人数一般在15人以上，旅游者的基本费用按整体计算并一次性缴纳，采取先购买后消费、一次购买逐步消费的方式。典型的团体旅游形式是旅行社组织的团体包价旅游。自20世纪50年代以来，团体旅游一直是旅游活动的主要方式，在国际和国内旅游中均广泛存在。

散客旅游是相对于团队旅游而言的，主要是指个人、家庭或小规模结伴（一般不超过15人），不经过旅行社，或仅办理部分委托手续，按零星价格支付费用，以非团体方式进行的旅游活动。作为散客的旅游者一般自己安排旅游日程和旅游活动，其特点是参与人数较少，具有分散性和随机性，活动自由灵活，自主选择性强，旅游者能根据个人偏好规划日程、路线及游览内容。近年来，散客旅游在全球范围内日渐流行。

五、按费用来源划分

旅游活动按费用来源可划分为自费旅游、公费旅游、奖励旅游、社会旅游等几种主要类型。其中，社会旅游是一种由社会给予福利性补贴的旅游活动，这类活动多见于欧洲，是指有关政府、工作单位或工会提供资助或补贴，帮助一些收入过低的贫困家庭实现外出旅游。

　　奖励旅游是指企事业单位为了激励员工、增加凝聚力,将旅游活动作为一种奖励方式,组织员工进行不同程度的免费旅游活动。对许多员工来说,这种方式所产生的激励作用比传统的金钱和物质奖品的效果更好。近年来,奖励旅游已成为受全球旅游业瞩目的重要市场。

本章小结

　　旅游是以"游"为主,集吃、住、行、游、购、娱于一体的综合性的社会活动,本质上是社会经济发展的产物,是超出生存需求的高级消费形式,它以综合性为突出特征,兼具异地性、流动性、暂时性等特点。旅游活动的基本要素是:旅游的主体——旅游者,旅游的客体——旅游资源,旅游的媒介——旅游业。旅游作为一种社会现象,随着社会的发展而发展。现代旅游主要具有普及性、地缘性、季节性、脆弱性4个基本特点。

　　现代旅游活动类型多样,可以根据地域范围、旅游者主要目的、旅游方式等不同标准来划分。

复习思考

　　1.什么是旅游?

　　2.旅游活动的基本属性有哪些?

　　3.如何认识旅游活动的特征?

　　4.试划分旅游活动的类型。

复习思考
▼

参考答案

自测习题
▼

Note

第三章
旅 游 系 统

中国贵州旅游系统的崛起与系统性发展

导读
案例

贵州是中国西南地区的一个重要省份,近年来凭借其独特的自然景观(如黄果树瀑布、荔波小七孔)和丰富的民族文化(如苗族、侗族文化)迅速崛起为热门旅游目的地。贵州旅游系统的崛起充分体现了旅游活动的系统性特征。从旅游系统的主体来看,贵州通过市场营销和智慧旅游平台(如"一码游贵州")吸引了大量国内外游客。客体方面,贵州的旅游资源丰富多样,既有自然景观,又有独特的民族文化资源,为游客提供了丰富的旅游产品。媒介方面,贵州大力发展旅游接待业,包括交通基础设施(如高铁网络的完善)、住宿设施(如民宿和星级酒店)以及旅游服务(如导游服务和旅游演艺)。此外,贵州还通过政策支持(如旅游扶贫政策)和法规保障(如《贵州省旅游条例》)优化旅游系统的运行环境。贵州旅游系统的成功不仅体现在游客数量的快速增长,还在于其通过系统性思维推动了地方经济的发展和社会文化的传承。

(案例来源:根据贵州省文化和旅游厅统计数据、天眼新闻《引"流量"创"增量"贵州文旅"花式"出圈》等资料编写)

导读
思考

贵州旅游业崛起和发展的原因是什么?旅游系统的建设和完善在其中发挥了怎样的作用?

知识导图

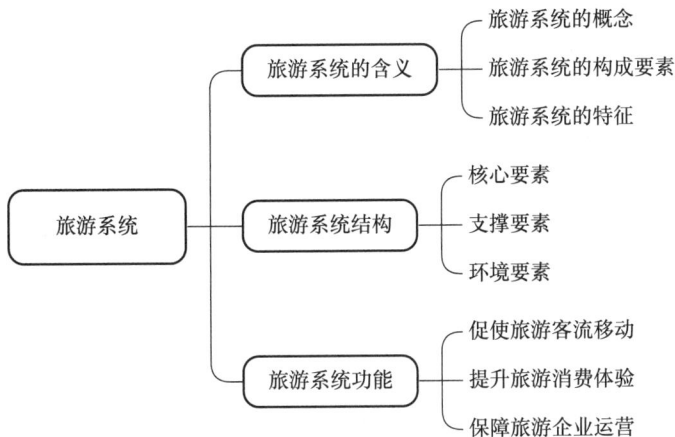

学习目标

知识目标：

掌握旅游系统的含义、要素与特征；

认识旅游系统的构成层次与构成要素。

能力目标：

具备运用旅游系统功能的知识分析实际问题的能力。

素养目标：

培养学生的担当和解决问题的社会责任感。

旅游活动通常指人们出于移民、就业以外的其他目的，离开日常居住地而外出旅行以及在外地暂时逗留的活动。研究旅游的基本结构、主要功能及运行问题，需要结合近现代旅游活动发展的规律，在旅游系统的框架下进行。

第一节　旅游系统的含义

在现实世界中，系统无处不在。旅游活动涉及多要素、多部门，各要素、部门之间表现出强烈的关联性，具有明显的系统性。

一、旅游系统的概念

（一）系统的一般概念

在自然界里，小到基本粒子，大到整个地球，一切事物都以系统的形式存在着。同样，在人类社会中，人们的生产运营、组织管理、社会交往、文化生活等活动，都可以看作是一个个完整的系统。

一般系统论创始人，奥地利学者贝塔朗菲将系统简述为"相互作用的诸元素的复合体"。国内学者比较认同的观点则是钱学森提出的定义："系统是由相互作用和相互依赖的若干组成部分结合而成的，具有特定功能的有机整体。"

从目前国内外学者所提出的定义来看，系统的概念一般涉及要素、结构、功能等方面的内容。

第一，系统由若干个要素构成。要素是构成系统的基本单元，是对系统组成成分或部分的抽象概括，它在数量上不少于两个。一般来说，系统规模越大、复杂程度越高，系统要素数量越大。

第二，系统具有一定的结构。构成系统的各个要素彼此间相互联系、相互作用，形成相对稳定的组织形式或分布关系，这便是系统的结构。

第三，系统具有特定的功能。系统的功能建立在系统结构的基础上，是各要素联合行动所产生的特殊功效和作用，是系统结构的外在表现形式。系统有什么样的结构，就会表现出什么样的功能。

知识活页

系统及系统理论

系统一词来源于古希腊语，意为由部分构成整体。一般系统论试图确立一个能描述各种系统共同特征的一般的系统定义，通常把系统定义为由若干要素以一定结构形式联结构成的具有某种功能的有机整体。在这个定义中包括了系统、要素、结构、功能四个概念，表明了要素与要素、要素与系统、系统与环境三方面的关系。

系统思想源远流长，但作为一门科学的系统论，人们公认是美籍奥地利人、理论生物学家贝塔朗菲创立的。他在1932年提出"开放系统理论"，提出了系统论的思想，又于1937年提出了一般系统论原理，奠定了这门科学的理论基础。

系统理论属于钱学森院士倡立的系统科学，是研究系统的一般模式、结构和规律的学问，它研究各种系统的共同特征，用系统理论知识定量地描述其功能，寻求并确立适用于一切系统的原理、原则和模型，主要对计算机、应用数学、管理等专业的某一方向有专门研究，掌握系统思维方法，能够从整体上系统地思考和分析问题，是具有逻辑和数学性质的一门新兴的科学。

（二）旅游活动的系统性

旅游活动是一个复杂的系统，具有系统的特质，尤其表现在关联性方面。从旅游供求关系的角度来看，这种关联性表现为以下两个方面。

从旅游需求的角度来看，旅游消费者的消费活动包括吃、住、行、游、购、娱六个方面的内容，即通常我们所说的"旅游六要素"。涉及这六要素的产品和服务彼此间存在着直接联系，它们共同组成一个完整的旅游产品，以满足旅游消费者多方面的需求。也就是说，旅游消费者消费的是一种组合产品。因此，如果其中任一方面的产品和服务不足或者质量低下，势必会影响旅游需求的满足程度，进而对旅游活动的顺利开展产生不利影响。

从旅游供给的角度来看，上述旅游六要素有关的产品和服务通常由不同类型的旅游企业分别提供，他们彼此之间表现出较强的关联性。而这些单一产品的生产又与众多的第一、第二、第三产业部门存在着广泛的联系。例如，餐饮服务依靠第一产业提供各种农产品，住宿、出行服务依靠第二产业提供住宿、交通设施和工具，第三产业中的金融服务业、通信业所提供的电子支付、网络通信等服务，也是当前旅游服务供给中不可或缺的部分。

（三）旅游系统的概念

关于旅游系统的概念，目前国内外学界尚未达成共识。最早提出旅游系统概念的美国旅游规划专家甘恩（Gunn）基于结构功能的分析角度，认为旅游系统由需求和供给两大板块组成，其中供给板块又由具有相互依赖关系的交通、信息、促销、吸引物、服务等要素所构成。澳大利亚学者雷珀（Leiper）所描绘的旅游系统突出了客源地、目的地和旅游通道三个空间要素，将旅游系统视为旅游通道连接的客源地和目的地的组合，此外还包含另外两个要素，即旅游者和旅游业。

在国外学者对旅游系统概念进行探讨的基础上，国内一些学者也提出各自的观点。例如，吴人韦认为，旅游系统是各旅游要素之间所形成的具有强大的市场竞争能力、内部要素互为支持、具有特定结构和功能的有机整体。吴必虎将旅游活动看作一个系统，它由客源市场系统、出行系统、目的地系统、支持系统四个子系统构成。刘峰认为，旅游系统指直接参与旅游活动的各个因子相互依托、相互制约形成的一个开放的有机整体。吴晋峰和段骅指出，旅游系统为旅游活动系统，是由于大众旅游的出现而形成的社会经济系统的子系统，由与旅游活动密切相关的客源地、媒介和目的地三个部分组成。马勇和李玺将旅游系统界定为由旅游客源市场子系统、旅游目的地吸引力子系统、旅游企业子系统以及旅游支撑与旅游保障子系统四个部分组成,具有特定的结构、功能和目标的综合体。

本教材在综合国内外学者不同观点的基础上,对旅游系统做如下定义:旅游系统指旅游活动要素在一定区域相互作用而形成的具有特定结构和明确功能的有机整体。

二、旅游系统的构成要素

(一)旅游系统构成要素概述

由于旅游活动的复杂性,旅游系统的构成要素是多种多样的。中外学者对旅游系统构成要素的划分也各有不同。本书根据构成要素与旅游活动关联的紧密程度,将旅游系统中的各个要素划分为三大类。核心要素,包括旅游消费者、旅游目的地和旅游接待业;支撑要素,包括政策法规、基础设施、人力资源;环境要素,包括生态环境、经济环境、社会环境、政治环境、技术环境。支撑要素和环境要素将在后面的章节中进行介绍。

(二)旅游系统的三大核心要素

1.旅游消费者——旅游活动的主体

旅游消费者作为旅游活动的主体,是旅游系统形成的前提条件。也就是说,没有旅游消费者就不会有旅游系统的存在。旅游消费者,简称"旅游者",指离开常住地前往旅游目的地游览体验的人。从旅游统计的角度来讲,判断一个人是不是旅游消费者,通常有三大标准:第一,在活动空间方面,要离开自己的常住地,即惯常环境,到异地去旅行。第二,在活动时间方面,要在旅游目的地作暂时停留。根据联合国旅游组织的统计标准,国际旅游消费者的停留时间不应超过一年,而国内旅游消费者的停留时间不应超过6个月。第三,在旅行目的方面,其旅行的主要目的不应是在访问地从事有报酬的活动。例如,务工人员、商业演出人员等因在访问地获取报酬,均不被纳入旅游消费者的统计范畴。旅游消费者具有异地性、暂时性、非牟利性三大特征。

2.旅游目的地——旅游活动的客体

旅游目的地,简称"旅游地",指接待旅游者开展旅游活动的特定区域。旅游目的地是以旅游景观为基础,配套相应的旅游设施和旅游服务,能够吸引一定规模的旅游者在此做短暂停留的地域。从功能来看,旅游目的地拥有一定规模的旅游资源,能够对旅游消费者产生吸引力;具有基本的旅游接待和服务设施,能够满足旅游消费者进行旅游活动的需要。从空间来看,旅游目的地空间范围可大可小,大到一个国际性区域,小到一个旅游景区或景点,有一个明确的地域范围。

3.旅游接待业——旅游活动的介体

旅游接待业,简称"旅游业",是旅游活动的介体。从旅游供求关系的角度出发,旅游接待业是基于旅游消费者的需求,为旅游活动创造便利条件并提供所需商品和服务的行业和部门的集合。作为旅游活动的介体,旅游接待业的出现如同为旅游活动的主体与客体之间搭建起一座沟通的桥梁,它帮助旅游消费者实现旅游体验。从前往旅游目的地旅行到在旅游目的地逗留再到返回居住地,旅游消费者的整个旅游行程都可由相关旅游企业代为安排和提供服务,从而免去诸多麻烦。正是得益于旅游接待业这种中介作用,现代旅游活动才能迅速发展到如今的规模。

在推动现代旅游活动开展方面,旅游接待业也是一个十分积极、活跃的因素。旅游接待业通过宣传、推广、招徕等各种商业活动,让不少"待在深闺"的特色景区景点迅速兴起并发展成为著名的旅游目的地,由此推动旅游活动的大规模开展。

三、旅游系统的特征

作为一个统一体,旅游系统表现出整体性、开放性、动态性等一些明显的特征。

(一)多要素聚合的整体性

旅游系统的整体性指旅游系统的各个要素通过相互联系和相互作用,共同构成一个密不可分的统一体,彼此之间互相依存,共同发展。旅游系统既需要旅游目的地营造良好的旅游环境和旅游氛围,也需要旅游接待业提供优质的旅游商品和旅游服务,又需要旅游消费者在旅游过程中自觉遵纪守法、践行文明旅游,还需要其他行业和部门提供社会治安、环保卫生、通信网络等各方面的服务保障。在这个统一体中,各个要素进行有机结合才能够发挥出"整体大于部分之和"的系统整体优势。

(二)内外兼具的开放性

旅游系统的开放性指无论是内部还是外部,各构成要素的边界是开放的。一方面,从系统内部来看,旅游消费者、旅游目的地、旅游接待业各自所处的空间呈开放状态。旅游消费者所处的客源市场在空间上并非封闭,而是完全开放的,无论是国内旅游还是国际旅游,旅游消费者有可能被系统之外的旅游目的地吸引过去,从而造成客源移动。旅游目的地在地域空间上同样表现出开放的状态,由于人员、资金、物质、能量、信息等要素能够自由流动,不管是大的旅游区域还是小的旅游景点,虽然会出现激烈的竞争,但是也会为旅游目的地之间开展区域旅游合作创造了良好条件。三是旅游接待业的空间开放性。旅游接待业是一个综合性很强的产业,由各种类型的行业和部门构成。这些行业和部门要呈现一定的空间开放性,才有利于物质、能量、信息等的交换,也才有可能共同为旅游消费者提供整体性的产品和服务。

另一方面,从系统的内外部关系来看,旅游系统开放性指整个旅游系统的空间边界呈开放状况,即它具有与其所处的外界环境之间持续地发生物质、能量和信息交换的特性。也就是说,旅游系统在运行过程中,既从外界不断地输入物质、能量和信息,同时又向外界不断地释放物质、能量和信息。正是由于具有这一特性,旅游系统才得以存在和发展。

（三）因时而变的动态性

旅游系统的动态性是指旅游系统的状态会随时间而不断地发生变化。这一特性与旅游系统的开放性有关。旅游系统在不断地与外界进行物质、能量、信息等方面的交换，整个系统不断发生变化，这种变化在短期之内并不显著，但经过较长时间便会明显地表现出来。从其成长过程来看，旅游系统从形成开始，会经历从初级阶段逐渐发展到高级阶段的演变过程。如旅游消费者的类型，从旅游目的和内容上出现了从观光型到休闲型，再到体验型的扩张；旅游目的地的类型，从属性上出现了由自然山水型向自然文化复合型的演变；旅游接待业也由小体量单一业务型向集团化多种业务综合型发展。

第二节　旅游系统结构

系统具有一定的结构。旅游系统三大圈层和三类要素之间存在着相对稳定的组织形式。旅游系统结构从内到外分为三个圈层，其中核心圈层包括旅游消费者（主体）、旅游目的地（客体）、旅游接待业（介体）三大核心要素，支撑圈层包括政策法规、基础设施、人力资源三大支撑要素，环境圈层包括生态环境、经济环境、社会环境、政治环境、技术环境五大环境要素。

一、核心要素

旅游系统的核心要素包括旅游活动的主体——旅游消费者、旅游活动的客体——旅游目的地和旅游活动的媒介——旅游接待业。这三者之间相互联系，相互制约，共同构成旅游系统结构的核心圈层。

在旅游过程中，旅游消费者所追求的是获得一种令人愉悦的旅游体验。这种体验除了满足生理上的需求，主要体现在精神上的满足感，它贯穿于吃、住、行、游、购、娱等多个环节。旅游消费者在获得愉悦的旅游体验的同时，会对旅游接待业、旅游目的地产生相应的影响。旅游消费者的数量规模决定着旅游目的地和旅游接待业的规模大小和行业状态。前者的出行方式和消费水平又影响后二者的设施品质和服务水平。

旅游目的地作为旅游活动的客体，是旅游系统形成的物质基础。旅游目的地通过为旅游消费者提供具有吸引力的旅游产品，满足他们追求旅游体验的心理需求。旅游目的地通常由旅游资源、旅游设施、旅游服务等要素组成。其中，旅游资源是核心，是吸引旅游消费者来访的关键。旅游设施、旅游服务等其他要素则对旅游目的地的形成和发展起到重要的支撑作用。

　　旅游接待业主要以旅游目的地为依托,通过为旅游消费者提供各种旅游商品和服务,实现经济利益的最大化。

　　旅游消费者出游前的旅游需求和动机以及旅游期间的流量、流向,直接受旅游目的地的吸引力、形象、品牌和旅游接待业规模品质的影响,而旅游后的体验、感受、评价,又反过来影响了旅游目的地吸引力、形象、品牌发展和旅游接待业规模和品质的建设。旅游目的地和旅游接待业之间又必须相互配套、相互关联,共同提升对旅游消费者的直接吸引力,共同应对旅游消费者带来的反向作用力。

　　综上所述,旅游消费者所追求的是获得令人愉悦的旅游体验,旅游系统的运行就是为了满足旅游消费者的这种需求。围绕旅游需求,旅游消费者、旅游目的地、旅游接待业便成为旅游系统中基本的三大要素。这三者彼此间相互影响、相互作用,由此推动旅游系统的正常运转,并不断地优化发展。

二、支撑要素

　　旅游系统的支撑要素主要包括政策法规、基础设施、人力资源三个方面,它们会对旅游系统的运行起到有力的支撑作用。

（一）政策法规

　　此处的政策法规指国际组织或国家机关为处理旅游发展事务所制定的文件,包括旅游政策和旅游法规。政策法规通过影响旅游活动的开展,在旅游系统的运行中发挥重要的支撑作用,这可在我国旅游发展演变过程(入境旅游—国内旅游—出境旅游)中得到充分体现。在改革开放初期,为了赚取外汇,我国推行优先发展入境旅游政策,而对国内旅游实行"不提倡、不鼓励、不反对"的政策。从20世纪80年代中期开始,我国对国内旅游实施"因地制宜,正确引导,稳步发展"的政策,于是国内旅游获得迅速发展。之后,随着"经济增长点""重点产业"等旅游产业定位的陆续提出,我国旅游经济的各项指标也一路攀升。到了20世纪90年代,随着《中国公民自费出国旅游管理暂行办法》的实施,我国开启了出境旅游发展新纪元。以2013年《中华人民共和国旅游法》的颁布实施为标志,我国加强了对旅游市场秩序的规范和管理。我国旅游发展的历程表明,旅游系统的有序运转和健康发展,离不开旅游相关政策法规的大力支持。

　　旅游政策法规从地理范围看,包括国际旅游政策和国内旅游政策法规。前者比较有影响力的有《国际旅馆业新规程》(1981年由国际旅馆协会理事会通过)、《关于旅行契约的国际公约》(1970年在布鲁塞尔签订)、《国际航空运输协定》(1944年签订于芝加哥)等。各个国家的旅游法由各个主权国家制定,我国颁布实施的《中华人民共和国旅游法》是统领旅游行政管理机关与旅游企业之间、旅游企业与旅游消费者之间、旅游企业之间等各种行为和关系的根本法。

（二）基础设施

基础设施通常指以政府为主导进行建设,以便为旅游消费者和非旅游消费者提供无差别公共服务的设施。基础设施主要包括交通道路设施、环保卫生设施、电力设施、通信设施、给排水设施等。旅游系统的形成和运转离不开基础设施的支撑作用。交通是连接旅游客源地和旅游目的地的重要通道。如果交通道路设施不足,旅游消费者的出游会被严重制约。电力设施、给排水设施、环保卫生设施是保障旅游者、旅游目的地、旅游企业基本生存发展的物质条件。通信设施在过去可有可无,但在信息时代,它已经成为衡量基础设施是否健全的重要指标之一。

（三）人力资源

狭义的人力资源指组织内全体成员具有的现实和潜在劳动能力总和,即具有智力和体力劳动能力的人。此处主要指狭义上的人力资源。旅游活动一方面是为满足人们的旅游目的而产生的各种各样的劳务性需求,从旅游供给者的角度看,旅游活动实际上是旅游服务活动,需要一大批具有职业素养的经营人员、管理人员、服务人员等来提供服务,这构成本书重点讨论的人力资源。因此,旅游系统的正常运行必然需要人力资源发挥其重要的支撑作用。首先,人力资源的数量有基础性的作用,人力资源数量充足才能确保旅游消费者获得各方面的服务,确保旅游活动能够全面开展。其次,人力资源的质量起到关键性的作用,这是由于人力资源质量直接影响旅游消费者的旅游体验。最后,人力资源的知识结构、学历结构、职位结构等对一个旅游企业的经营管理水平产生一定影响。

三、环境要素

为了有效保障旅游活动的顺利进行,旅游系统还要有生态环境、经济环境、社会环境、政治环境、技术环境等环境要素,它们在旅游系统的运行过程中主要起保障作用。

（一）生态环境

生态环境指生物有机体周围生存空间的生态条件总和,也就是俗称的自然环境。旅游活动的开展通常以一定范围的自然环境为依托;旅游系统的运行,无论是旅游消费者的旅行活动,还是旅游目的地和旅游接待业的开发活动,都离不开地质地貌、水体大气、动植物等自然生态环境的保障。

生态环境在旅游系统运行中的保障作用主要体现在旅游资源、旅游环境、旅游活动的组织和安排等方面。旅游资源的分布、质量、规模等在很大程度上由自然生态环境决定。旅游环境的好坏与水体质量、大气质量、植被覆盖率等息息相关。旅游活动的组织和安排,包括旅游消费者出游时间、路线、目的地选择、旅游活动内容的选择等,都必须充分考虑气候气象条件。总而言之,旅游系统的顺利运行,需要良好的生态环境做保障。

(二)经济环境

经济环境可分为宏观经济环境和微观经济环境。对旅游系统的保障作用更多的是以经济发展水平、社会经济结构、经济开放程度为主的宏观经济环境。

旅游活动的开展必然会涉及要素投入、产品生产、消费支出等经济活动方面的内容。因此,旅游系统的形成与发展需要良好的经济环境做保障。经济发展水平一方面决定旅游客源市场规模,另一方面又在很大程度上决定旅游目的地的供给能力和供给水平。在社会经济结构方面,旅游接待业与第一、第二、第三产业之间存在着广泛的经济联系,这意味着旅游经济的平稳运行离不开合理的产业结构。按照经济发展的一般规律,随着经济发展水平的不断提高,第三产业的比重会逐渐扩大,作为第三产业重要组成部分的旅游接待业也日益受到重视。经济开放程度对旅游发展来说也有重要意义。通常经济开放程度越高,国内外社会、经济、文化等方面的民间交往就越密切,国际旅游活动也就越频繁。

(三)社会环境

社会环境指在自然环境的基础上,人类生活的社会经济制度和上层建筑所构成的人工环境,主要包括社会开放程度、社会安全环境、社会道德环境等方面。

社会环境对旅游系统运行的保障作用是显而易见的。旅游客源地的对外开放程度越高,人们从外部获取的信息也就越多,这有助于人们形成旅游动机,进而产生外出旅游的需求;反过来,如果地方闭塞,人们对外界的了解非常有限,则难以形成旅游动机和旅游需求。从旅游目的地的角度来看,如果旅游目的地对外开放程度高,当地居民普遍持有开放、包容的态度,则更有利于吸引外地旅游消费者到来。在社会安全环境方面,旅游消费者都有一种意识:出门在外,安全第一。营造良好的社会安全环境能充分保障旅游消费者的人身和财产安全,这对旅游系统运行具有十分重要的意义。同时,旅游目的地的居民礼貌、善良、诚信、热情、平等、友好的道德修养水平,不仅能增强旅游消费者的美好体验,还能进一步塑造旅游目的地的形象。

(四)政治环境

政治环境主要涉及一个国家或地区在一定时期内的政治制度、政治局势、国家大政方针等。

政治环境对旅游系统运行的保障作用主要体现在政治局势和大政方针方面。首先,旅游系统的正常运行离不开国家政权的稳定性、国家边界的安全性和社会的安定性。一旦政治局势动荡不安,旅游系统的运行就可能受阻。其次,旅游系统的正常运行还需要国家在一定时期提供重大政策措施作为强有力的保障。近几年来,我国将旅游外交政策上升为国家战略,并通过与其他国家互办"旅游年"等方式大力推动旅游外交工作。实践证明,此举有力地提升了我国旅游发展的国际化水平,促使我国旅游业迈上一个新台阶。

(五)科学技术环境

科学技术环境指技术要素以及技术要素对行业发展产生影响的社会现象,包括科技发展水平、科技管理体制、科技政策法规等方面。近几十年来,科学技术日新月异,在全球范围内新技术、新设备、新工艺、新材料等不断涌现,这不断地改变着人们的生产生活方式。因此,在当前日趋激烈的市场竞争环境下,任何一个经济实体要想获得持续发展,都必须时刻关注科学技术环境及其发展变化。

科学技术环境对旅游系统运行的保障作用体现在直接作用和间接作用两个方面。其一,交通运输、电力通信等基础设施的科学技术革新和发展,间接提升了旅游系统的运行效率;其二,现代信息技术等在旅游领域的直接运用,又丰富了旅游消费者的体验,提升了旅游目的地管理水平,提高了旅游接待业的服务质量。

教学互动

阅读两篇关于"旅游系统"的外国文献,分析其对"旅游系统结构"的论述及观点。

第三节　旅游系统功能

旅游系统功能指旅游系统各个要素之间相互作用所产生的功效。旅游系统最重要、最根本的功能是实现旅游需求和旅游供给的平衡,其具体表现如下:第一,从旅游消费者来看,旅游系统具有促使客流移动的功能;第二,从旅游目的地来看,旅游系统具有提升消费体验的功能;第三,从旅游接待业来看,旅游系统具有促进企业运营的功能。

一、促使旅游客流移动

旅游客流是旅游体系的主体和基础,根据谢彦君等学者的观点,它指一定区域范围内由于旅游需求的近似性而出现的旅游消费者集体性空间移动现象。具体而言,就是旅游消费者从客源地向目的地流动又返回客源地而形成的人群数量和流动模式。旅游客流在体现旅游时空分布特征的同时,在很大程度上反映了旅游消费者的需求偏好。

（一）旅游客流移动的动力

从当前国内外的研究来看,旅游客流的形成通常运用"推拉"理论来解释。"推拉"理论(Push-pull Theory)是研究人口流动的经典理论之一,于1977年被丹恩(Dann)应用到旅游研究领域,成为分析旅游流动机制的重要理论。根据该理论,旅游消费者的旅游动机是形成旅游客流的内推力,而旅游目的地则是形成旅游客流的外拉力。本书基于旅游系统分析角度,在内推力和外拉力的基础上增加支撑力,三者共同促使旅游客流的移动。

1.旅游客流的内推力

旅游客流的内推力(或者称为内驱力)源自旅游消费者自身,是激发旅游消费者产生外出旅游需求的内部动力,通常被学术界纳入旅游动机的研究范畴。研究发现,常见的内推力因素包括追求新奇、放松自我、逃避惯常环境、渴望社会交往、获得文化体验、满足健康需要等。这些因素不仅激发旅游消费者产生旅游需求,而且在很大程度上决定他们将会选择什么样的旅游目的地。

2.旅游客流的外拉力

旅游客流的外拉力来自旅游目的地,指吸引旅游消费者前往该地旅游的作用力,也就是旅游目的地的吸引力。构成吸引力的要素很多,包括景区景点、生态环境、民俗文化、特色饮食、购物场所等。当然,不同类型旅游目的地的核心吸引要素不同,有的靠自然风光吸引人,有的则靠特色文化博眼球。

3.旅游客流的支撑力

旅游客流的支撑力来自旅游接待业这一旅游系统的媒介,是帮助旅游消费者实现旅游需求的外部动力。有了旅游接待业,旅游消费者才可能顺利往返于客源地与目的地之间,才可能获得完整而美好的旅游体验。对那些想体验陌生环境(如出境旅游)的旅游消费者而言,旅游接待业所发挥的作用尤为突出。

（二）旅游客流的特征

正是由于旅游动机等内驱力的推动,以及旅游目的地的吸引和旅游接待业的辅助和支持等外拉力和支撑力的作用,使得旅游消费者向能实现其旅游目的的区域流动,形成旅游客流,并在时间维度、流量、流速、流向等方面形成显著特征。

在时间上,旅游客流体现出淡季、旺季、平季的节律特点。许多旅游目的地的自然资源和环境具有明显的季节性,对观光型旅游者来说,一些旅游目的地只有在某些季节才会对其产生较强的吸引力。

在流量上,由于旅游资源禀赋和发展条件存在明显差异,各旅游目的地的旅游客流的流量迥然不同,旅游客流的流量体现出热点、冷点、温点的区域特点。有些区域因为资源禀赋高、开发较早,且已经产生了品牌效应,成为旅游热点地区,而有的区域受基础设施和接待服务设施不完善等因素影响，即便拥有高品质的旅游资源，也可能是旅游冷点地区。

在流速上，由于旅游目的地旅游产品开发的深度、广度以及满足旅游需求的程度不同，旅游客流在旅游目的地的持续时间长短也各有不同。一般来说，旅游客流的流速越慢，就意味着旅游客流在旅游目的地的持续时间越长，该旅游目的地从旅游客流中的获益也就越多。

在流向上，旅游客流也表现出明显的方向性特点。根据长期的研究数据，旅游者在流动时，通常近距离流动多、远距离流动少；流向风景名胜区和文化特色显著地区；流向政治、经济、文化中心；从严寒地区流向温暖地区或反方向流动；从一个经济发达的国家和地区流向另一个经济发达的国家和地区的规律性。

二、提升旅游消费体验

所谓"体验"，指的是企业以服务为舞台，以商品（产品）为道具，用以激活消费者内在心理空间的积极主动性，引起消费者热烈反响，创造让消费者难以忘怀的经历的活动。在体验经济时代背景下，旅游在本质上就是一种旅游消费体验。

（一）旅游体验的概念

旅游体验可以界定为旅游者在旅行、逗留、游览过程中，与当下情境融合时所获得的身心一体的感受。其概念和内涵表现在三个方面。

其一，旅游体验是一个主客体互动的过程。在旅游过程中，作为主体的旅游消费者与作为客体的旅游目的地之间自然而然地产生互动。旅游消费者融入旅游目的地的程度，往往决定了其旅游体验的深度。

其二，旅游体验是一个动态发展的过程。在离开客源地前往目的地再返回客源地的整个过程中，旅游消费者不断地接触异地事物，不断地从外界获得各种信息。随着情境不断发生变化，旅游消费者也获得不同的感受。因此，旅游消费者所体验到的内容并非一成不变，而是经常处于动态变化中。

其三，旅游体验是一个心理感受的过程。好的旅游体验是旅游消费者以情感或情绪的形式表现出来的愉悦经历，主要是在心理上获得一种满足感。

（二）旅游体验的类型

旅游体验通常包括娱乐体验、审美体验、逃避体验、教育体验、移情体验五种类型。

1. 娱乐体验

娱乐体验指的是旅游消费者在旅游过程中获得放松自我、愉悦身心的感受。不管是观看娱乐演出，还是参与各类民俗活动，这些经历都会让旅游消费者从日常紧张的工作环境中解脱出来，并感受到种种乐趣。这是主要的旅游体验之一。

2.审美体验

审美体验指的是旅游消费者在旅游过程中通过欣赏美好的事物而获得一种美的享受。旅游中的美好事物多种多样，如优美的自然风光、淳美的田园山村、精美的艺术品、美味的特色饮食等。通过视觉、听觉、嗅觉，旅游消费者能够全方位地获得审美体验。

3.逃避体验

逃避体验，也称为超脱现实体验，指的是旅游消费者通过旅游活动获得另外一种与日常生活截然不同的经历。繁重的工作和生活压力，导致人们希望通过参加旅游活动暂时摆脱日常生活中的种种烦恼，在旅游过程中寻找真实的自我或者追求一种忘我的境界。

4.教育体验

教育体验指的是旅游消费者在旅游过程中获取知识、受到教育的经历。对旅游消费者而言，旅游目的地处处充满了新奇。通过参观访问、专门学习或者是观光游览，旅游消费者经常会从中获得新的知识，感受学习的乐趣。

5.移情体验

移情体验指的是旅游消费者在旅游过程中将自己内在的某种情感投射或迁移到他人或他物身上，并从中获得愉悦的体验，它跟逃避体验类似但又存在一些差异。旅游消费者在旅游活动中的角色扮演是较为经典的移情体验。在这种移情体验中，旅游消费者从日常生活中所扮演的种种角色临时转换到另外一种角色，从而获得别样的体验。

案例透视 ▼

三、保障旅游企业运营

企业是依法设立、主要从事经济活动的营利性组织。旅游企业作为构成旅游接待业的基本单位，既具有一般企业的基本性质，又具有它自身的特点，无论其规模大小，都涉及运营活动。

（一）旅游企业的运营活动

旅游企业的运营活动可以看作投入—转换—产出的过程。旅游企业的运营活动具有如下特点。

第一，从运营系统布局来看，旅游企业作为服务型企业，其运营设施一般要接近旅游消费者，便于他们使用，这使得运营系统在选址上往往会受到诸多限制，一般布局在旅游目的地或旅游客源地。

第二，从生产过程来看，旅游企业的生产（即服务）与消费是同步进行的，这意味着运营活动需要旅游供应商和旅游消费者双方共同完成。

第三，从产品产出来看，旅游产品属于服务性产品，具有无形性、综合性、不可存储性等一些显著特点。

围绕这三个特点,旅游企业运营的重点在于服务设计、质量控制、客户管理三个方面。服务设计就是旅游企业的产品设计,通过服务设施布局、服务流程设计、服务内容创新,为旅游消费者提供新产品和新服务。旅游服务质量指的是旅游企业提供的服务为旅游消费者带来的效用,以及对其需求满足程度的综合体现。质量控制就是要保证旅游服务质量既能符合并满足旅游消费者的预期,同时符合并满足该项服务工作的规范和标准。客户管理就是通过获得旅游消费者、保留旅游消费者以及发展旅游消费者的整个过程,来协调好与旅游消费者的关系,保证持续、稳定的客户群体。

(二)旅游企业运营的基础

从旅游系统角度来看,旅游接待业作为旅游消费者与旅游目的地之间的桥梁和媒介,其中的旅游企业要正常开展运营活动,自然离不并旅游消费者和旅游目的地。旅游企业通常需要一定规模的旅游客源市场和具备一定资源条件的旅游目的地,同时还要求企业拥有一定的经营能力。

一定规模的旅游客源市场是指一定数量的旅游产品购买者和潜在购买者,它是旅游需求产生的土壤,也是旅游企业得以运营的重要前提。旅游目的地的资源条件是旅游系统得以运营的另一个重要前提。作为旅游活动客体,旅游目的地必须拥有较高品质的旅游资源,拥有较完善的接待服务设施,还要有较强的可进入性、良好的生态环境、安全和谐的社区环境等基础条件,这样才可能吸引足够多的旅游消费者。旅游企业在生产投入、设备维护、宣传促销、员工培训等各方面投入人力、财力、物力以及时间和信息,才能保障旅游业运营,实现旅游系统目标。

**本章
小结**

旅游系统,指旅游要素在一定区域相互作用形成具有特定结构和功能的活动系统。这一系统包括旅游消费者、旅游目的地、旅游接待业三大核心要素,并具有多要素聚合的整体性、内外兼具的开放性、因时而变的动态性三大系统特征。旅游系统结构,是指旅游系统各个要素之间存在的相对稳定的组织形式。该系统结构从内到外可分为三个圈层:核心圈层包括旅游消费者、旅游目的地、旅游接待业三大核心要素;支撑圈层包括政策法规、基础设施、人力资源三大支撑要素;外围圈层包括生态环境、经济环境、社会环境、政治环境、技术环境五大环境要素。旅游系统功能,是指旅游系统各个要素之间相互作用所产生的功效。旅游系统最重要和最根本的功能是满足旅游需求和实现旅游供给的平衡,因此旅游系统具有三大功能:从主体看,具有促进客

Note

流移动的功能;从客体看,具有促进消费体验的功能;从媒介看,具有促进企业运营的功能。

复习思考

1.旅游系统具有什么样的特征?

2.旅游系统三大构成要素存在何种相互关系?

3.旅游系统结构分为几个层次并包括哪些要素?

4.旅游系统具有哪些基本功能?

5.怎样分析旅游客流的基本特征?

6.如何理解旅游体验?

复习思考
▼

参考答案

自测习题
▼

Note

第四章
旅游消费者

蓄势待发的中国旅游市场

导读案例

2023年,中国旅游市场呈现出显著的复苏态势,这一现象背后反映出旅游者产生的条件正在不断优化。从客观条件来看,随着中国经济的持续增长,居民收入水平显著提高,可支配收入和可自由支配收入的增加为旅游消费提供了坚实的基础。根据国家统计局数据,2023年中国居民人均可支配收入达到39218元,同比增长6.3%,这为旅游市场的繁荣提供了有力支持。同时,带薪休假制度和节假日调整进一步增加了居民的闲暇时间,为旅游活动创造了更多机会。

在主观条件方面,旅游动机的多样化也成为推动旅游市场发展的重要因素。随着人们生活水平的提高和精神需求的增加,旅游不再仅仅是观光和休闲,而是逐渐成为一种追求自我实现、社交互动和文化体验的生活方式。例如,2024年,随着研学旅行和文化体验游的兴起,越来越多的旅游者选择前往历史文化名城或博物馆进行深度旅游,这体现了旅游者对文化知识和自我实现需求的追求。此外,社交媒体的普及也激发了人们的旅游动机,许多旅游者受到网络平台上的旅游攻略和网红打卡地的影响,选择前往相关目的地旅游。

(案例来源:根据国家统计局《2023年居民收入和消费支出情况》、迈点研究院《2023年中国旅游市场分析报告》、新浪财经《2024—2025年中国研学游经济市场运行监测报告》等资料编写)

导读思考

案例中的主观、客观条件是如何促进中国旅游的发展的?

知识导图

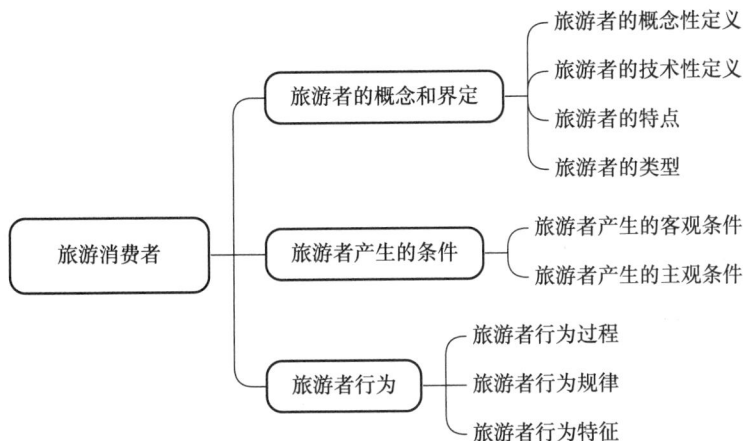

学习目标

知识目标：

掌握旅游消费者的概念、类型、特征；

了解旅游消费者形成的条件；

了解旅游消费者行为的基本规律。

能力目标：

具备分析旅游消费者行为特点的能力。

素养目标：

培养学生坚持中国特色社会主义的道路自信和制度自信。

当代经济社会中，已经没有完全自给自足的旅游消费者，人们要开展旅游活动，都需要用交换的形式才能实现，人们开展旅游活动的行为，已经是一个消费行为。下面为了表述更加简洁易懂，采用旅游消费者的简称——旅游者来进行介绍。

第一节　旅游者的概念和界定

根据不同国家及地区的理解差异，以及统计口径的不同要求，关于旅游消费者的定义也可分为概念性定义和技术性定义两类，目前占主导地位的是技术性定义。

一、旅游者的概念性定义

旅游者(Tourist)一词,最早见于1811年出版的《牛津辞典》中,含义为"以观光游览为目的的外来游客"。

1876年的《世纪大百科词典》把旅游者定义为因好奇和无聊而旅行的人。这种认识未将非消遣性的旅游者(如商务旅游、宗教旅游、军事旅游、科学考察旅游等)包括进去。随着社会的发展,非消遣性旅游的规模逐渐扩大,人们对旅游者也有了新的认识。

1997年,我国国家旅游局起草的《旅游服务基础术语》指出,旅游者是为满足物质和精神文化需求进行旅游消费活动的主体,是旅游服务活动的需求者和服务对象。

二、旅游者的技术性定义

与概念性定义比较起来,技术性定义具有较高的可操作性。基于此,联合国旅游组织等国际组织乃至各国的旅游组织很早就开始对这一问题进行研究,并做了大量的工作。

从技术角度,旅游者可分为国际旅游者和国内旅游者。

（一）国际旅游者

1. 联合国统计委员会的定义

联合国统计委员会对国际旅游者的定义:外国旅游者是离开自己的居住国,到异国旅行访问至少24小时的人。该定义还指出了应列入旅游者的人员范围和不应列为旅游者的人员范围。

(1)可列入国际旅游者统计范围的人员具体包括:①为消遣、家庭事务或健康原因而出国旅行的人;②为出席国际会议或作为公务代表而出国旅行的人(包括科学、行政、外交、宗教、体育等会议或公务);③为工商业务原因而出国旅行的人;④在海上巡游途中停靠某国、登岸访问的人员,即使其停留时间不足24小时(停留时间不足24小时的应另外分为一类,必要时可不管其常居何处)。

(2)不应列入国际旅游者统计范围的人员,具体包括:①到某国就业谋职的人,不管其是否签订了劳动合同;②到国外定居者;③到国外学习、寄宿在校的学生;④居住在边境地区、日常跨越国境到邻国工作的人;⑤临时出国境但不进行法律意义上停留的人,即使其在境内时间超过24小时。

2. 罗马会议的定义

1963年,联合国在罗马召开国际旅游会议,提出了游客、旅游者和短途游览者三个概念。

游客(Visitor)是除为获得报酬和从事某项职业以外,基于任何原因到一个非常住国访问的人。游客包括旅游者和短程游览者。

旅游者(Tourist)是指在一个国家暂时逗留至少24小时的游客。其旅行目的是消遣(如从事娱乐、度假、宗教和体育运动等)、健康、研究、工商、探亲等。

短程游览者(Excursionist)是指在一个国家暂时逗留不足24小时的游客(包括乘游船海上旅行的人),又称"一日游游客"(Day Tripper),实际上就是不过夜的旅游者。

罗马会议定义的基本特征:①以来访者的目的区分其是否为旅游者,排除了定居者和谋求职业者;②将所有纳入旅游统计的人员统称为游客,并具体规定包括消遣和工商事务两种目的的旅游者,从而使得旅游(Tourism)和旅行(Travel)这两个含义原本不同的术语趋于同化,扩大了旅游者的外延,有利于发展旅游产业;③根据来访者的定居地(通常为居住国),而不是根据其所属国籍来界定其是否属于国际旅游者,符合旅游的异地性;④以来访者在访问地的停留时间,即是否在访问地停留过夜为标准,将游客分为旅游者和短程游览者,在旅游统计中分别进行统计。

1967年,联合国统计委员会召集的专家统计小组采纳了1963年罗马会议的定义,并建议各国都采用这一定义。1968年,这一定义得到正式确认。1975年,联合国世界旅游组织(UNWTO)成立后,也采纳了罗马会议的定义,将其作为该组织对应纳入旅游统计的解释。因此,在学术界又将该定义称为联合国世界旅游组织的解释。

3.联合国旅游组织(原名联合国世界旅游组织)的定义

1981年,联合国世界旅游组织出版了《国内与国际旅游统计资料收集与提供方法手册》,对罗马会议的定义做了补充和完善。

国际旅游者可以包括:

(1)为了娱乐、医疗、宗教仪式、家庭事务、体育活动、会议、学习等目的过境进入另一国家者;

(2)外国轮船船员或飞机机组成员中途在某国稍事停留者;

(3)停留时间不足一年的外国商业或公务旅行者,包括为安装机械设备而到达的技术人员;

(4)负有持续时间不足一年使命的国际团体雇员或回国进行短期访问的旅行侨民。

国际旅游者不包括下列人员:①意图向目的国移民或在该国谋求就业的;②以外交官身份或军事人员身份进行访问的;③上述人员的随从人员;④流亡者、流浪者或边境上的工作人员;⑤打算停留一年以上者。

4.我国的界定

1979年,我国国家统计局根据我国的具体情况,从统计的角度出发,对应纳入我国旅游统计的旅游者范围进行了一系列的解释和规定,凡纳入我国旅游统计的来华旅游入境人员统称为(来华)海外游客。

海外游客是指来我国参观、探亲、访友、休养、考察,或从事贸易、业务、体育、宗教活动、参加会议等的外国人、华侨和港澳台同胞。其中外国人是指属外国国籍的人,包括加入外国国籍的中国血统华人；华侨是指持有中国护照，但侨居外国的中国同胞；港澳台同胞指居住在我国港澳台地区的中国同胞。

在技术上，我们可以认为，海外游客是指因上述原因或目的，离开其常住国（或地区）到我国（除港澳台地区）访问，连续停留时间不超过12个月，并且在我国活动的主要目的不是通过所从事的活动获取报酬的人。其中，常住国（或地区）是指一个人在近一年的大部分时间所居住的国家（或地区），或者虽然在一个国家（或地区）只居住了较短时间，但在12个月内仍将返回的这一国家（或地区）。

按照在我国访问期间停留时间的差别，海外游客可划分为以下两类：

（1）海外旅游者，即在我国旅游住宿设施内停留至少一夜的海外游客（过夜游客）。

（2）海外一日游游客，即未在我国旅游住宿设施内过夜（而是当日往返）的海外游客（不过夜游客）。

我国旅游统计中还规定，海外游客中不包括下列八种人员：①应邀来我国进行访问的部长以上官员及其随从人员；②各国驻华使馆人员；③常驻我国一年以上的外国专家、留学生、新闻记者、商务机构人员等；④乘国际班机直接过境的旅客、机组人员和在口岸逗留不过夜的铁路员工和飞翔船船员；⑤边境地区往来的边民；⑥回大陆定居的华侨、港澳台同胞；⑦在我国已定居的外国人和原已出境又返回我国定居的外国侨民；⑧归国的我国出国人员。

对比前述国际组织对应纳入旅游统计人员的界定和我国对（来华）海外游客的现行解释，可以看出，除了在各自的表述以及对某些术语的解释有所不同，这些定义及解释的内容都大致相同。

目前，世界各国在对国际入境旅游者进行界定和统计时，大都是以罗马会议的定义或者说都是以联合国旅游组织的解释为基准。因此可以认为，目前世界各国对于国际旅游者的界定，原则上已经形成共识。

（二）国内旅游者

对国内旅游者的定义或范围划定，人们的看法一直存在差异，因此对于在统计国内旅游发展情况时应如何界定国内旅游者的问题上，目前世界各国所使用的标准还远未统一。

1. 世界主要国家和联合国旅游组织对国内旅游者的界定

此处仅列举美国、英国、法国、加拿大及联合国旅游组织的界定。

加拿大政府部门对国内旅游者的定义是，旅游者是指离开其所居社区，到至少50英里（约80千米）以外的地方去旅行的人。

美国使用较广的旅游者定义是1978年美国国家旅游资源评审委员会（The National Tourism Resource Review Commission）提出的定义：旅游者是指为了出差、消遣、个人事务或者出于工作上下班之外的其他任何原因而离家外出旅行至少50英里（单程）的人，不管其是否在外过夜还是当日返回。

以英国为代表的一些欧洲国家采用的标准则是旅游者在异地逗留的时间。英国旅游局在《英国旅游调查》(*The Great British Tourism Survey*)中规定,国内旅游者指基于上下班以外的任何原因,离开居住地外出旅行过夜至少一次的人。对外出旅行的距离未作规定。

法国旅游总署对国内旅游者的定义是基于消遣、健康、会议、商务或修学目的,离开其主要居所外出旅行超过24小时但不足4个月的人。

联合国旅游组织对国内旅游者的定义,是参照国际旅游者的定义作出的,采用的界定标准与国际旅游者的界定标准基本一致。国内旅游者指为了娱乐、度假、体育活动、公务、集会、会议、学习、探亲访友、保健、慈善工作或宗教目的,而在其居住国(不论国籍如何)对某个目的地进行至少24小时但不足一年的访问旅行者。此后又补充规定,国内旅游者不包括那些外出就业的人。在这一定义中,与国际旅游者的划分类似,国内游客也被区分为国内旅游者(Domestic Tourists)和国内短程游览者(Domestic Excursionists)。国内短程游览者指基于以上任何目的在访问地逗留不足24小时的人。

2. 我国对国内旅游者的界定

在我国的国内旅游统计中,国内旅游者是指任何因休闲、娱乐、观光、度假、探亲访友、就医疗养、购物、参加会议,或从事经济、文化、体育、宗教活动而离开常住地到我国境内其他地方访问,连续停留时间不超过6个月,并且访问的主要目的不是通过所从事的活动获取报酬的人。在这一定义中,所谓常住地指的是在近一年的大部分时间内所居住的城镇(乡村),或者虽然在这一城镇(乡村)只居住了较短时间,但在12个月内仍将返回该城镇(乡村)。

国内游客分为以下两类。

(1)国内旅游者,指我国居民离开常住地,在我国境内其他地方的旅游住宿设施内停留至少一夜,不超过6个月的游客。

(2)国内一日游游客,指我国居民离开常住地10千米以外,出游时间超过6小时但不足24小时,未在我国境内其他地方的旅游住宿设施内过夜的游客。

我国同时规定下列人员不在国内游客统计范围内:①到各地巡视工作的部级以上领导;②驻外地办事机构的临时工作人员;③被调遣的武装人员;④到外地学习的学生;⑤到基层锻炼的干部;⑥到其他地区定居的人员;⑦无固定居所的无业人员。

可以看出,我国对国内游客的定义和联合国旅游组织的定义基本一致,但是我国统计并未将在亲友家过夜的国内旅游者包括进去。因此,我国关于国内游客的统计数字可能低于实际规模。

教学互动

画出旅游者技术性定义的知识导图。

三、旅游者的特点

国内外关于旅游者的界定，表述各有不同，但其概念的界定都包含三个要点：其一，旅游者必须离开常住地前往目的地，具有异地性特征；其二，旅游者在目的地停留的时间在1年以内，具有暂时性特征；其三，旅游者在目的地以游览体验为基本活动内容，不以获取报酬为目的，具有非牟利性特征。

（一）异地性

旅游是一种空间移动，是旅游者到日常生活地以外的地方进行短暂逗留，去观赏异地风光，体验异域情调，同当地人交往，并参与当地活动，使精神和身体得到放松和休息。异地性不仅指地理位置的不同，更重要的是指因地区不同而造成的资源差异性，差异性越大，异地吸引力就越强。因此，一个地区的异地性越强，对域外旅游者的吸引力就越大，旅游者的感受就越深，该地旅游业也会更加兴旺。

（二）暂时性

旅游是旅游者利用闲暇时间的外出活动，仅仅是发生在人们日常生活中某一特定时段上的行为。闲暇时间毕竟是有限的，所有的旅行活动都是一种暂时性的活动，全部旅游行程结束后，旅游者最终须返回其常住地，既不能在目的地停留过久，更不会在目的地永久定居。因此，"旅游者"只是一个暂时的身份，是人们短时的生活方式转换。

（三）非牟利性

旅游是旅游者开展的一项综合性的游览体验活动，集吃、住、行、游、购、娱六要素于一体，旅游者出游的目的在于获得身心的愉悦和精神的享受，而不是在目的地寻求工作机会或获取报酬。

四、旅游者的类型

在实际的旅游研究工作中，经常需要根据目的，将旅游者按不同的标准划分为不同的类型，而且，不同类型的旅游者，其需求特点也各有差异。

（一）旅游者的类型

旅游者的类型划分常常是与旅游活动的类型划分联系在一起的。有何种类型的旅游活动，就有何种类型的旅游者。因此，同旅游活动的划分一样，旅游者的类型划分也没有恒定的标准。常用的旅游者类型划分方法主要有以下几种。

（1）按旅游目的，可分为度假消遣型旅游者、公务商务型旅游者、家庭及个人事务型旅游者等。

（2）按地域范围，可分为国内旅游者、国际旅游者、洲际旅游者、环球旅游者等。

（3）按消费水平，可分为经济型旅游者、标准型旅游者、豪华型旅游者。

（4）按组织形式,可分为团体旅游者、散客旅游者、自助旅游者。

（5）按计价方式,可分为全包价旅游者、半包价旅游者、非包价旅游者。

依照不同标准划分的旅游者类型,彼此之间互有交叉。在实际研究和工作过程中,有时需要采取两种或两种以上的标准同时对旅游者进行细分。值得一提的是,划分旅游者类型只是为一定的研究目的服务的手段,并非单纯为了划分而划分,这种划分应是出于实际需求而进行的。

（二）不同类型旅游者的特点

不论运用哪一种标准来划分旅游者的类型,都可以发现不同类型的旅游者表现出的特点差异很大。下面仅对按旅游目的划分的各种类型的旅游者的特点稍做分析。

1.度假消遣型旅游者

这类旅游者以游乐为主要目的,主要选择观光旅游、度假旅游、娱乐旅游等类型的旅游活动,往往与家庭成员或单位组织的成员在一起,把旅游作为与工作无关的活动,其主要目的就是放松。度假消遣型旅游者具有人数多、比例大、季节性强、自由度高、停留时间长、对价格敏感等特点。

2.公务商务型旅游者

公务商务型旅游者也称为差旅型旅游者,这种类型的旅游者以完成公务为主要目的,在此前提下兼顾观光旅游,包括公务旅游者、商务旅游者、学术教育旅游者(会议旅游者)等。随着经济的不断发展和各国、各地区之间经济往来的增加,商务旅游者逐渐成为旅游市场客源的重要组成部分。

这一类型的旅游者,由于出游目的不同于消遣型旅游者,因此具有出游频率高、季节性限制不明显、选择自由度小、对价格不敏感、对服务质量要求高的特点。

3.家庭及个人事务型旅游者

家庭及个人事务型旅游者是指那些探亲访友、求学、疗养治病、购物及因其他家庭事务和个人事务而外出旅行的人。这类旅游者的需求特点较为复杂,他们在需求方面不同于前两种类型的旅游者,又兼有二者的某些特点:对出游时间、旅游目的地缺少选择的自由;具有合家消遣的特点,对旅游价格比较敏感,人均旅游支出较少。

第二节　旅游者产生的条件

一、旅游者产生的客观条件

一个人要想进行旅游活动,必须同时具备两个基本的客观条件:足够的可用于旅游的收入和时间，也就是俗语所说的"有钱又有闲"。

（一）收入水平

个人或家庭收入可划分为可支配收入和可自由支配收入两个部分。可支配收入（Disposable Income）指个人或家庭的总收入扣除全部税款后的部分。可自由支配收入（Discretionary Income），或者说可随意支配收入指的是个人或家庭的总收入扣除全部税款、社会保障性消费（人寿保险、退休金、失业补等）以及日常生活所必需的消费部分（衣、食、住、行）之后所余下的部分。

收入水平决定着一个人能否成为旅游者，是旅游支付能力的前提条件。在经济高度发达的今天，人们的旅游活动不再是自给自足、自发的行为，而是必须通过交换才能完成的活动。对旅游者个体来说，具备一定的经济实力是实现旅游的首要条件。一个家庭或个人的收入首先需要支付的是必需的生活基本消费。当一个人的收入满足基本生活需要后，才会利用剩余的钱去旅游。因此，一个人（或家庭）的收入水平，尤其是可自由支配收入水平，是决定旅游者消费的重要因素。收入水平的高低，影响着旅游活动能否实现，影响着外出旅游时的消费水平及消费结构，也影响着对旅游目的地和旅行方式的选择等。

（二）闲暇时间

前述章节已经提到，旅游是人们离开惯常居住地前往旅游目的地的行为，是一个过程、一段经历。无论是前往目的地的过程，还是在目的地停留的经历，都需要一定的时间。一般来说，人的时间可以分为工作时间、生活时间、闲暇时间三大部分。工作时间是指人们为了维持生存外出工作以赚取货币的时间。生活时间是指为满足人们生理需要（如吃饭、睡觉以及处理日常琐事等）而花费的时间。闲暇时间也称余暇时间（Space Time）或自由时间（Free Time），是扣除以上两部分后的剩余部分，即在日常工作、生活、学习及其他必需的时间之外，可以自由支配，从事娱乐、社交、消遣或其他自己感兴趣的事情的时间。人们只能利用这部分时间外出旅游，虽然并非所有的闲暇时间都可用于旅游，但就旅游需求实现的情况而言，闲暇时间乃是实现个人旅游的重要条件。

知识活页

闲暇时间一般分为以下四种。

（1）每日余暇，顾名思义，是指每日工作及生活等必需时间之外的剩余部分。这部分时间很零散，只能用于休息、读书和娱乐，基本上不能用来旅游。

（2）每周余暇，即周末公休时间。目前世界上大多数国家实行五天工作制，周末休息两天。实行五天工作制以后，人们可以利用周末这段较为集中的时间外出旅游,如果交通方便,还可以到较远的地方。但多数情况下,人们在周末只能进行短途旅游。我国从1995年5月1日开始实行每周五天工作制,现在越来越多的中国人利用周末闲暇时间外出旅游。

(3)公共假日,即通常所说的节假日,是外出旅游的好时机。由于各国风俗习惯、宗教信仰等方面的不同,其传统节日的分布状况也有所不同。西方国家比较重要的公共假日是复活节和圣诞节。1999年发布的《全国年节及纪念日放假办法》确定了我国每年春节、五一、十一放假3天,元旦放假1天;2007、2024年对该办法进行了调整,目前国家法定节假日为13天。

(4)带薪假期,即带薪休假的闲暇时间。由于带薪假期长而集中,而且还有薪水,是人们外出旅游的最佳时间。1936年,法国规定每个劳动者每年可享有至少15天的带薪假期。现在几乎所有发达国家都实行带薪休假制度,短的为3周,长的为6周。中国2007年通过并公布了《职工带薪年休假条例》,开始全面实行带薪假期制度。

(三)其他影响因素

除了收入和时间,一个人能否成为旅游者,还受到其他客观因素的影响和制约。这些因素可以分为两类:社会因素和个人因素。

1.社会因素

社会因素主要指旅游目的地的社会条件,如政治经济制度、政治环境以及社会治安等。国家或地区政府的外交政策和外交状况如何,往往可以决定出境旅游的可能性。政府对待旅游的态度,以及国家或地区的政局稳定性,都是影响旅游活动的因素。此外,还有旅游目的地的可进入性,包括时空距离、入境签证、交通状况等,也会影响旅游活动的顺利进行。

2.个人因素

年龄、性别、种族、受教育程度、家庭结构等个人因素都可能影响一个人旅游活动的实现。比如个人所处的家庭结构这一影响因素中,很多调查情况表明,家中有4岁以下婴儿的家庭外出旅游的可能性很小。这一方面是由于婴幼儿需要特别照顾,另一方面也是因为外出旅行时,不容易找到婴儿所需的特殊接待设施。因此,一个人所处的生命周期阶段或者说一个人所处的家庭人口状况构成了影响旅游需求的客观因素之一。

二、旅游者产生的主观条件

从哲学的观点来看,任何事物的变化,内因都是起决定性作用的。因此,如果一个人不具备旅游的主观条件,即使具备上述客观条件,也不可能成为旅游者。而这一主观条件,指的就是人们为了满足旅游需求而产生的旅游动机。

（一）旅游需求

旅游需求是促使旅游者出游的心理基础。结合美国人本主义心理学家亚伯拉罕·马斯洛的观点,外出旅游需要支付能力,所以旅游者的动机不是满足生理需求;旅游者外出旅游要到自己不熟悉的地方去,在熟悉的地方更安全,所以旅游者的动机也不是满足安全需求。因此,可以肯定的是,旅游属于高层次的精神、心理需要范畴,是超脱一般生理需求的高级需求形式。概括来说,旅游需求主要有以下几种形式。

1. 逃避现实、缓解压力的需求

现代社会竞争激烈,生活节奏不断加快,人们的精神长期处于高度紧张状态。此外,工业化和城市化造成的人口拥挤、交通堵塞和空气污染等问题日趋严重。因此,人们普遍希望在可能的情况下,暂时避开这样的环境,到环境幽雅、空气清新的地方度过一段时间,以调节自己的身心节律,消除疲劳,松弛神经。随着旅游活动的日益普及,越来越多的人把旅游当作从日常喧哗紧张的生活中解脱出来、消除紧张的一种手段,其实这也可以看作是当代人对身心健康的一种需求。

2. 社交的、尊重的需求

旅游活动可以满足人们社交、尊重的需求。通过旅游这一象征性的社会行为,可以结交新朋友,得到团体接纳,从而满足个体的爱和归属的需求。一些旅游形式,如到国外某地去旅游,这种活动本身成为个人取得成功与成就的象征,并使个人获得独立感、优越感、自信心和自我舒适感。

3. 访新求异、增长见识的需求

通过旅游活动,旅游者可以探寻从未看到过的事物,开阔眼界,更好地了解其所生活的世界,并从中学到知识,提升认识能力和审美能力,满足审美和学习的需求,这显然是个体满足自我实现需求的途径。

4. 探索冒险,挑战自我的需求

许多健康的人都喜欢冒险,西方一些学者把探索和冒险的需求称为"尤利西斯因素"。尤利西斯因素既是体力需求,也是智力需求。人们的旅游行为,特别是到遥远的、艰险的地方去旅游,能够激发人的竞争本能,代表一种智力上与体力上对知识的探求,也体现了人们内心挑战自我的需求。

知识活页

需求层次理论

马斯洛认为,人的需求大体分为五个层次,前两者属于生理的、物质的需求,后三者属于心理的、精神的需求。

（1）生理需求（Physiological Needs），指为了生存而对必不可少的基本生活条件产生需求。如由于饥渴冷暖而对吃、穿、住产生的需求。

（2）安全需求（Safety / Security Needs），指维护人身安全与健康的需求。

（3）社交需求（Relationship Needs），指参与社会交往、取得社会承认和归属感的需求。

（4）受尊重需求（Self-esteem Needs），指在社交活动中受人尊敬，取得一定社会地位、荣誉和权力的需求。

（5）自我实现需求（Fulfillment Needs），即发挥个人最大能力，实现理想与抱负的需求。有的人为了实现自我抱负或谋求自我发展而外出旅游考察，从中获取信息或启示，以寻求发展机会。

马斯洛认为，一般而言，人类的需求由低层次向高层次发展，低层次需求满足后才追求高层次的需求，需求层次越高，能够达到的人数就越少。

（二）旅游动机

内在的旅游需求在外在条件的刺激下，就会转化为旅游动机。旅游动机是促使旅游者决定去旅游、到何处旅游以及如何旅游的内在驱动力。

对旅游动机的研究中，许多学者从不同的角度对旅游动机进行了分类，比较有代表性的有美国学者约翰·A.托马斯和罗伯特·W.麦金托什的分类方法。托马斯提出了"18种旅游动机"：①观察异国人民的生活状态；②游览风景名胜；③了解新鲜事物；④参加一些特殊活动；⑤摆脱例行公务；⑥过一下轻松愉快的生活；⑦体验某种浪漫生活；⑧访问自己的出生地；⑨到亲属或朋友曾经去过的地方；⑩避寒、避暑；⑪有益健康；⑫参加体育活动；⑬参加冒险；⑭取得一种本事；⑮追求适应性（不落人后）；⑯考察历史；⑰社会动机（了解世界）；⑱经济因素（低廉的旅游开支）。

另一位美国学者麦金托什的研究成果将旅游动机分为以下四类。

（1）身体健康的动机：指人们通过与身体健康相关的旅游活动，达到松弛身心的目的。具体包括度假休息、参加体育活动、海滩消遣、娱乐活动以及其他直接与保健有关的活动，还有遵照医嘱或建议进行异地疗养、温泉浴、矿泉浴、医疗检查等类似的疗养活动。

（2）文化方面的动机：指人们为了认识、了解自己生活环境和知识范围以外的事物而产生的动机。其最大的特点是希望了解异国他乡的情况，包括了解其音乐、艺术、民俗、舞蹈、绘画及宗教等。我们将这种旅游方式定义为文化旅游，国外也有人称之为"软探险"旅游。

（3）人际方面的动机：指人们通过各种形式的社会交往，保持与社会的接触，包括希望接触他乡人民、探亲访友、逃避日常的琐事及惯常的社会环境、结交新友等。

（4）地位和声望方面的动机。这方面的动机主要与个人成就和个人发展的需求有关，人们希望通过旅游引人注意、赢得名声、结识要人，获得某种承认。属于这类动机的旅游包括参加会议、开展考察研究、追求业余爱好以及求学等。

除了上述四类旅游动机外，还有经济动机，比如购物和商务等。实际上，人们外出旅游很少只出于一个方面的动机，而往往是几个方面的综合。有些旅游动机是在旅游活动过程中产生的，这些新动机的产生是源于"触景生情"，所以旅游企业要善于引导旅游者的动机，提供更丰富、更精彩的旅游吸引物。

综上所述，实现旅游活动的客观条件和主观条件，共同影响着一个人的旅游决策和旅游活动。而一个人的旅行方式和旅行消费，也始终受到这两方面因素的影响和制约。从这一角度来看，这两方面条件也是限制因素，它们构成了人们外出旅游的障碍。只有当这些障碍得到克服时，人们才能真正踏上旅程。

了解这一点对于旅游业来说是很重要的。客观条件满足与否，是细分市场和选择目标市场时需要重点考虑的因素。了解到旅游者的旅游动机类型及其希望获得满足的需求，就可以更有针对性地进行规划和开发，并在宣传和促销时找准诉求点，更有效地激发人们的兴趣，促使其产生旅游动机。

第三节　旅游者行为

一、旅游者行为过程

人们具备了产生旅游活动的客观条件和主观条件后，就有可能产生旅游消费行为，成为正式的旅游者。旅游者行为是一个包括进行旅游决策、前往旅游目的地、参与旅游体验、回归日常生活、进行游后点评等一系列活动的过程。根据旅游活动的时间顺序，可以将旅游者行为划分为决策行为、前往行为、游览行为、回归行为和趋平行为五个阶段。

（一）决策行为

决策行为是指旅游者对众多旅游机会进行抉择的过程，是人们从产生旅游动机到实现旅游行为之间的过渡环节。在决策过程中，旅游消费者要收集大量有关备选旅游目的地的信息，并最终做出相关决定，包括是否出游以及出游目的地的选择。

（二）前往行为

前往行为是指旅游者离开居住地，前往旅游目的地的过程，是旅游者从前期准备到进行旅游活动的空间移动的过程。随着交通方式和出行环境的不断发展与改善，前往行为不仅是完成旅游者前往旅游目的地的空间位移的手段，而且逐渐成为旅游体验的重要组成部分。

（三）游览行为

游览行为是指旅游者在旅游目的地进行观光、体验等活动的过程，是旅游行为过程中最核心的部分。旅游者的游览是实现旅游体验的重要方式，是旅游者通过视听感官对所接触的各类事物进行欣赏、体验，并获得审美愉悦的体验过程。

（四）回归行为

回归行为指旅游者离开旅游目的地返回居住地的过程，是旅游者完成一次旅游活动的最终行为。在回归行为阶段，旅游者会逐渐回归日常生活环境，并对旅游体验、经历进行总结，形成对旅游目的地形象的整体认知。

（五）趋平行为

趋平行为指旅游者在完成旅游活动之后逐渐回归日常生活角色并对目的地做出评价以及进行口碑传播的过程，是旅游者对旅游活动的反馈。在这个阶段，旅游者会进行经历总结、旅游评价和口碑传播。旅游者总结旅游经历后会对旅游活动做出满意或不满意的质量评价，并在同他人交流时表达对旅游目的地和旅游产品的满意度评价，对他人的判断给予倾向性引导。

案例透视
▼

二、旅游者行为规律

结合中外旅游发展的现实和相关研究的分析，旅游者行为在空间尺度、时间延续、目的地选择、消费水平等方面体现出特有的规律。

（一）距离先近后远规律

由于交通情况、往返时间、风俗习惯、文化传统、旅行费用、便捷程度等原因，旅游者对旅游目的地的选择通常会呈现出先近后远的规律。一般而言，距离越近，旅游者到访概率越大；距离越远，到访概率越小。因此，国内旅游活动的规模总是大于国际旅游的规模，近距离旅游的人数总是占据较大比例。

（二）季节淡旺波动规律

受旅游者出游目的和休闲时间的制约，以及旅游目的地资源和气候条件的影响，旅游者外出游览的时间在一定时期内会呈现出不平衡波动的规律。一般而言，旅游目的地的到访者数量会出现季节性波动。一年内旅游者来访人数明显较多的时期被称为旺季，来访人数明显较少的时期被称为淡季，其余时期被称为平季。

（三）目标择优游览规律

为了充分有效地达成其旅游目的，旅游者往往会优先选择交通条件便捷、旅游资源丰富、接待设施完善、管理服务水平先进的高知名度、高级别旅游目的地,即俗称的热门旅游目的地或热门景点,这就是旅游者目标择优游览规律。只有在前往热门旅游目的地的需求得不到满足时,旅游者才会转向交通条件、资源禀赋、接待设施、管理水平较低的低级别旅游目的地。

（四）超常、冲动、炫耀性消费规律

超常消费规律是指旅游者在旅游过程中表现出物质消费水平攀高的行为规律。由于旅游活动具有异地性和暂时性,旅游者可能会在一定程度上脱离日常生活中的各类规则约束,对自身的责任意识有所弱化,进而呈现出相对明显的消费宽松倾向。同时,面对旅游目的地丰富多样的消费对象,部分旅游者可能出现冲动性购买行为。此外,为顾及社交体面、满足心理上的需求,也可能产生炫耀性消费行为,从而导致物质消费水平上升。

三、旅游者行为特征

（一）综合性

根据消费者购买商品用来满足的需求层次不同分类,旅游者购买的商品包含满足生存与安全方面需要的消费品、满足精神需要的消费品,以及为了解、实现自身理想,提高自身价值方面的消费品,旅游者行为具有综合性。

（二）复杂性

消费者在购买此类产品的过程中,经历了收集信息、产品评价、慎重决策、用后评价等阶段,其购买过程就是一个学习过程。消费者在广泛了解产品功能、特点的基础上,才能做出购买决策。

（三）可诱导性

诱导促销的对象是消费者,诱导是达成企业同消费者在情感、情绪、价值观、道德观、习惯、作风上的一致性的过程。诱导促销要打动消费者,才能达到促销的目的,越是能打动消费者的心,促销的成功率就越高。

（四）发展性

消费是经济发展的目的和动力,也是生产供给的存在理由,然而在实际操作中,其逻辑却可能恰好相反。具体来说,我们所观察到的消费行为,其目的或许是推动经济的持续发展,即人们在消费中获得的满足感,反而成了证明经济发展具有正当性的依据。

本章小结

旅游者是旅游消费者的简称,指以非定居、非就业等为目的而离开常住地,并在旅游目的地停留时间不超过1年的人。他们是构成旅游活动的主体,也是旅游业赖以生存的前提和源泉。

为了便于统计,世界各国及各种组织对旅游者进行了技术性界定。一般根据是否跨越国境,将旅游者分为国际旅游者和国内旅游者。国际上比较有名的国际旅游者技术性定义包括联合国统计委员会的定义、罗马会议的定义、联合国旅游组织的定义等。我国国家旅游局和统计局也对其进行了界定。对于国内旅游者,联合国旅游组织和包括我国在内的很多国家都做了技术性定义,但目前标准不一,概念体系较为混乱。

旅游者的形成是需要条件的。个人的收入水平、闲暇时间,以及其他影响因素(包括社会因素和个人因素)是旅游者产生的客观条件;旅游需求和旅游动机是旅游者产生的主观条件。

在旅游研究和实际工作中,需要根据个体特征、时空要素、旅游动机、交通方式等因素对旅游者进行系统划分,以便于市场细分并制定相应的市场策略。

作为消费者,旅游者在进行旅游消费时,会经过决策行为、前往行为、游览行为、回归行为、趋平行为等阶段,体现出综合性、复杂性、可诱导性、发展性等特点,遵循距离先近后远、季节淡旺波动、目标择优游览、超前冲动炫耀性消费等规律。

复习思考

1.罗马会议对应纳入旅游统计的旅游消费者是如何界定的?

2.联合国旅游组织对国际旅游者和国内旅游者的定义有何区别?

3.根据不同的标准可将旅游消费者划分为哪些类型?

4.如何理解产生旅游消费者的主客观条件?

5.旅游消费者行为过程包括哪几个阶段?

6.旅游消费者行为有哪些规律?

复习思考
▼

参考答案

自测习题
▼

第五章
旅游市场

导读
案例

"尔滨,你让我感到陌生"

哈尔滨是文化底蕴厚重的国家历史文化名城、中国优秀旅游城市,被授予"世界音乐之城""国际湿地城市""奥运冠军之城""东亚文化之都"称号,素有"东方巴黎""东方莫斯科"的美誉。这里金源文化、欧陆文化、红色文化、音乐文化、冰雪文化、时尚文化等多元文化荟萃,中西文化交融,显示出深厚的文化积淀,为文旅融合注入了文化因子,驱动着这座城市持续发力。

2023—2024年冰雪季期间,哈尔滨市文化广电和旅游局坚持城市形象宣传与文旅市场开发相结合,不断创新文旅营销与服务方式,打出中省直媒体高位宣传、市属媒体主力宣传、"哈尔滨文旅"矩阵特色宣传、市场主体靶向宣传、新媒体热点宣传的"组合拳"。同时,哈尔滨坚持运用互联网思维,走好网上群众路线,在互联网上找重点,在评论区里找缺点,主动回应关切、解决实际问题、激发情绪价值、持续成功"圈粉",擦亮"冰雪之冠上的明珠"旅游品牌,推动哈尔滨特色文旅破圈出彩。

哈尔滨根据不同年龄段的客群,策划不同风格的营销方式,如针对大学生群体推出"特种兵式"打卡,针对闺蜜群体推出旅拍打卡,针对追求个性的年轻人推出Citywalk式打卡,通过细分群体,策划设计不同风格的线上营销内容,精准覆盖各个群体。

(案例来源:根据新华网《"火爆并非偶然"——哈尔滨冰雪旅游一线观察》、中国旅游研究院《哈尔滨冰雪旅游发展报告(2023)》等资料编写)

导读
思考

哈尔滨重视旅游市场需求,针对不同市场采取了差异化的营销策略,这一战略思想如何帮助哈尔滨在竞争激烈的旅游市场中脱颖而出?

知识导图

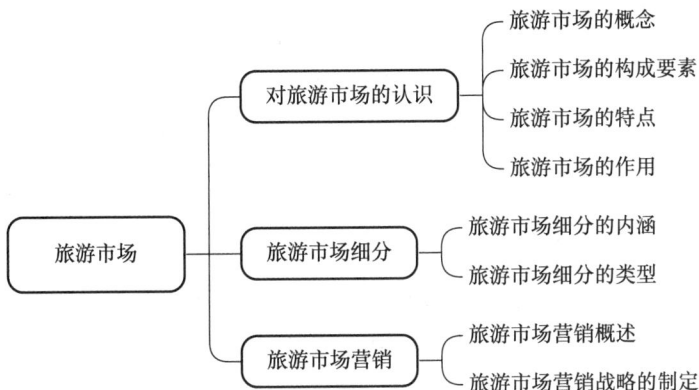

学习目标

知识目标：

了解旅游市场的概念、特点、作用；

掌握旅游市场细分的方法，旅游市场营销的内容。

能力目标：

具备针对不同市场进行开发，实施营销策略的能力。

素养目标：

培养学生关注国情、关注民生、解决社会问题的责任感。

市场是社会生产力发展到一定阶段的产物。在一定的社会经济形态下，有社会分工和商品生产，就会有市场，它随着商品经济的发展而发展。市场是连接消费者与经营者的一条纽带，是商品生产者和经营者活动的舞台，旅游市场也不例外，它是旅游产品交换的场所，是实现旅游消费者与旅游接待业之间供求平衡的重要机制。

第一节　对旅游市场的认识

一、旅游市场的概念

（一）旅游市场的广义概念

广义的旅游市场，是指旅游者与旅游经营者在旅游产品交换过程中所反映的各种

Note

经济行为和经济关系的总和。它由三部分构成：一是旅游市场交换的主体，即旅游者和旅游经营者；二是旅游市场交换的对象，即旅游产品；三是有助于旅游产品交换的手段和媒介，如货币、信息、中介人及必需的市场设施条件等。特别是在现代旅游市场中，旅游产品的价格和汇率的变化、旅游信息的充足程度、旅游中介人的商业信誉，以及交易的手段、交易设施的现代化程度等，都直接对旅游产品的交换产生重要的影响。旅游者和旅游经营者之间就是通过市场交换连接起来的，而旅游市场上的各种行为和现象，就反映着双方之间的经济行为和经济关系。

（二）旅游市场的狭义概念

旅游学研究中，通常采用旅游市场的狭义概念。狭义的旅游市场是指在一定时间、一定地点和条件下对旅游产品具有消费意愿和支付能力的消费者群体，也就是通常所说的旅游需求市场或旅游客源市场。狭义的旅游市场一般由旅游者、旅游购买力和旅游购买欲望构成。

二、旅游市场的构成要素

旅游市场是一个复杂的体系。克里斯·库珀认为，旅游市场主要由以下四个要素构成。

（一）旅游者

旅游者是旅游市场的主体。没有旅游者，旅游市场就失去了存在的基础。旅游者包括个体旅游者和团体旅游者两类。个体旅游者是指旅游者个人、小组成员和家庭成员；团体旅游者是指各类社会组织，如工商企业、政府机构、群众团体等。这是两类不同的旅游市场类型。

（二）旅游购买力

旅游购买力是指消费者支付货币购买商品和服务的能力。购买力的高低通常由消费者的收入水平决定。旅游是具有文化性、享受性的高消费产品，只有消费者及其家庭解决了温饱问题，家庭收入达到了一定水平，消费者才有可能进行旅游消费。决定旅游购买力高低的因素主要有个人可自由支配收入和闲暇时间。

（三）旅游愿望

旅游者是受各种因素驱动而产生对旅游产品的购买动机和购买愿望的。旅游购买动机和购买愿望是由旅游者的某种需求引发的。当人们有某种旅游需求时，才会产生旅游动机，而后才会产生旅游购买行为。一个人在可自由支配收入和闲暇时间两个客观条件具备的情况下，还必须具有外出旅游的主观愿望，否则旅游市场是无法形成的。

（四）旅游购买权利

旅游购买权利是指旅游者在购买旅游产品时不受某些法律、制度、政治等因素的限制。如果受到这些因素的限制，旅游者对旅游产品就不具备购买权利。例如，旅游目的地和客源地之间政治和外交关系不和谐，在国际旅游中所必需的护照、签证、语言、货币兑换等问题以及某些国家和地区的出入境特别许可证等，都会限制旅游者对某些旅游产品的购买权利。

三、旅游市场的特点

（一）旅游市场的异地性

旅游市场的异地性主要表现为旅游产品的生产地（旅游目的地）往往远离旅游产品的需求者（客源地）。虽然本地居民也会游览，但按照联合国旅游组织"旅游是人们离开常住地，前往惯常环境以外的某地进行旅行"的定义，本地居民在当地的休闲活动不属于旅游的范围。这样，与其他行业的产品在当地生产、当地销售、当地消费不同，旅游产品的购买、消费的主体是异地居民。旅游市场的这种异地性源于旅游活动的跨空间性。旅游市场的这一特点必然会增加旅游产品供给者掌握市场信息、适应市场环境和开辟市场的难度。

（二）旅游市场的波动性

旅游需求不是生存必需的，旅游需求受外界因素影响而波动大，旅游活动的敏感性造成了旅游市场的易波动性。由于旅游需求弹性系数的绝对值较大，并且影响旅游需求的因素较多，每一个因素的变化都会造成旅游市场的波动。就某一具体旅游市场而言，某些较大的意外事件会使该市场呈现出较大的波动性，如美国的"9•11"恐怖袭击事件，给美国旅游市场带来了巨大的损失，同时也波及了整个世界旅游市场，造成2001年旅游业收入较2000年有所下降。另外，旅游市场的波动性还会因为社会经济的发展状况不同而不同，如2008年的世界金融危机就对世界旅游市场造成了很大影响。

（三）旅游市场的季节性

旅游市场的季节性特别明显，因此旅游市场有淡季、旺季和平季之分。旅游市场的季节性是由旅游目的地的气候条件以及旅游者闲暇时间的分布不均造成的。旅游市场的季节性给旅游目的地带来的是旺季供不应求、淡季供过于求的局面。旅游目的地应根据淡旺季的不同特点做出合理适当的安排，尽量消除季节性带来的负面影响。例如，在旅游淡季，可以利用优惠等策略或对旅游资源进行重新配置组合，以形成新的卖点来吸引旅游者。

（四）旅游市场的高度竞争性

现代旅游市场是一个竞争激烈的市场。在世界旅游市场上，存在着众多的旅游供给者和众多的旅游需求者，在非垄断的情况下市场竞争必然十分激烈。旅游市场的高度竞争性，主要是由以下几个原因造成的。

一是旅游资源的特点。旅游吸引物虽然主要以独特性的垄断价值为基础，但是旅游产品的组合性、无形性、文化性等特点，使得旅游产品存在相当的替代性，这是造成旅游市场竞争激烈的一大原因。

二是旅游需求。随着人们生活水平的日益提高，人们的旅游需求也日益扩大，旅游需求的价格弹性越来越小，供给者出于经济利益的考虑不断涌入这个市场。

三是旅游供给的多层次性。旅游行业是集劳动密集、资本密集和技术密集于一体的综合性行业，具备任何一种生产要素优势的国家或地区都可以参与这个领域的竞争。也就是说，从经济实力层面来看，旅游是发达国家、发展中国家和不发达国家都可以参与竞争的行业。

四、旅游市场的作用

市场具有产品交换功能、资源配置功能、信息反馈功能与经济调节功能。旅游市场在社会经济运行中的地位与作用主要表现在以下几个方面。

（一）交换作用

旅游市场是连接旅游产品生产者和旅游需求者的纽带。通常旅游市场上有许多不同的旅游产品生产者和需求者。旅游产品生产者通过市场为自己的产品找到需求者，旅游需求者通过市场选择并购买自己感兴趣的旅游产品，因而旅游市场是实现旅游产品供给者和需求者之间交换的桥梁。因此，旅游市场是实现旅游企业与旅游者之间交换的载体。

（二）调节作用

旅游市场首先是调节旅游供求平衡的重要杠杆。在旅游市场上，当供求双方出现矛盾时，旅游经济活动就会受到影响，引起旅游市场竞争加剧和价格波动，于是需要通过市场竞争机制和价格机制，调节生产和消费，从而调节供求由不平衡向平衡转化。其次，旅游市场对旅游经济的调节作用还体现在通过市场调节，可以实现整个旅游业合理配置各种资源，进一步实现社会经济资源的优化配置。

（三）信息交流作用

在市场经济条件下，旅游者的经济活动是通过市场动态变化表现出来的。旅游市场通过自身传递信息，为旅游目的地国家或地区制定旅游业发展规划和经济决策提供依据。作为旅游企业，一方面将旅游产品信息传递给市场；另一方面根据市场反馈的旅游需求信息和市场供求状况,调整旅游产品价格,组织生产适销对路的旅游产品。市场信息为旅游企业提供了经营决策的依据。作为旅游者,一方面将需求信息传送到市场,为旅游产品生产经营者开发旅游产品提供依据;另一方面也从旅游市场上获取信息,从而调整和变更旅游需求。总之,旅游市场通过信息传递,成为旅游经济活动的"晴雨表",综合反映着旅游经济的发展状况。

(四)检验评价作用

在旅游市场中,旅游市场主体之间的关系首先是作为一种利益主体关系而存在。检验与评价一个企业经营管理水平的高低与产品质量的优劣,也是通过市场来进行的。通过市场提供的客观标准,去评价与检验企业的生产经营活动,会促使旅游企业不断地提高经营管理水平,降低生产成本,生产出物美价廉、满足人们需求的旅游产品。

教学互动

通过市场调研,分析学校所在地旅游市场的构成情况。

第二节 旅游市场细分

一、旅游市场细分的内涵

(一)旅游市场细分的概念

旅游市场细分是指根据旅游者的需求、偏好、购买行为和购买习惯等方面的差异性,把一个整体旅游市场划分为若干个消费者群的市场分类过程。所划分出来的每一个消费者群就是一个细分市场。因此,旅游市场细分就是将全部旅游市场根据旅游消费者的某种或某些特点划分为不同类型的细分市场。

(二)旅游市场细分的意义

对旅游市场进行细分的重要性在于,任何一个旅游目的地和旅游企业都难以有足够的实力吸引和满足各类旅游消费者的需求,因而有必要在众多的旅游消费者中,选择某些适合自身经营能力的市场部分作为目标市场。首先需要在市场调研的基础上对旅游市场进行细分,然后根据自己的供给能力和竞争实力从中选定有利于经营的目标市场。

由此不难看出,市场细分的目的是选择和确定目标市场。主要表现在以下几方面。

1. 有助于选定目标市场

便于旅游目的地和旅游企业在对市场进行细分的基础上，分析各细分市场的需求特点和购买潜力，从而可以根据自身的旅游供给或经营实力，选定适合的目标市场。

2. 有利于有针对性地开发产品

旅游目的地和旅游企业在选定目标市场的基础上，可以针对这些目标消费者的需求，开发适销对路的产品。这不仅可以避免盲目开发产品造成的失误和浪费，而且为消费者满意度提供了基本保障。

3. 有利于有针对性地开展促销

对于旅游目的地和旅游企业而言，开展促销工作的重要性不言而喻——即便旅游产品品质优良，若无法被旅游消费者知晓，其存在也等同于不存在。然而，无论是旅游目的地还是旅游企业，营销经费都较为有限。因此，如何利用有限的促销预算实现最大的促销成效，成为旅游营销工作中既重要又现实的问题。针对目标市场开展促销，可以避免盲目促销而造成的浪费，有助于提高促销的效果。

二、旅游市场细分的类型

对旅游市场进行细分的标准多种多样。不同的旅游目的地，尤其是不同的旅游企业，应根据企业自身的情况和重点，选择对经营工作具有实际意义的细分标准。常见的旅游市场细分方法有地理细分、人口特征细分、心理动机细分和旅游消费行为和方式细分等。结合旅游市场体现的交换关系和消费行为，本书主要从旅游消费者的人口特征和旅游消费行为和方式两个方面进行细分。

（一）按人口特征细分

按人口特征细分是依据旅游者的年龄、性别、家庭结构、婚姻状况、收入水平、职业、受教育程度、民族、种族、宗教信仰、社会阶层等因素进行细分。

1. 按年龄细分

根据旅游者的年龄，旅游市场可细分为老年旅游市场、中年旅游市场、青年旅游市场、儿童旅游市场。

2. 按性别细分

根据旅游者的性别，旅游市场可细分为男性旅游市场和女性旅游市场。男性旅游者与女性旅游者对旅游服务和项目的需求有一定的差别。

3. 按收入、职业、受教育程度细分

可自由支配收入是旅游的必要条件。从这一点来看，对于旅游者，收入在很大程度上决定其旅游活动的最终实现，同时也影响其对旅游目的地和消费水平的选择。职

业对旅游需求的影响也较大,主要影响旅游时间和方式的选择。例如,教师、学生一般会利用寒暑假旅游,管理人员、技术人员、商务人员则多具有公务和商务旅游的需求。受教育程度对旅游需求也有影响,受教育程度越高,旅游需求的层次越高。

4. 按家庭结构细分

家庭是消费的基本单位,家庭结构、规模和总收入等状况都会直接影响旅游者的旅游需求。

5. 按社会阶层细分

各社会阶层的区别主要表现在各自具有不同的心理特征,也就是说,每一阶层的成员都具有类似的价值观、兴趣和行为,不同的阶层对旅游活动、旅游消费水平和档次的选择也有所不同。如上层旅游者是最富有的阶层,他们希望获得他人的承认,希望旅游活动能反映出他们日常的生活水平,喜欢和具有同等社会和经济地位的人一起旅游;中层是旅游者中最广泛的阶层,是旅游市场的主要客源。

(二)按旅游消费行为和方式细分

按旅游消费行为和方式细分即根据旅游购买方式、购买时间及旅游者消费水平细分旅游市场。

1. 按旅游购买方式细分

购买方式是指旅游者购买旅游产品的组织形式和所通过的渠道形式,依此可将旅游市场分为团队旅游市场和散客旅游市场。团队旅游市场是指以组团形式参加旅游活动的旅游者群体所构成的市场。一般来说,旅游团人数在15人以上,由旅行社组织并接待。团体旅游的优点是节省时间、节省精力,并且比较安全。但是团体旅游缺乏个性,不能满足旅游者个人兴趣和爱好。散客旅游市场是指以非团队形式参加旅游活动的旅游者群体所构成的旅游市场。散客旅游是目前旅游市场发展的一大趋势。但与团体旅游相比,散客旅游的单项支付价格可能较高。

散客旅游市场是否繁荣已成为衡量一个国家或地区旅游业是否成熟与发达的重要标志。在现代旅游市场中,团队旅游市场的比例有下降的趋势,散客旅游市场迅速增长,散客旅游已发展成为全球旅游市场的主体。这一市场的旅游形式也日益复杂多样,包括独自旅游、结伴同游、家庭旅游、小组旅游、驾车旅游、徒步旅游等。

2. 按购买时间细分

由于旅游活动的时间性、季节性非常突出,按购买时机、频率、数量等,旅游市场可分为淡季旅游市场、旺季旅游市场和平季旅游市场;还可分为寒暑假市场以及节假日市场(如春节、元旦、双休日等)。

3. 按旅游者消费水平细分

根据旅游者消费水平,旅游市场一般可划分为豪华旅游市场、标准旅游市场和经济旅游市场。豪华旅游市场主要是由社会上层组成，他们不大关心旅游产品和服务的价格；标准旅游市场主要是由中产阶层组成，他们既关心旅游产品和服务的价格，又关心旅游产品和服务的质量；经济旅游市场主要由低收入者组成，他们尤其关心旅游产品和服务的价格。针对这三类旅游市场，旅游产品的经营者可以设计并开发出不同的旅游产品以满足不同市场的旅游需求。

第三节　旅游市场营销

旅游业作为服务业，需要市场营销活动的推动。成功的市场营销活动，能帮助地区旅游业或单个企业树立鲜明的形象，能增强企业或组织的营销实力，提高其销售业绩，甚至能带动整个社区的发展。与此同时，旅游业的若干特性导致其在营销策略制定上具有特殊之处，从而使得旅游市场营销活动更加复杂。

一、旅游市场营销概述

旅游市场营销作为市场营销的一个分支，具有其一般内涵。因此，全面理解市场营销的内涵，有助于我们更加科学地制定旅游市场营销策略。

（一）旅游市场营销的概念

旅游市场营销是通过研究旅游市场供求变化，以满足旅游消费者需求为中心，开发适销对路的旅游产品，以获得最大的社会经济效益的旅游市场经营管理活动。西安交通大学的赵西萍曾对旅游市场营销做出如下定义："它是旅游经济个体（个人和组织）对思想、产品和服务的构思、定价、促销和分销的计划执行过程，以创造达到经济个体（个人和组织）目标的交换。"从这一概念中可知，旅游市场营销具有三层含义。

（1）以交换为中心，以旅游者为导向，以此来协调各种旅游经济活动，力求提供有形产品和无形服务，通过满足旅游者的旅游需求来实现经济和社会目标。

（2）旅游市场营销是一个动态过程，包括分析、计划、执行、反馈和控制，这个过程更多地体现旅游经济个体的管理功能，是对营销资源（人、物、财、时间、空间、信息等）的管理。

（3）旅游市场营销的适用范围较广，一方面体现为旅游市场营销的主体范围广，包括所有旅游经济个体；另一方面体现为旅游市场营销的客体也多，不仅包括对有形实物和无形服务的营销，还包括由旅游经济个体所进行的一系列经济行为。

（二）旅游市场营销的特征

旅游市场营销作为旅游企业在市场中生存发展的有效途径，对旅游企业的影响是巨大的。总体而言,旅游市场营销具有如下特征。

1. 顾客导向

旅游企业的一切经营活动都必须以旅游者的需求作为出发点和归宿。由于其服务对象和途径都是人,因而如何针对不同人的不同需求来设计和开发旅游产品,就成为旅游企业生存和发展的根本。旅游企业以旅游者为核心,通过满足旅游者的需求而获取利润,这种顾客导向正是20世纪50年代后兴起的具有革命性意义的全新经营观念,有别于生产导向和推销导向。

2. 管理导向

旅游企业的市场营销环境由人口、政治、文化、经济、社会基础、上层建筑等诸多因素构成,这些因素又是随时空的变换而不断变化的。因此,旅游市场营销归根结底是对动态环境的一种创造性适应过程,即凭借一切可利用的资源,通过产品、渠道、价格和促销等手段实现对环境的适应。对旅游市场营销适应过程的综合管理,正日益受到旅游企业的重视。

3. 信息导向

旅游市场营销活动是围绕旅游者需求而展开的,必须借助于信息的传递。现代旅游消费特征越来越个性化,因而在营销活动开始之前需要对复杂多样的旅游需求做深入细致的调查,以求及时洞悉旅游者群体最新的需求偏好信息。同时,"知己知彼,百战不殆",在旅游企业竞争日益激烈的今天,谁掌握了竞争对手更多、更新、更全面的产品及服务信息,谁才能在市场竞争中立于不败之地。

4. 战略导向

在企业经营领域,战略是指有关企业全局性或决定性的谋划,是企业为生存和发展而制定的企业目标与为达到此目标所采取的各项政策的有机综合体。旅游市场营销是旅游企业在当今激烈竞争环境中持续发展的保障,而营销的成功则依赖于正确有力的战略指导。现实中许多具有战略眼光的旅游企业纷纷推出"绿色旅游""生态旅游""永续旅游"产品,正是旅游市场营销战略导向的结果。

(三)旅游市场营销的主要内容

旅游市场营销的主要内容包括旅游市场营销环境分析、旅游市场调查与预测、旅游市场细分与目标市场选择、旅游市场营销策略实施、旅游市场营销管理等。

1. 旅游市场营销环境分析

旅游企业营销环境是决定旅游市场营销能否成功的关键性因素之一,同时它也是动态变化的,各种变化既有可能给旅游企业提供有利的市场机会,又有可能给旅游企业带来不利的潜在威胁。因此,分析市场营销环境可以帮助我们了解市场营销的机会和风险,进而适应市场环境,发掘市场机会,开拓新的市场。在旅游企业营销战略及营销计划的制定中，营销环境分析是必不可少的一步。

2.旅游市场调查与预测

旅游市场的存在和发展是众多旅游经济活动顺利进行的基本前提，也是决定旅游业发展速度和规模的主要因素。旅游市场信息则是旅游企业进行营销决策的基础，是实施和控制营销活动的依据。面对日益激烈的市场竞争，凭借各种先进的调查、预测方法和信息处理技术，及时、准确地掌握旅游消费动向、竞争市场的反馈等旅游市场信息及其发展变化趋势，成为塑造旅游企业核心竞争力的重要保证。

3.旅游市场细分与目标市场选择

在现代旅游市场上，竞争的深度和广度不断延展，竞争的内容涉及方方面面，任何一个旅游企业均不可能以自身有限的资源和力量，设计各种不同的旅游产品及其营销组合来全面满足各类旅游者的所有旅游需求。因此，越来越多的旅游企业都力图在旅游市场上，找准能够充分发挥自身优势的某一或某些客源市场，以最能适应这部分市场需求特征的旅游产品及其营销组合为之服务。所以说，旅游市场细分与目标市场选择是旅游市场营销的主要内容。

4.旅游市场营销策略实施

旅游市场营销策略是旅游市场营销中的核心问题，在具体的实施中，通常采用"营销组合"的战略。"营销组合"一般包括以下几个部分。

（1）旅游产品策略。

产品是企业市场营销组合中最重要的因素，这是因为产品质量的提高及产品组合结构的优化是企业提高自身竞争力的基础。旅游产品策略是指确定旅游产品的特点、旅游产品生命周期及其策略、旅游新产品开发策略、旅游产品商标策略、旅游产品组合策略。

（2）旅游价格策略。

价格是市场营销中最敏感的因素，直接受市场供求变化的影响。旅游企业在制定其价格策略时，要研究市场营销目标、产品成本及利润、旅游者对产品或服务的价值认知、细分市场差异以及可能的竞争性反应等影响旅游产品和服务价格的因子，同时研究旅游价格的定价目标和方法，以最终确定其定价策略。

（3）旅游渠道策略。

旅游分销渠道，即旅游产品使用权在转移过程中所经过的各个环节连接而成的通道，从狭义上讲，就是旅游中间商的构成体系。旅游中间商具有市场调研、市场开拓、组合加工等功能。旅游市场分销渠道组合主要包括分销渠道的选择、渠道成员的协调、激励与评估以及分销渠道的改进等内容。

（4）旅游促销策略。

旅游产品的流通是通过产品信息的传递和旅游者向旅游目的地的流动来实现的，

因此旅游促销活动尤为重要。旅游促销方式一般有广告宣传、营业推广、人员推销及公共关系四种,其组合策略可分为推式策略和拉式策略两类(见图5-1)。推式策略主要针对中间商和零售商,采取积极的营销手段(如广告、促销和销售人员),将产品推向市场,最终促使消费者购买;拉式策略的主要目标是最终消费者,依靠提高产品的吸引力,激发消费者的兴趣和需求,促使他们主动寻找和购买产品。

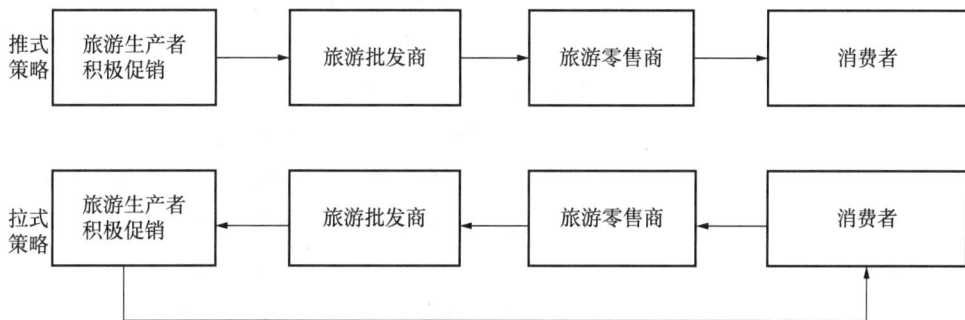

图5-1　旅游市场促销组合策略

知识活页

4Ps、4Cs 、4Rs、4Vs营销理论

4Ps营销理论产生于20世纪60年代的美国,是随着营销组合理论的产生而出现的。1967年,菲利普·科特勒在其畅销书《营销管理:分析、计划、执行和控制》中将营销组合的要素概括为四类:产品(Product)、价格(Price)、渠道(Place)、促销(Promotion),即俗称的4Ps营销理论。产品,指企业应把产品的开发和功能的诉求放在第一位;价格,指企业应根据不同的市场定位制定不同的价格策略;渠道,指企业应注重培养经销商和构建企业的销售渠道网络;促销,指企业通过各种短期销售行为的改变来刺激消费者,促进销售量的增长。

1990年,美国学者罗伯特·劳特朋提出了与4Ps相对应的4Cs营销理论。4Cs营销理论是对4Ps营销理论的创新和发展,所谓4Cs,指的就是顾客(Customer)、成本(Cost)、便利(Convenience)、沟通(Communication)。顾客,即企业必须先了解顾客的需求,根据顾客需求提供产品和服务;成本,即企业应充分考虑顾客购买企业产品和服务时的购买成本,包括时间、金钱、精力和体力等;便利,即企业应尽可能为顾客购买和享受企业的产品和服务提供便利;沟通,即企业在向顾客销售和提供产品和服务的过程中,应注重与顾客之间进行积极有效的双向沟通和交流,充分尊重顾客的需求,最终使顾客满意和企业获利。4Cs营销理论是完全以顾客为中心的营销理念和思想,与4Ps营销理论相比,它更关注需求,更注重与顾客的交流。

2001年，艾略特·艾登伯格在《4R营销》中提出了4Rs营销理论，唐·舒尔茨在4Cs营销理论的基础上提出了4Rs营销理论。4Rs营销理论是以关系营销为核心的营销新理论，其营销四要素分别为关联(Relevance)、反应(Reaction)、关系(Relationship)、回报(Return)。其中，关联，指企业与顾客之间应建立和发展长期、稳定的关系，在此基础上为顾客提供个性化的产品，让企业与顾客形成命运共同体；反应，指企业对顾客需求的变化能够做出快速的反应，并迅速采取最合适的应对措施向顾客提供针对性的服务；关系，指企业将营销视为与顾客、供应商、分销商、企业员工、竞争者、政府机构以及其他利益相关者等各方发生互动作用的过程，能够通过现代通信和信息管理技术等的应用对各方进行关系管理，形成良好的关系；回报，指营销要注重为企业和顾客创造价值，通过满足顾客的需求，实现顾客满意以及顾客价值的最大化，实现企业的经济效益和社会效益，最终达到企业与顾客双赢的目的。

20世纪80年代之后，随着高科技产业的迅速崛起，高科技企业、高技术产品与服务不断涌现，营销观念、方式也不断丰富与发展，并形成独具风格的新型理念，在此基础上，我国学者吴金明等综合地提出了4Vs营销理论。所谓4Vs，指的就是差异化(Variation)、功能化(Versatility)、价值(Value)、共鸣(Vibration)。其中，差异化是指企业凭借自身的技术优势和管理优势，生产出性能和质量优于市场上现有水平的产品，或者在服务、销售方面与其他企业存在差异；功能化是指以产品的核心功能为基础，提供不同功能组合的系列化产品供给，以满足不同消费习惯和经济承受能力的需求，最关键的是要形成产品核心功能的超强生产力，同时兼顾延伸功能和附加功能的发展需要，以功能组合的独特性赢得细分顾客群体的青睐；价值是指除去产品本身，由品牌、文化、技术、营销和服务等因素所形成的价值；共鸣是指企业为顾客持续提供具有最大价值创新的产品和服务，使顾客更多地体验到产品和服务的实际价值效用，最终在企业和顾客之间产生利益与情感关联。

5. 旅游市场营销管理

旅游企业要做好市场营销工作，有赖于良好的管理方针。旅游市场营销管理的实质就是对员工和旅游者的需求管理和顾客关系管理，其内容包括对营销活动的计划、组织、执行、评价，设置高效的营销组织机构，以及对营销人员的培训和管理等。

（四）旅游市场营销的基本要求

作为一种新兴的市场营销内容，在广泛开展旅游市场营销活动时要注意做到以下几点。

1. 应追求三大效益的最佳结合

旅游业是一项综合性很强的经济文化产业，其持续、稳定的发展需要各行各业、政府部门和社会大众的通力合作,反过来旅游业的进步又会明显促进各相关行业的发展。因此,在旅游供给方面,旅游市场营销应以社会资源为导向;在社会发展方面应以提升人们的生活品质、改善生态环境为导向;在经济发展方面应以满足市场需求、实现经营目标为导向。

2. 应体现以人为本的经营哲学

旅游产品具有无形性,其质量标准就是旅游者的满意程度,同样的服务规范和操作程序不一定能给顾客同样的感受。因而,旅游企业首先必须做好"内部营销"工作,即通过培训、激励、沟通等管理手段去激发员工的工作热情,提高他们对工作的自觉性和热爱程度,同时致力于企业文化的弘扬和企业美誉度的提高;另一方面,旅游企业应根据市场需求,设计、生产和销售适销对路的产品,并通过整体营销战略的实施来全面实现目标。

3. 应采取大市场营销的现代观念

传统的市场营销容易导致产品过早淘汰、资源大量浪费、环境严重污染等问题,企业在开展经营活动时偏重分析消费者的现实需求,而忽视了消费者和社会的长期利益。在这种背景下,一种新的营销观念——大市场营销观念出现了。旅游大市场营销观念,就是要求旅游企业在制定营销策略时不仅要考虑到旅游者的利益,同时也要兼顾企业自身和社会的利益,着重改善旅游环境,提高旅游综合接待能力和有效控制能力。

二、旅游市场营销战略的制定

旅游市场营销战略,即旅游企业依据外部营销环境和内部优劣势的变化情况,对未来较长时期内整个营销活动的预定目标及行动方案的总体构想。

旅游企业制定营销战略的目的是动态地适应市场环境的变化,并充分利用每次市场机会,以保证营销活动的有效性。从不同的角度来分析,旅游企业可选择的营销战略有很多。

(一)形象制胜战略

形象是旅游企业的生命,也是形成竞争优势最有力的工具。对旅游企业而言,企业形象是旅游者、企业内部员工和社会公众对旅游企业综合实力与服务特质的总体评价。良好的市场形象有助于旅游企业突出自身特色,传播经营理念,建立顾客忠诚,最终实现营销目标。

1. 旅游企业形象设计

旅游企业形象是一个有机的整体,它涉及旅游企业的方方面面,具有明显的综合性。旅游企业形象由企业形象定位、企业形象塑造和企业形象标志三部分组成,这三部分恰好构成了人们常说的旅游企业识别系统(见图5-2)。企业形象定位就是通过企业理念识别,确定企业经营方向、经营思想和经营战略目标;企业形象塑造也称为企业行为识别,是指在理念指导下企业员工对内和对外的各种行为,以及企业各种生产经营行为;企业形象标志是企业理念的视觉化,其中,企业名称、企业标志、标准色、标准字及经营口号是旅游企业形象的具体设计。

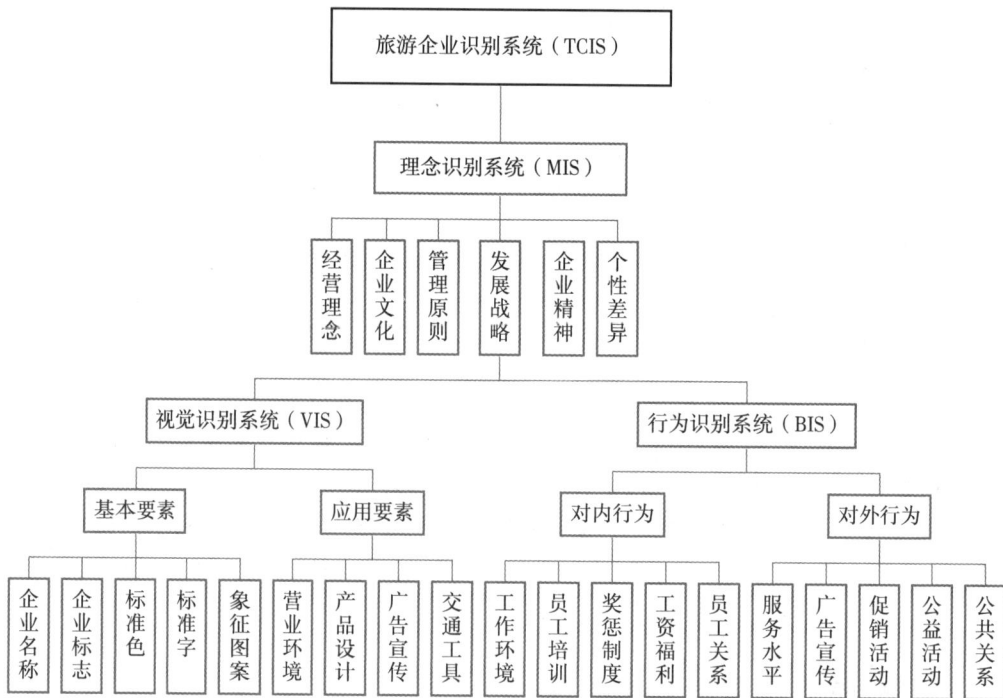

图5-2　旅游企业形象构成

2.旅游企业形象推广

市场形象能否得到有效推广会直接影响旅游企业营销活动的效果,因为企业形象一旦树立就会在公众心目中形成一种思维定势,要改变这种定势是很困难的。更何况,为了塑造鲜明的市场形象,旅游企业往往要投入较多的人力和资金。

在进行市场形象推广时,旅游企业应把握以下三条原则:一是统一性原则,即在营销过程中,旅游企业要用统一的标志和主题口号开展宣传,以树立企业的整体形象;二是针对性原则,即旅游企业应面向不同的细分市场推出相应的分体形象,从而达到强调旅游者特殊利益的目的;三是效益性原则,即旅游企业要选择合适的宣传工具,力争以最少的投入将企业的经营理念、产品特色等传达给尽可能多的公众。

（二）竞争优势战略

竞争优势是所有营销战略的核心,因为任何一个企业的实力都是有限的,都不可能占领全部市场。事实上,从某种意义上来说,旅游市场营销活动就是旅游企业充分利用一切资源,发挥竞争优势,实现营销目标的过程。营销竞争战略的选择应建立在对旅游企业竞争地位判断的基础上,处于不同竞争地位的企业会选择不同的竞争战略,但无论做出哪种竞争战略决策,都是为了突出自身的竞争优势。一般来说,旅游企业可采取以下四种营销竞争战略。

1. 差异化战略

所谓差异化,即旅游企业向旅游者提供与众不同的产品或服务,且这种"不同"被旅游者认为是有价值的,旅游者愿意以相同或更高的价格去获得差异化产品的超值体验。创造差异化优势的因素可以是旅游产品的功能或其他特性,也可以是该产品营销体系中的某个环节,如支付方式、促销方式等,其基本前提是这种差异化要得到顾客认同。

2. 低成本营销战略

低成本营销战略的竞争优势十分明显。在产品或服务质量得到旅游者认可的前提下,旅游企业若以低价进入市场,必将获得较高的市场占有率;若以同质低价的产品与竞争对手抗衡,企业将获取更大的边际利润。要实现低成本营销优势,旅游企业需做好三方面的工作:一是努力达到企业最佳规模,争取规模经济效应;二是积极推进技术革新,降低生产和经营成本;三是严格控制各项费用,提高资金的利用效率。

3. 集中营销战略

集中营销战略指旅游企业集中人力、财力、物力,重点销售一种或几种产品或对某种细分市场展开营销活动。它分为低成本集中和差异化集中两类,前者强调从特定细分市场取得由成本差异换来的更大经济回报,后者立足于有效地满足特定细分市场的旅游者利益。集中营销战略能使企业凭借有限的资源参与竞争,并使营销活动更具针对性,因而中小旅游企业在初入市场时可采用这种策略。对一般企业而言,处于成熟期的旅游产品在销售时也大多采用这种战略。

4. 市场领先战略

市场领先战略,又称"抢先营销战略",即旅游企业始终把注意力集中于行业的制高点,在营销组合各要素上都比竞争对手抢先一步,从而达到"先入为主"的目的。抢先营销战略实现的途径主要有六条,即供应系统、新产品开发、产品价格、技术改进、目标市场和分销渠道。在实施市场领先营销战略时,旅游企业必须小心谨慎,以免重蹈覆辙、误入歧途,或为竞争对手铺路。

(三)品牌支撑战略

随着世界经济一体化进程的加快和信息技术的发展,同类旅游产品在质量、功能、价格等方面的差异越来越小,品牌作为一项无形资产成为旅游企业竞争力的一个重要砝码。品牌有助于旅游企业宣传自己的产品,树立市场形象,建立客户忠诚度,进行市场细分,从而形成独特的竞争优势。

1. 旅游品牌塑造

对现代旅游企业而言，品牌已不再是简单的产品识别标志，它已成为企业营销战略管理的一项重要内容。而且，在旅游行业中，企业品牌比产品品牌更为重要。旅游品牌塑造是一个系统工程，需要旅游企业的长期努力（这里指的是广义的品牌概念）。要树立鲜明的品牌形象，旅游企业应从以下四个方面着手。

（1）品牌决策。

品牌决策包括品牌化决策、品牌使用者决策、家族品牌决策、多品牌决策、品牌扩展决策和品牌再定位决策。品牌决策主要解决以下问题：是否给产品设立品牌？是采用本企业品牌，还是采用中间商品牌，或两者兼有？各类产品分别使用不同的品牌，还是统一使用一个或几个品牌？如何利用品牌开展营销以及如何更新品牌？

（2）品牌设计。

品牌设计包括企业或产品名称、品牌标志和商标。高水平的品牌名称和标志设计能给消费者留下深刻的印象。

（3）服务提升。

良好的品牌形象需要旅游企业的高品质服务来支撑。一个强有力的品牌能给有竞争力的产品或服务带来市场优势，却不能弥补任何劣质服务，甚至可能因为一次质量事故而毁于一旦。

（4）有形展示。

有效的服务展示能突出旅游企业的产品特色，使服务有形化、具体化，从而让消费者在购买前就能感知产品或服务的特征以及消费后所获得的利益。旅游企业实施有形展示策略的途径主要有四种，即设计企业标志、规范服务行为、美化服务环境和开展促销活动。

2. 旅游品牌营销战略管理

在选择品牌营销战略之前，旅游企业必须先对企业或产品的品牌类型与品牌力进行科学的评价。旅游企业或旅游产品的品牌力主要由两个因素决定：一是品牌认知，即旅游者对品牌知名度和美誉度的总体评价；二是品牌活力，即旅游企业或产品品牌的差异化特征与顾客的关联度。

根据自身品牌所处的市场地位，旅游企业可以制定出相应的品牌营销战略。对于新的主导产品，旅游企业一般采取品牌培育战略，凭借成功的品牌定位突出新品牌对消费者的独特利益点。当新品牌转变为发展品牌时，旅游品牌已具有一定活力，但认知度偏低，这时旅游企业应通过广告、公关等手段提高品牌的知名度和美誉度，以吸引消费者购买。对于市场占有率和知名度都较高的强势品牌，旅游企业营销活动的中心任务是维护品牌地位，并通过新产品开发、产品改进等途径来挖掘品牌潜力。对于市场逐渐萎缩的品牌产品，旅游企业应针对消费者需求的变化创造新的品牌特色，常用的两种方法是进行品牌重新定位或将品牌投入新的市场。

（四）网络营销战略

网络营销又称在线营销,即企业利用互联网络开展市场调研、宣传产品或服务、实现网上交易以及处理售后。网络营销是现代通信技术发展对人类经济活动的一项重大贡献,它为企业提供了一种全新的营销理念和方式。由于具备营销费用低、营销环节少、信息量大、营销范围广、全天候营销等特点,网络营销一经出现便受到了众多企业尤其是国际集团的青睐。

旅游企业开展网络营销必须实现两大转变:一是在经营理念上,由原有的二维结构(产量和质量)向四维结构(产量、质量、个性、时间)转变。其中,个性指旅游产品的特色和顾客的独特利益,时间指旅游企业通过互联网向潜在顾客提供最新产品或服务信息;二是在销售方式上,由面对面销售向网上交谈式的销售转变。旅游企业一般通过四种方式来实施网络营销战略,即开办专门的电子商城、开设新媒体宣传及销售平台、刊登在线广告、发送电子邮件。

本章小结

本章详细探讨了旅游市场的基本概念、构成要素、特点、作用以及市场细分和营销策略。首先,本章通过分析旅游市场的广义和狭义概念,阐述了旅游市场由旅游者、旅游购买力、旅游愿望和旅游购买权利四个要素构成,并指出旅游市场的异地性、波动性、季节性和高度竞争性的特点。其次,本章进一步介绍了旅游市场细分的内涵、类型和意义,以及旅游市场营销的定义、特征、主要内容和基本要求。最后,本章详细阐述了旅游市场营销战略的实施,包括形象制胜战略、竞争优势战略、品牌支撑战略、网络营销战略等。

复习思考

1.阐述旅游市场的概念。

2.分析旅游市场四个构成要素之间的关系。

3.旅游市场有何特点?

4.简述旅游市场细分的内涵与类型。

5.旅游市场营销的主要内容和基本要求有哪些?

案例透视

复习思考

参考答案

自测习题

Note

第六章
旅游目的地

海南自由贸易港:旅游景观、设施与服务的融合发展

导读案例

海南自由贸易港是中国近年来重点打造的国际旅游目的地之一,其成功的核心在于旅游景观、旅游设施和旅游服务的深度融合。海南以其独特的自然景观(如海滩、热带雨林)和丰富的人文景观(如黎族文化、历史文化遗迹)吸引了大量国内外游客。

在旅游设施方面,海南通过建设国际一流的交通网络(包括环岛高铁、高速公路和国际机场)以及高端酒店、度假村和购物中心,极大地提升了旅游目的地的吸引力。此外,海南还引入了先进的智慧旅游系统,通过大数据和人工智能技术优化游客体验。

在旅游服务方面,海南注重提升服务质量,通过培训专业导游、提供多语言服务和优化旅游投诉处理机制,提高了游客的满意度。海南的成功案例表明,旅游目的地的构成要素(景观、设施和服务)相辅相成,缺一不可。

(案例来源:根据人民日报《海南自由贸易港建设成形起势》等资料编写)

导读思考

海南省由最初以三亚为代表的海滩度假地发展成为如今的国际旅游消费中心,这一变化与"构建旅游目的地"的思想密不可分,旅游目的地的构建需要注意哪些问题?

知识导图

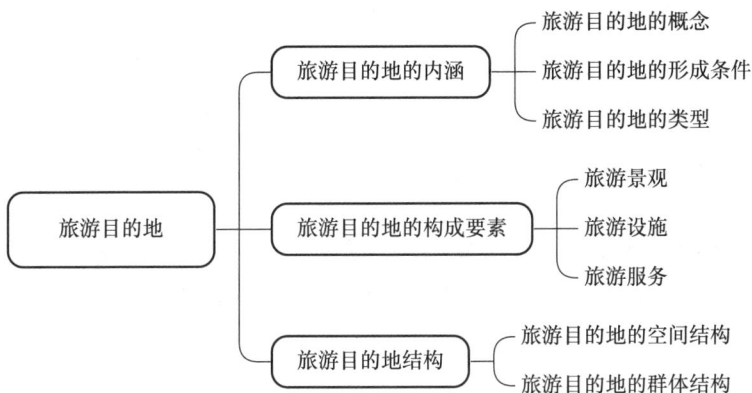

学习目标

知识目标:

掌握旅游目的地的基本概念、形成要素;

理解旅游目的地的旅游景观、旅游设施、旅游服务。

能力目标:

具备分析旅游目的地类型特征、结构、发展演化的能力。

素养目标:

培养学生的辩证思维和创新发展意识。

作为旅游活动开展的对象和旅游系统的客体,旅游目的地是吸引旅游者开展旅游活动的特定区域,既要有相对独立的地理空间,也要有丰富的要素集合,是一个空间复合体。

第一节 旅游目的地的内涵

一、旅游目的地的概念

美国学者Gunn于1972年提出"目的地地带"的概念,开启了国外对旅游目的地研究的先河。他认为"目的地地带"是由吸引物组团(Attraction Clusters)、服务社区

Note

（Community）、对外通道（Circulation Corridor）和连接通道（Linkage Corridor）等要素构成，并指出这些要素的整合有利于旅游目的地的成功开发。

国内关于旅游目的地研究始于20世纪90年代，首先提出的是旅游地的概念。1996年，保继刚等认为，一定空间上的旅游资源与旅游专用设施、旅游基础设施以及相关的其他条件有机结合起来，就成为旅游者停留和活动的目的地，即旅游地。2001年，吴必虎指出目的地系统主要是为已经到达出行终点的旅游者提供游览、娱乐、食宿、购物、享受、体验等旅游需求的多种因素的综合体，并强调目的地是旅游系统中重要的子系统。

结合中外学者的观点，本书认为，旅游目的地（Tourism Destination），简称旅游地，指接待旅游者开展旅游活动的特定区域。具体来说，指以旅游景观为基础，配套相应的旅游设施和旅游服务，能够吸引一定规模旅游者在此做短暂停留、参观和游览的地域。旅游目的地包含三个层次的含义：一是旅游目的地以旅游景观为基础，依托足够的旅游设施和旅游服务，是能够满足旅游者需求的功能要素集合体；二是旅游目的地具有明确的地域范围，是能够实现旅游者停留和活动的空间结构体系；三是旅游目的地集聚了各种旅游相关企业和支撑机构，是一个涉及面广、带动力强的区域经济单元。

二、旅游目的地的形成条件

（一）旅游目的地要有一个地理范围

作为一个地理系统，旅游目的地要有一个明确的地理范围，其空间可大可小，大到可以是一个国家、省份，小到可以是一个岛屿、公园，并且在这个空间内还要有足够的旅游吸引物，能激发旅游者外出的意愿和动机，并成为旅游者流动的目标。

（二）旅游目的地要具备一定的功能和作用

作为一个功能系统，旅游目的地要有齐备的功能，通过目的地内部的设施、服务等要素的相互作用、相互配合，为旅游者提供旅游体验，满足旅游者需求。

（三）旅游目的地是一个多群体集合体

作为一个经济系统，旅游目的地汇集了多方利益群体。除旅游者外，旅游企业、目的地社区居民、目的地政府、科研机构、社会团体等多方主体在此聚集、融合，共同构成一个区域经济单位。

三、旅游目的地的类型

旅游目的地的类型指按照特定性质对旅游目的地所进行的划分。根据旅游目的地的内涵和形成条件，旅游目的地形态不一、主题多样、类型丰富，可以按照不同的标准分为不同的旅游目的地类型。

（一）按空间范围大小分类

按空间范围大小,旅游目的地可分为国家旅游目的地、区域旅游目的地、城市旅游目的地和景区旅游目的地四种类型。

1.国家旅游目的地

国家旅游目的地所涉及的空间范围较大,是全球视角下的国际旅游地域划分,多属于大尺度旅游目的地,如北美洲的美国、欧洲的法国、亚洲的日本等,都可以视为国家旅游目的地。国家旅游目的地具有突出的旅游形象,主要功能是建立与世界主要客源国之间便利的国际航空交通联系,并能够向各区域旅游目的地分散旅游客流。

2.区域旅游目的地

区域旅游目的地所涉及的空间范围中等,是区域视角的跨境或国内旅游地域划分,多属于中等尺度旅游目的地,如地中海滨海度假目的地、长三角旅游目的地、大香格里拉旅游目的地等,都可以视为区域旅游目的地。区域旅游目的地具有鲜明的旅游主题,区域旅游目的地具有良好的进入条件和完善的旅游服务体系,并能够向各旅游城市和景区输送旅游客流。

3.城市旅游目的地

城市旅游目的地所涉及的空间范围一般是以城市为载体的旅游目的地。如法国的巴黎、泰国的曼谷、中国的香港等,都可以视为城市旅游目的地。城市旅游目的地除了具有参观、游览、观光功能,还具有完善的住宿、交通、购物等接待体系。城市不仅是旅游目的地,还是重要的旅游客源地和旅游集散地。

4.景区旅游目的地

景区旅游目的地所涉及的空间范围较小,是微观视角的景区型旅游地域划分,多属于小尺度旅游目的地,如美国的黄石公园、印度的泰姬陵、中国的故宫等,都可以视为景区旅游目的地。景区旅游目的地是多个旅游景点、旅游设施、旅游服务以及专门的旅游管理机构的集合体。

（二）按活动类型分类

按活动类型,旅游目的地可分为观光旅游目的地、度假旅游目的地和专项旅游目的地三种类型。

1.观光旅游目的地

观光旅游目的地以满足旅游者的风景欣赏需求为主要目的,旅游吸引物多为独特的自然风光或文化遗产,主要包括自然观光目的地、城市观光目的地、遗产观光目的地、农业观光目的地等类型。

2.度假旅游目的地

度假旅游目的地以满足旅游者的休闲度假需求为主要目的,旅游吸引物多为良好的生态环境或舒适的气候条件,主要包括海滨度假目的地、山地度假目的地、温泉度假目的地、乡村度假目的地等类型。

3. 专项旅游目的地

专项旅游目的地以满足旅游者的特殊兴趣需求为主要目的,旅游吸引物多为特殊的吸引物或专业设施,主要包括购物旅游目的地、体育旅游目的地、探险旅游目的地、红色旅游目的地等类型。

教学互动

按活动类型,收集国内外有代表性的旅游目的地,并分析其形成条件。

(三)按资源类型分类

按资源类型,旅游目的地可分为城市旅游目的地、乡村旅游目的地、海滨旅游目的地、森林旅游目的地、遗产旅游目的地及温泉旅游目的地等。

1. 城市旅游目的地

城市旅游目的地是开展城市旅游的区域。城市旅游的主体是国际、国内旅游者和本市居民,客体是组成城市的各类物质和非物质要素,包括自然、文化、产业、建筑、居民、活动等。

2. 乡村旅游目的地

乡村旅游目的地是开展乡村旅游活动的区域。它是一个空间概念,与城市相对,是从事以农业生产为主的劳动人民所住的地方,不仅包括乡野风光等自然资源,还包括乡村建筑、聚落、民俗、文化、饮食、服饰、农业景观和农事活动等。乡村旅游目的地的特色是乡土性和地域性,要让旅游者体验到与城市不一样的生活。

3. 海滨旅游目的地

海滨旅游目的地是依托风平浪静、气候温和的海岸线,开发以自然风光为重点,兼顾人文景观,注重旅游配套设施建设,是可以开展度假疗养、风景观赏、水上娱乐等旅游活动的区域。

4. 森林旅游目的地

森林旅游目的地是森林旅游活动依托的区域。它是在特定的森林地域为旅游者提供游览观光、度假休闲、狩猎探险、健身疗养、科普教育等多种旅游产品和服务,能够满足旅游者的放松、怡情、猎奇、求知、健身等多种需求,可以实现人们回归大自然、追求人与自然和谐、享受自然乐趣的愿望。

5. 遗产旅游目的地

遗产旅游目的地是以遗产资源为旅游吸引物,满足旅游者欣赏遗产景观、体验遗产文化、开展遗产旅游活动的需求，配套相应旅游接待服务设施的区域。遗产旅游包括自然遗产、文化遗产，以及文化与自然双重遗产。

6.温泉旅游目的地

温泉旅游目的地是以温泉资源为核心载体，可以开展观光娱乐、康体保健、休闲度假、商务会议、科普教育等一系列与温泉相关的休闲活动的区域。

（四）按构成形态特征分类

按构成形态不同，旅游目的地可分为板块型旅游目的地和点线型旅游目的地。

1.板块型旅游目的地

板块型旅游目的地是旅游吸引物相对集中在某一个特定区域，所有的旅游活动都以该区域的旅游服务设施和服务体系为依托，并以这个核心区域为中心向周边辐射进行旅游消费。板块型旅游目的地通常是以某个主要旅游城市为中心，并依托现代化交通网络建立。

2.点线型旅游目的地

点线型旅游目的地是旅游吸引物分散于一个较大的地理空间区域内，在不同的空间点上各个吸引物之间的吸引力相对均衡，没有明显的中心吸引点的旅游目的地。它通过一定的交通组织方式将这些不同空间点上的吸引物以旅游线路的形式结合在一起，旅游者在某一空间点停留时间较少。点线型旅游目的地通常以旅游线路为形成条件，如围绕旅游线路组织旅游活动的观光旅游项目多属于点线型旅游目的地的范畴。

第二节　旅游目的地的构成要素

旅游目的地的构成要素是指旅游目的地成立所必须具备的支撑条件。旅游目的地是能够满足游客需求的要素集合体，这些要素是旅游目的地成立必须具备的支撑条件，主要包括旅游景观、旅游设施和旅游服务。

一、旅游景观

旅游景观作为旅游目的地系统的核心要素，是吸引旅游者从常住地前往目的地的基本吸引物。

旅游景观（Tourism Landscape）是指能够吸引旅游者并可供旅游业开发利用的可视物象，具体指客观存在于一定时间、空间的事物、景物、景象的综合，具有吸引功能和旅游价值。旅游景观包含三个层次含义：①旅游景观是从旅游内容的视角认识其价值，其内容包含景观实体和旅游价值；②旅游景观是从旅游功能的视角认知其作用，其功能包含景观对旅游活动的吸引功能、效益功能；③旅游景观的范畴随着旅游活动对象的扩展而不断延伸。旅游景观是客观存在的，不论是因自然因素形成的，还是因人类活动形成的，它们通常都是在特定时间、特定地域以特定形态存在并且能够被游客感知的综合体。

考虑到旅游景观的内容和功能与旅游资源有密切的联系，本书将在第七章对其进行详细论述。

知识活页

旅游资源、旅游吸引物辨析

旅游资源（Tourism Resources）是一个中文原创概念，被中国旅游学界广泛使用。然而学者对它的理解存在较大分歧。20世纪70年代末到80年代初，经济学、地理学、社会学等学科的学者转入旅游研究。学者分别从不同角度对旅游资源进行定义：从旅游供给的角度来看，"凡能为旅游者提供休闲、学习、社交等功能，并具有开发价值的皆为旅游资源"；从地理学的角度来看，"旅游资源是指对旅游者具有吸引力的自然存在和历史文化遗产，以及直接用于旅游目的的人工创造物"；从经济学的角度来看，"旅游资源是指那些对旅游者构成吸引力和对旅游经营者具有经营价值的自然和社会事物与现象的总和"。综上，关于旅游资源的认识可以归纳为三种含义：一是能够吸引旅游者前往旅游的事物；二是能被旅游业开发利用的吸引物资源；三是旅游业中各种能创造价值的资源。在长期的资源主导型开发模式下，旅游资源概念备受重视。随着旅游开发模式转型升级，旅游资源的概念已经不能解释一些旅游对象，从20世纪90年代起，国内学者开始关注旅游吸引物的概念。

旅游吸引物（Tourism Attractions），又被称为游客吸引物（Visitor Attractions），属于西方原创并被广泛使用的概念。国内学者在使用该概念时，多数将旅游吸引物等同于旅游资源，认为两者可以通用。也有学者认为，旅游吸引物不同于旅游资源，其外延更广，旅游资源只是旅游吸引物的核心部分。有学者将旅游吸引物理解为"景点""景区"或"旅游区"，认为"吸引物指那些为旅游者的兴趣、活动和享受而开发出来，有规划和管理的地方"；有学者指出旅游吸引物不应有边界限制，认为"吸引物未必是一个地域上有明确边界的地方，海滨、海滩、气候、植被、野生动物、节庆活动等都可以是旅游吸引物"；也有学者提到旅游吸引物的范畴更大，认为"旅游吸引物通常指促进人们前往某地旅游的所有因素的总和，它包括旅游资源、适宜的接待设施和优良的服务，甚至还包括快速舒适的旅游交通条件"。综上，关于旅游吸引物的认识可以归纳为：①旅游吸引物是一个英文舶来词，在某些情况下可以等同于我国较为广义的旅游资源概念；②旅游吸引物是一个综合复杂系统，既包括核心圈层的旅游资源和旅游产品,也包括支持圈层的旅游标识物和旅游服务。

二、旅游设施

旅游设施(Tourism Facilities)是指旅游目的地向旅游者提供服务时依托的各项物质设施和设备。旅游设施既包括旅游基础设施,如交通运输设施;也包括旅游专门设施,如游览娱乐设施。旅游设施作为旅游目的地的基础要素,是旅游目的地发展运营的必要条件之一。

(一)旅游基础设施

旅游基础设施是指旅游目的地为旅游运营和居民生活提供公共服务的物质工程设施。旅游基础设施是保障目的地旅游经济活动正常进行的公共服务设施系统。旅游基础设施不仅包括公共性基础设施,如基础交通设施、水电气热设施、排水排污设施、信息通信设施、环境卫生设施、风险防范设施等;还包括社会性基础设施,如教育设施、科技设施、医疗设施、卫生设施、体育设施、文化设施等。旅游目的地基础设施具有公共性、系统性、长期性等特性,是旅游业赖以生存与发展的一般物质条件,对加速旅游经济活动开展,促进旅游业分布形态演变起着巨大的推动作用。建立完善的基础设施往往需要较长时间和巨额投资。基础设施建设具有"乘数效应",能带来数倍于投资额的旅游总需求和旅游收入。优先发展基础设施,是旅游业可持续发展的基础。

(二)旅游专门设施

旅游专门设施指为满足旅游者在旅行游览中的需求而专门建设的各项物质工程设施。旅游专门设施是旅游目的地功能要素的重要组成部分,也是影响旅游者体验的重要因素。按旅游服务的内容划分,包括旅游餐饮设施、旅游住宿设施、旅游交通设施、旅游游憩设施、旅游购物设施、旅游娱乐设施等。

1. 旅游餐饮设施

旅游餐饮设施是指旅游目的地为旅游者提供餐饮服务的场所和设备,可分为两大类:一是附属于旅游饭店的餐饮设施,如饭店中的各类餐厅(中餐厅、西餐厅、自助餐厅、宴会厅、烧烤吧、酒吧、咖啡厅、音乐茶座等);二是独立的社会餐馆,如特色餐饮店、酒家、风味餐厅等。

2. 旅游住宿设施

旅游住宿设施是指旅游目的地为旅游者提供住宿服务的场所和设备,包括饭店、酒店、度假村、旅馆、宾馆、房车营地等。旅游住宿设施是旅游目的地重要的服务设施,其数量、档次和管理水平,是衡量旅游目的地接待能力和旅游业发展水平的重要标志。

3. 旅游交通设施

旅游交通设施是指旅游目的地中使旅游者产生移动、发生空间位置变化、完成游览体验所依托的各类道路网络、交通工具及配套设施。交通是人们实现旅游活动的重要手段,是发展旅游业的前提和物质基础。交通设施的规模和水平对旅游目的地发展影响重大。旅游者对交通设施选择的主要依据是旅程距离和是否安全、迅速、准时、方便、舒适等。

4. 旅游游憩设施

旅游游憩设施是指旅游目的地为旅游者提供游览和休闲服务的场所和设备。由于游憩设施是直接为旅游者服务的,其配置直接关系到旅游者的旅游体验质量。游憩设施从空间形态上可分为陆域游憩设施、空中游憩设施和水上游憩设施;也可分为室内游憩设施和户外游憩设施。随着科学技术的发展,现代游憩设施充分运用了声、光、电,以及虚拟现实、增强现实等先进科学技术,集知识性、趣味性、科学性、惊险性于一体。

5. 旅游购物设施

旅游购物设施是指旅游目的地为旅游者提供购物服务的场所和设备。一般分为两类:一类是基本购物设施,指旅游购物所必须具备的主要设施等;另一类是辅助购物设施,包括餐饮、娱乐设施、导购系统和便利系统等。旅游购物设施既是满足旅游者购物需求的专门场所,其本身也会形成旅游吸引力,同时又是提高旅游经济效益的重要渠道。

6. 旅游娱乐设施

旅游娱乐设施是指旅游目的地为旅游者提供娱乐服务的场所和设备。按娱乐内容可以划分为两大类:一类是集中反映和表现当地民族历史、民族文化、民族艺术和民间风俗的场所,如各种歌舞剧院、民俗展览和表演馆等;另一类是为丰富旅游生活而提供的娱乐设施,如歌舞厅、游乐场及其他各种参与性的娱乐设施。

(三)旅游设施的特征

旅游设施作为旅游目的地的基础要素,一般具有安全性、便捷性、舒适性的特征。

1. 安全性

安全性是旅游设施最基本的要求,也是旅游设施开发的基础。一方面,旅游设施的安全性为旅游活动的开展提供了保障,使旅游者敢于参与旅游活动,提高旅游目的地的品牌知名度。另一方面,旅游设施的安全也成了一种吸引物。随着科学技术的发展,越来越多的旅游者参与极限项目,这些极限项目的旅游设施安全性将极大地影响这些项目的开展,甚至会决定这些项目的未来发展。

2. 便捷性

便捷性是旅游设施最重要的需求,也是旅游设施建设的需要。从人类的发展历史来说,人类的发展过程就是不断追求设施便捷性的过程,旅游设施的发展也必然走向便捷化。从旅游设施的本质来说,旅游设施原本就是为旅游者服务的物质基础,而服务的本质就是便捷性,因此旅游设施本质上也具有便捷性。

3.舒适性

舒适性是旅游设施最持久的追求,也是旅游设施发展的目标。作为旅游目的地的一部分,旅游设施必须承担旅游目的地的一定职能。由于其本身所具有的物质属性,其职能更多地体现在为旅游者提供更加舒适的物质条件上。不同于旅游服务的"软性"舒适,旅游设施的舒适更多地体现在硬件方面,即为旅游者营造一种适宜开展旅游活动的物质环境。

三、旅游服务

旅游服务作为旅游目的地的保障要素,对旅游者在旅游目的地的体验产生重大影响。

(一)旅游服务的概念

旅游服务(Tourism Service)是指旅游从业人员利用各种设施设备、方法手段满足旅游者需求的一系列劳务过程。理解这个定义,必须有以下几方面的认识:①旅游服务是一种劳务,而不是一种事物;②从服务类型上看,其涵盖内容很广,旅游服务不仅包含为大家所认知的导游、讲解等服务,还包括文化、金融、娱乐等其他方面的服务;③从服务过程上看,旅游服务是一个系列过程,涉及服务提供者(旅游从业人员)与服务接受者(旅游消费者)互动的全过程。

(二)旅游服务的特征

结合旅游服务概念的界定和内涵的认识,旅游服务一般具有无形性、即时性、互动性的特征。

1.无形性

旅游服务的无形性是由其过程性决定的,表现为形式的不固定性和质量的不确定性。从形式上看,旅游服务具有不固定性。对旅游服务提供者而言,他们要向旅游者提供的并不是固定的产品,而是由不同人操作的活动,因为这种活动由不同人参与,所以产品形式并不具有固定性。从质量上看,旅游服务具有不确定性。对旅游者而言,他们不确定自己的需求到底是什么,也不清楚需求满足到何种程度才能达到满意的程度,这种质量的不确定性增强了产品形式的不固定性。

2.即时性

旅游服务的即时性是由其无形性决定的,表现为过程的不可重复性和结果的不可预测性。从过程来看,旅游服务具有不可重复性。旅游服务发生在特定的时间和空间条件下,其过程必须依托于一定的时间和空间,一旦时间和空间改变,旅游服务就不再发挥作用。旅游服务的生产与消费具有同一性，两者相互作用，不可分离。从结果来看，旅游服务具有不可预测性。同一旅游服务对待不同的旅游者，结果具有不确定性，一些旅游者对某一旅游服务是满意的，而另外一些旅游者可能是不满意的。

3. 互动性

旅游服务的互动性是由其即时性决定的，表现为评价的可转换性和期望的不满足性。从评价来看，旅游服务具有可转换性。旅游服务不同于一般的产品，其质量评价并没有完全客观的评价标准，而是依赖于旅游从业者和旅游者之间的互动。有些旅游服务可能表现得不那么好，但由于旅游从业者和旅游者的互动，旅游者也可能认同旅游从业者的旅游服务。从期望来看，旅游服务具有不满足性，旅游服务没有最好，只有更好。伴随着旅游从业者与旅游者的互动，旅游从业者的旅游服务水平在互动中不断提高，但这并不意味着旅游者一定会认同旅游从业者的旅游服务。旅游服务只有不断创新，才能赢得旅游者的满意。

（三）旅游服务的内容

根据旅游服务内容的不同，可以将旅游服务分为旅游接待服务和旅游环境服务。

1. 旅游接待服务

旅游接待服务是指旅游业为接待旅游者而提供的所有标准化和个性化的服务。这种服务涉及旅游的全过程，不仅包括旅游前的信息服务、产品服务，以及旅游中的吃、住、行、游、购、娱服务，还包括旅游后的评价反馈服务。

2. 旅游环境服务

旅游环境服务是指旅游管理机构为改善当地旅游环境而向旅游者提供的服务。这种服务包括相关旅游政府、行业部门为旅游发展、旅游者享受旅游产品而制定、宣传与执行相关旅游政策、法规及旅游服务标准等活动，是旅游目的地的保障服务。

第三节 旅游目的地结构

旅游目的地系统是区域旅游系统中的一个非常重要的子系统，它吸引旅游者到这里消费，旅游目的地既是产品的生产场所，又是消费的场所。一方面，它是旅游者从事旅游活动的核心场所；另一方面，它又是旅游业"吃、住、行、游、购、娱"六要素的地域综合体，其结构是这些要素的空间分布与组合及其相互作用关系的直接体现。在空间上具有一定的层次性，在管理上具有一定的行政依托。

一、旅游目的地的空间结构

从某种意义上说,空间结构是将空间从区域中分离出来加以抽象认识并予以模型化的结果。一个抽象的旅游目的地空间系统由点、线、面三要素构成。

(一)点状构造——旅游节点

点是空间系统的重要构成要素。空间系统中的点是指那些集中了一定的物质实体并具备一定独特功能的小区域。旅游节点(Tourism Nodes)是旅游目的地空间结构中最基本的要素单元,是旅游空间结构系统形成的基础。旅游节点由相互联系的旅游中心地和吸引物集合组成,在旅游目的地结构中起主导作用。根据功能的不同,旅游目的地空间中的点状要素主要有旅游中心地和旅游景点(区)两类。

1. 旅游中心地

旅游中心地是指在一旅游目的地系统内,以原有城镇为基础,旅游设施要素和服务要素集中布置所形成的空间地域单元。它是旅游接待设施、文化娱乐设施、购物设施、代理服务、导游服务、信息服务集中的地方。旅游中心地是旅游目的地系统的重要组成部分,无论从功能的重要性还是作用的特殊性角度,旅游中心地都是旅游目的地的核心部分,它是旅游活动顺利完成的重要保证。通常情况下,旅游中心地一般是以作为区域经济、文化中心的城镇为基础,并具有一定的演化性,在发展过程中依托一个或多个次级旅游中心地(旅游集散中心)形成对周围旅游景点的功能辐射。

2. 旅游景点(区)

旅游景点(区)是由一定的旅游资源和旅游设施构成的供游客观赏游览的主要场所,是旅游目的地的基本组成部分。旅游景点(区)具有明确的地域空间范围,并由管理机构对其进行独立的开发、经营与管理;通常拥有旅游吸引物,由若干旅游景观、游览通道、旅游设施等组成;能够向旅游者提供信息咨询、游览引导、安全提示、交通疏导等服务,具有参观游览、休闲度假、康乐健身等功能。

(二)线状构造——旅游通道

线状构造主要是指旅游通道(Tourism Routes)。旅游通道是指旅游者从外部客源地进入旅游区的所有内外部的交通设施,它在功能上相当于遍布于整个旅游地空间系统的"经脉",起着运输的作用。旅游通道不仅是旅游活动得以实现和运行所必需的空间载体,同时也是资金流、信息流、物资流、能源流等的流动载体。旅游通道是旅游节点集聚和扩散效应的空间媒介,在旅游目的地结构中起着连接作用。旅游通道又可分为旅游目的地系统内部的旅游线路和将一个旅游目的地系统与外界连接的对外通道。

旅游线路是各旅游中心地、景点、景区、旅游区之间联系的桥梁和纽带,主要由轨道交通、公共交通、出租车系统、景观大道等部分构建,是旅游目的地系统中重要的结构点,通过形成游客游览的通道,增强旅游者体验,提升旅游目的地形象。

外部通道指由外部客源地进入旅游目的地的交通设施,如飞机、高速公路、高速铁路等,其核心功能是可达性。对外通道保证了一个旅游目的地与其他目的地间的旅游流动,决定着旅游目的地的发展规模和发展速度。

（三）面状构造——旅游区域

面状是指面积最大、分布最广的地域单元,旅游目的地中的面状构造称为"旅游区域"。旅游区域(Tourist Region)是指具有一定范围、结构和发展要素的旅游活动地域。旅游区域是旅游节点和旅游通道所依托和覆盖的地域,它直接构成旅游目的地的内部环境,它的稳定性对于旅游目的地的生命力具有决定性的意义。同时,它也是旅游目的地与外部环境之间进行物质和能量交换的必经通道,是维持旅游目的地存在和发展的"脐带"。按行政单元不同,可分为旅游国家、旅游城市。

旅游国家是指具有丰富旅游资源,旅游业比较发达,并以旅游业为主导产业的国家。旅游国家具有独特鲜明的旅游形象,能吸引大量海外旅游者,各国之间的旅游往来与合作也成为一种重要的外交手段。

旅游城市是指具有独特的旅游资源,能够吸引旅游者并具备一定旅游接待能力的城市。旅游产业是该城市的重要支柱产业,城市的规划、建设都以满足旅游需求为核心,具备完善的旅游功能。旅游城市既是旅游目的地形象的集中展示地,也是旅游集散中心。

案例透视
▼

二、旅游目的地的群体结构

旅游目的地是旅游活动主客体之间发生直接相互作用的空间场所,围绕着"吃、住、行、游、购、娱"各要素,旅游活动涉及多方面、多群体之间的相互关系。各个群体(个体)基于利益的诉求,在旅游目的地结构中发挥各自的作用。这些利益群体主要包括旅游者、旅游企业、社区居民、地方政府和其他利益集团。

1. 旅游者

旅游者是旅游目的地的消费者,其核心利益诉求是寻求最佳的旅游体验。旅游者处于利益主体的核心位置,其消费内容不仅包括参观游览旅游目的地景观,还包括追求满意的旅游产品、高质量的旅游服务和有序的市场管理。

2. 旅游企业

旅游企业是旅游目的地的开发者,其核心利益诉求是获取最大的投资回报。旅游企业包括旅游景区、旅游饭店、旅游交通企业等各种投资商和经营者,由于资本逐利性,旅游企业通过不断发展壮大,追求经济利益最大化。

3. 社区居民

社区居民是旅游目的地的参与者,其核心利益诉求是生存条件的改善。社区居民是利益主体中相对弱势的群体,他们期望通过旅游目的地发展实现就业、增加收入、改善基础设施和提高生活质量。

4.地方政府

地方政府是旅游目的地的管理者,其核心利益诉求是实现综合效益最大化。地方政府既承担着旅游目的地发展的责任,也承担着保护责任,处于利益主体的领导地位。在发展旅游的同时,地方政府需要考虑旅游带动的经济效益,还需要考虑当地的社会效益和生态效益。

5.其他利益集团

旅游者、旅游企业、社区居民、地方政府是旅游目的地的核心利益相关者,此外还有由社会公众、科研机构、政治团体、专家学者等组成的其他利益集团。

一个旅游目的地的长期可持续发展,需要在结构上协调各方利益相关者的需求。

本章小结

旅游目的地是指接待旅游者开展旅游活动的特定区域。具体来说,是指以旅游景观为基础,配套相应的旅游设施和旅游服务,能够吸引一定规模旅游者在此短暂停留、参观和游览的地域。旅游景观、旅游设施和旅游服务是旅游目的地必须具备的支撑条件。旅游目的地结构包含空间结构和群体结构,空间结构由旅游节点、旅游通道、旅游区域组成,群体结构涉及旅游者、旅游企业、社区居民、政府部门以及其他利益集团的关系。可以根据空间范围、活动类型、资源类型、构成形态等标准对旅游目的地进行分类。

复习思考

1.怎样划分旅游目的地的基本类型?

2.旅游目的地形成需要哪些条件因素?

3.旅游目的地由哪些要素构成?

4.旅游设施包括哪些内容?

5.怎样理解旅游服务概念与特征?

6.旅游目的地有哪些利益相关群体? 其各自的诉求是什么? 各利益相关群体在旅游目的地结构中有何作用?

复习思考
▼
参考答案

自测习题
▼

Note

第七章
旅 游 资 源

云南普洱:全力打造国际生态旅游胜地

2023年9月,随着普洱景迈山古茶林文化景观申遗成功,云南普洱旅游再次引起全社会关注。"生态"是普洱旅游的特色和优势。茶马古道源头、景迈山古茶林文化景观、澜沧江沿岸风光、无量山国家级自然保护区、"一眼望三国"景区等世界级旅游资源,普洱茶、普洱咖啡等驰名中外的产业名片,奠定了普洱生态旅游的基础。围绕打造"国际生态旅游胜地"的发展新定位,普洱聚焦国际化、高端化、特色化、智慧化发展方向,发挥资源禀赋优势,正确处理发展生态旅游和保护生态环境的关系,努力提升普洱旅游的层次、档次和水平。

普洱市积极学习借鉴国内外先进理念,对标世界一流、国际标准、中国标杆,邀请国内外高水平规划设计机构对普洱全域进行整体规划布局,加强顶层设计;邀请"人民文旅观察团"实地调研思茅港、景迈山、茶马古道景区等优势资源,并组织国际生态旅游胜地研讨会,成立普洱市旅游专家智库,开展"打造国际生态旅游胜地"重点课题研究,为普洱旅游把脉问诊、把关定向,为普洱市建设生态旅游胜地出谋划策,力争将优势转化为产品、将要求转化为动力,打造一流生态旅游产品和旅游品牌,构建现代旅游产业体系,不断提高普洱旅游的影响力和吸引力。

(案例来源:根据中国网《云南普洱:立足自身优势,全力打造国际生态旅游胜地》、郑酌基等《普洱茶文化旅游高质量发展路径浅析》等资料编写)

旅游资源在云南省普洱市打造国际生态旅游胜地的过程中起到了怎样的作用?是如何发挥作用的?

知识导图

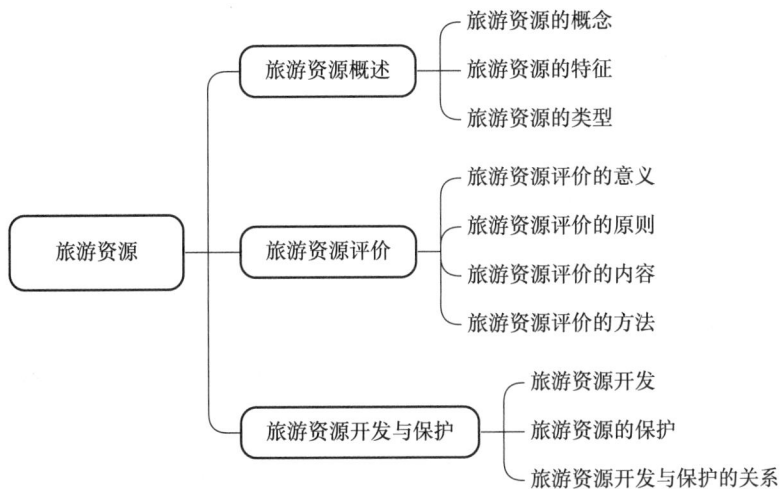

学习目标

知识目标：

掌握旅游资源的基本概念，特点、分类标准；

理解旅游资源开发与保护的辩证关系。

能力目标：

具备运用定量方法进行旅游资源评价的能力。

素养目标：

培养生态和谐、科学规划的思想观念。

旅游目的地的旅游景观（Tourism Landscape）是指能够吸引旅游者并可供旅游业开发利用的可视物象。大多数旅游吸引物都是在旅游资源的基础上开发、加工、创造形成的，因此要谈旅游目的地的开发，首先要了解旅游资源的概念。

第一节　旅游资源概述

旅游资源是旅游活动的客体，是实现旅游活动的基本要素之一，是旅游业建立和发展的前提条件。旅游资源的数量、质量、利用程度、开发和保护的水平直接关系到一个国家或地区旅游业的发展水平。因此,对旅游资源应该正确认识、保护第一、合理开发利用,使之成为富有吸引力的旅游目的地或旅游吸引物,是旅游业经营者的首要任务之一。

一、旅游资源的概念

由于学界对旅游的整体概念的理解和表述还存在差异,加上旅游资源是一个发展性的概念,要对旅游资源下一个具有"排他性"的定义,似乎是一件很难的事情。因此,在讨论本书对旅游资源概念的认识之前,需要先了解国内外学者对旅游资源概念的认识。

(一)国内学者对旅游资源概念的理解

从20世纪80年代开始,我国一些学者根据自己的研究,从不同角度对旅游资源的概念进行了表述。

(1)凡是足以构成吸引旅游者的自然和社会因素,即旅游者的旅游对象或目的物,都是旅游资源。(黄辉实,1985年)

(2)凡能为旅游者提供游览、观赏、知识、乐趣、度假、疗养、娱乐、休息、探险猎奇、考察研究,以及友好往来的客体和劳务,均可称为旅游资源。(郭来喜,1985年)

(3)所谓旅游资源,专指地理环境中具有旅游价值的部分,即旅游者在旅游过程中感兴趣的环境因素和可以利用的物质条件。(肖星、严江平,2000年)

(4)自然界和人类社会凡能对旅游者产生吸引力,可以为旅游业开发利用,并可产生经济效益、社会效益和环境效益的各种事物和因素,均称为旅游资源。(苏文才、孙文昌,1998年)

(5)旅游资源是指对旅游者具有吸引力的自然存在和历史文化遗产,以及直接用于旅游的人工创造物。(保继刚,1999年)

(6)凡是能造就对旅游者具有吸引力的自然事物、文化事物、社会事物或其他任何客观事物,都可构成旅游资源。(李天元,2003年)

(二)国外学者对旅游资源概念的理解

西方国家学者多将旅游资源称为"旅游吸引物"(Tourist Attraction),是指旅游目的地吸引旅游者的所有因素的总和。

苏联地理学家普列奥布拉曾斯基等从技术经济的角度对旅游资源给出如下定义:旅游资源是在现有技术和物质条件下,能够被用作组织旅游经济的自然的、技术的和社会经济的因素。

(三)对旅游资源概念的认识

根据以上中外学者对旅游资源的认识和看法,本着简明、实用的原则,应该从以下几个方面理解旅游资源的概念。

1. 旅游资源有吸引力,同时还要强调其社会效益、经济效益和环境效益

旅游资源应该和其他资源一样,具有一定的利用价值,即对人类有某种用处,或者说有某种使用价值。而这种价值应该主要体现在对旅游者的吸引力上。旅游者之所以从一地到另一地去旅游,主要是这一地有吸引他的事物存在。旅游资源也就成为这一活动产生并推动其付诸行动的主要推动力。同时,还要注意旅游活动中旅游资源对当地文化的影响、对旅游者的影响、对当地经济发展的影响,以及对当地自然环境及社会环境的影响。

2. 旅游资源内容具有发展变化性

这一点体现在两个方面:一是经济技术方面,随着科学技术的进步,必然导致旅游资源内容的不断扩大,原来不是旅游资源的事物和因素如今有可能成为旅游资源并予以开发;另一方面,随着社会经济的发展和人类生活水平的提高,必然对旅游内容提出更高的要求,旅游需求的多样化、个性化发展,使得过去不是旅游资源的事物和现象也发展成为旅游资源,如乡村生态旅游等。

3. 旅游资源形态的多元化

旅游资源不能只是指看得见、摸得着的事物,这样的旅游资源属于物质性资源。此外,旅游资源还可是无形的,如生活方式、民族习惯等。例如,世界遗产就划分为物质遗产和非物质遗产,其中物质遗产又可以细分为自然遗产、文化遗产、文化和自然双重遗产等。

通过以上的认识,本书对旅游资源的概念定义如下:旅游资源是指能够对旅游者产生吸引力,能被旅游业开发和利用,并能产生经济效益、社会效益和环境效益的各种自然界和人类社会的事物和因素的总和。

二、旅游资源的特征

旅游资源的魅力来源于它的独特性,全面深刻地认识旅游资源的特点,是做好旅游资源开发工作的先决条件。

(一)观赏性

旅游资源同一般资源的最主要区别,就是它的美学特征,即具有观赏性。虽然旅游动机因人而异,旅游内容丰富多彩,但观赏活动几乎是所有旅游过程不可缺少的内容,有时更是全部旅游活动的核心内容。

观赏性是构成旅游资源吸引力的最基本要素,影响旅游资源的品质。一般来说,旅游资源的观赏性越强,在国内外知名度越高,对旅游者的吸引力就越大。例如,我国的故宫、万里长城、秦兵马俑、桂林山水,埃及的金字塔,法国的埃菲尔铁塔,日本的富

士山,美国的自由女神像等,都因观赏性强,成为世界著名的旅游资源,吸引着大批旅游者。

（二）多样性

从旅游资源的定义可以得知,旅游资源是一个内涵非常广泛的集合概念。变化万千的自然现象、丰富多彩的文化遗产、千差万别的生产和生活活动,都可以构成旅游资源。旅游资源的多样性是由客观世界的复杂性决定的,同时,也与人们旅游动机的多样性分不开。

旅游资源的多样性在其形式上具体表现为既有自然的,又有人文的;既有景观性的,又有文化性的;既有古代遗存的,又有现代新建的;既有实物性的,又有体验性的。

（三）吸引力的定向性

旅游资源的吸引力在某种程度上涉及主观效用,所以旅游资源吸引力具有群体倾向性或定向性。由于旅游者的年龄、性别、职业、性格及文化素养、社会地位、宗教信仰、审美水平等不同,对美的要求也有很大的差异。特定的旅游资源可能对某些旅游者吸引力颇大,而对另外一些旅游者的吸引力较小甚至根本没有吸引力。有些旅游资源的吸引面很大,有些旅游资源的吸引面很窄。一般而言,观光旅游资源的吸引面较大,对于不同年龄、性别、职业、宗教信仰和社会地位的人都有较大的吸引力。专业性强一些的旅游资源,只能吸引专业对口的旅游者和爱好者。

因此,旅游经营者应根据旅游资源吸引力的定向性,根据不同旅游者的要求,将不同的旅游资源加以组合,尽可能吸引更多不同类型的旅游者。

（四）地域性

地域性是指各类旅游资源总是分布在一定的地理环境或一定的区域内,存在地域差异,带有地方色彩。首先,由于地域分布因素(纬度、地貌、海陆位置等)的影响,自然环境如气候、地貌、水文、动植物等出现地域差异,自然旅游资源出现地域性,如赤道雨林景观、温带大陆内部的荒漠景观、南极的冰原景观等分别出现于不同的地表区域。其次,由于人文景观与自然环境有紧密的联系,自然景观的地域性也造成了人文景观的地域性,如不同民族具有风格各异的文化活动、风俗习惯、村镇民宅等。

旅游资源的地域性,导致旅游资源具有独一无二的地方特色。离开特定的地理环境,旅游资源的价值就会大打折扣,甚至毫无魅力。旅游资源的地域性也造成旅游资源的垄断性和不可移动性,无论是我国的长城、埃及的金字塔,还是美国的大峡谷和东非的天然野生动物园,莫不如此。

（五）季节性和时代性

旅游资源在一定的时间段内,分别具有季节性和时代性的特点。

对于一个相对较短的时间段而言,尤其是对一个年度周期而言,旅游资源常常会表现出季节性的特点。在不同的季节、不同的气候条件下,旅游地的旅游景观(特别是自然景观)展现出不同的风姿。例如,在我国淮河—秦岭以北的大部分地区,夏季植被生长旺盛,草木葱郁,百花盛开,山清水秀,而冬季气温降低,千里雪飘,河湖封冻,是观赏北国风光、林海雪原的大好季节。受自然景观季节变换的影响,旅游资源的吸引力也发生了变化,因而出现了旅游的旺季和淡季。

对一个较长的时间段而言,旅游资源则又具有时代性的特点。以现代旅游资源中适合进行蹦极、潜水、滑翔和野外生存旅游活动的资源环境为例,之所以能够在现代社会中成为极富吸引力的旅游资源,与现代社会人们的生活观念、流行时尚都有密切的联系,其旅游吸引力具有时代性特点。

(六)永续性和易损性

多数资源不能重复利用,在人们消费产品的同时,资源也随之消耗掉。而旅游资源相反,因为其开发后只供旅游者观赏,在妥善保护的情况下多可长期反复利用,却不损耗其价值和使用价值,所以大多数旅游资源都具有永续性特点,可以重复利用。

但是,要注意的是,并不能因为旅游资源具有永续性的特点就对旅游资源进行无节制的开发和利用。事实上,旅游资源不仅具有可重复使用的特点,同时也具有易损性的特点,长期使用只是相对的。

旅游资源除人造景点、景观外,一般是不可再生的资源。自然风光破坏后,不复存在;人文资源破坏后,不可复得。近几年,我国旅游业发展迅猛,由于我们忽视了对旅游资源的保护,旅游资源遭破坏的情况比比皆是。例如,九寨沟的日接待游客量大大超过环境承载能力,使其生态系统和水质遭到了无可挽回的破坏。再比如江西的滕王阁虽已复建,但已不是千年的古楼,文物价值尽失。

正因为旅游资源具有易损性的特点,在旅游资源的开发和利用中需要关注旅游资源开发的可持续性,在开发和利用的同时要注意保护工作。

三、旅游资源的类型

旅游资源的种类很多。根据不同的标准将旅游资源分成多种类别,是对旅游资源进行开发和评价的基础工作,也是制定旅游发展规划的重要依据。

(一)根据旅游资源的成因和属性划分

旅游资源的属性是指旅游资源的性质、特点、存在形式、状态等。根据旅游资源的成因可以将其划分为自然旅游资源和人文旅游资源两大类。自然旅游资源是构成自然环境的主体要素,如地貌、水体、气候和生物中具有旅游吸引力的部分,自然旅游资源从根本上是属于大自然的产物;人文旅游资源是指由人类活动所产生,能够吸引旅游者产生旅游动机,并能被开发为旅游活动的一切事物和因素。

（二）根据旅游资源的开发利用方式划分

根据旅游资源的开发利用方式，并结合旅游资源的性质和成因，可以将旅游资源划分为原生性旅游资源和派生性旅游资源。

1.原生性旅游资源

所谓原生性旅游资源，是指那些在成因、分布上具有相对稳定性和不变性的自然、人文景观和因素，一般具有不可再生性、地域性和垄断性等特点。原生性旅游资源是天然赋予的，或者是人类文明的结晶，一旦毁坏就无法复原。山川风光、气候资源、文物古迹、传统习俗、风味特产等都属于原生性旅游资源。

2.派生性旅游资源

所谓派生性旅游资源，是指那些在成因、分布上具有变化性的自然、人文景观和因素，一般具有再生性而不具有地域性和垄断性等特点，是在社会经济文化发展过程中，通过对原有旅游资源进行不断开发和利用，逐渐创造出的新型旅游资源。

（三）根据旅游资源的等级划分

根据旅游资源的等级（吸引级别），可把旅游资源划分为世界级旅游资源、国家级旅游资源、省级旅游资源和县级旅游资源。

1.世界级旅游资源

世界级旅游资源一般具有世界性、普遍性的观赏、历史和科学价值，在国际上具有很高的知名度，能够吸引世界各地的旅游者，如世界遗产、联合国教科文组织"人与生物圈计划"成员、世界地质公园。

2.国家级旅游资源

国家级旅游资源一般具有重要的观赏、历史和科学价值，在国内外知名度颇高，能够吸引国内外的旅游者，主要包括国家级重点风景名胜区、国家历史文化名城、全国重点文物保护单位、国家级自然保护区和国家森林公园等。

3.省级旅游资源

省级旅游资源具有地方特色，在省内外具有一定的知名度，也具有一定的欣赏、历史和科学价值，主要包括为数众多的省级风景名胜区、省级历史文化名城、省级历史文化名镇、省级文物保护单位，省级自然保护区、省级森林公园。

4.县级旅游资源

此类旅游资源在本地区具有较大的吸引力，地方特色浓厚，受到当地游客的喜爱，主要包括市（县）级风景名胜区和市（县）级文物保护单位。

教学互动

收集当地列入世界级和国家级资源名录的旅游资源。

（四）根据旅游资源的功能分类

根据旅游资源的功能分类,其主要目的在于认识和充分发挥各种旅游资源的作用,为开展多种形式的旅游活动服务,具体可分为以下类型。

（1）观光游览型旅游资源。

此类旅游资源以各种优美的自然风光、著名的古建筑、城镇风貌、园林建筑为主,以供旅游者观光游览和鉴赏,旅游者从中获得各种美感享受,借以陶冶情操。

（2）康体保健型旅游资源。

此类旅游资源包括冲浪、漂流、赛马、渔猎、龙舟竞渡、游泳、各种康复保健、度假疗养设施与活动,如疗养院、度假村、温泉浴、沙浴、森林浴、健身房等。旅游者从中得到体质的恢复与提高,或对某种慢性疾病的治疗。

（3）文化型旅游资源。

此类旅游资源包括富有文化科学内涵的各类博物展览、科学技术活动、文化教育设施、制作、品味、参观、节庆活动、集市贸易等。旅游者可以置身其中,亲身参与活动,得到切身的体验,从中可以获得一定的文化科学知识,开阔眼界,增长阅历。

（4）情感型旅游资源。

此类旅游资源主要包括名人故居、名人古墓、各类纪念地等,可供开展寻祖、探亲访友、怀古等旅游活动,以表达旅游者的思故、怀念、敬仰、仇恨等感情。

（5）购物型旅游资源。

此类旅游资源包括各种土特产、工艺品、艺术品、文物商品及仿制品等旅游商品,主要供旅游者购买。

第二节 旅游资源评价

旅游资源评价,是对不同地域的旅游资源的组合特点及由此产生的质和量的差异,以及对旅游吸引力的大小进行科学评价的过程,包括确定一定地域范围内旅游资源的类型特征、空间结构、数量和质量等级、开发潜力和开发条件。

一、旅游资源评价的意义

（一）旅游资源评价是旅游资源开发的前提

通过对旅游资源进行系统的评价,确定其是否值得开发、如何开发、何时开发、为谁开发及开发方向。因此,旅游资源评价是在了解旅游资源基本情况的基础上进行的深层次工作,是进行旅游资源开发的前提。

（二）旅游资源评价为旅游规划的合理进行提供科学依据

对一个旅游区(可以是宏观上的旅游区,也可以是微观上的旅游区)来说,需要通过制定合理的旅游规划,有步骤、有秩序地对区域内的旅游资源进行开发。而做到这一点的前提是对区域内的旅游资源的特点、区位、开发利用条件等进行综合评价,从而针对不同旅游资源制定不同的开发政策。

（三）旅游资源评价为旅游区的等级划分和管理奠定基础

通过对旅游资源的价值和规模水平等的评价和鉴定,确定旅游资源所在区域的等级(如世界级旅游区、国家级旅游区、省级旅游区等),从而为国家和地区进行分级规划和管理提供系统资料和判断对比的标准。

二、旅游资源评价的原则

旅游资源评价工作涉及面广、情况复杂,目前还没有形成统一的评价标准。为了使旅游资源评价做到公正、客观,结果准确可靠,一般应遵循以下基本原则。

（一）全面系统的原则

旅游资源是多种多样的,它的价值和功能也是多层次、多形式、多内容的,这就要求在进行旅游资源评价的时候,不仅要注重对旅游资源本身的成因、特点、质量、数量等因素的评价,还要把该旅游资源所处区域的区位、环境、客源、交通、经济发展水平、建设水平等开发利用条件,作为外部条件纳入评价的范畴,综合衡量,全面完整地进行系统评价,准确地反映旅游资源的整体价值。

（二）动态发展的原则

旅游资源的特征及开发的外部社会经济条件是不断变化和发展的。这就要求旅游资源评价工作不能囿于现状,且必须具有动态发展的观点,用发展和进步的眼光看待变化趋势,从而对旅游资源及其开发利用前景做出积极、全面和正确的评价。

（三）兼顾三种效益的原则

前文已经讨论过,旅游资源具有三方面的效益:经济效益、社会效益和环境效益。

要充分合理地利用旅游资源,发挥其潜在的资源优势,获得更多的综合效益。

(四)定性与定量相结合的原则

常用的旅游资源评价方法,一般有定性和定量两种。定性研究方法使用简便,应用范围广,涵盖的内容丰富,但缺乏可比性,只能反映旅游资源概况,主观色彩较浓;定量分析是根据一定的评价标准和评价模型,用全面系统的方法将旅游资源的各种评价予以客观量化处理,其结果具有可比性。在实际工作中,这两种方法必须密切结合,才能达到预期目标。

三、旅游资源评价的内容

由于旅游资源设计涉及面广,结构复杂,种类和性质千差万别,因此目前还没有一个统一的评价指标体系。一般来说,旅游资源评价的内容应包括以下几个方面。

(一)旅游资源价值评价

1. 旅游资源的特色评价

"特色"是旅游资源吸引旅游者出游的关键因素。通过对旅游目的地的调查,比较其与其他资源的特色,为确定旅游资源开发方向和旅游项目建设提供决策依据。

2. 旅游资源的功能评价

旅游资源的功能决定其开发价值。一般而言,旅游资源具有观光、度假、健身、商务、探险、科考、文化、娱乐等功能,功能越多,其价值越高,并决定其开发方式和开发前景。

3. 旅游资源的组合度和规模评价

一些独立的旅游景观,即使再有特色和价值,开发价值可能并不高。只有在一定的地域和时间内,多种旅游景观的协调和组合,形成一定规模的旅游资源结构模式,才能形成一定的开发规模,获得较高的经济效益,这是旅游资源评价不可缺少的部分。

(二)旅游开发条件评价

1. 区位条件评价

区位条件包括旅游资源所在的地理位置、交通条件及与周边旅游区之间的关系。地理位置是指该项旅游资源所在地距离主要客源地的远近。旅游资源的交通区位条件也决定了旅游资源开发的难易程度,那些距离主要客源市场比较近,或者交通条件优越的旅游资源,其吸引旅游者来访的能力较强,旅游资源开发价值较高。

2. 旅游投资条件评价

旅游资源开发需要大量的资金,需要吸引国内外的投资。该地区的社会经济环境以及当地的优惠政策会直接影响投资者的决策。为此,有必要寻求一种既能给旅游区

案例透视
▼

带来收益又能给投资者带来极大回报的良策，以发挥旅游资源的开发效应。

3. 客源条件评价

旅游者的数量是与经济效益挂钩的，没有一定的客源保证，旅游业很难生存。客源条件有一个时空问题。在时间上，客源的分布不均形成淡旺季；在空间上，客源的分布不均又形成旅游的热点和冷点地区。旅游资源开发之前要充分考虑客源状况，找准目标市场，评价市场规模。

4. 旅游资源开发现状条件评价

旅游资源已有的开发利用程度，也是影响其开发价值的因素。旅游资源前期开发较好，甚至已经形成了品牌效应，则再开发的价值较高。如果开发现状都是失败教训，则需找出存在的主要问题，为下一步旅游资源的开发和保护提供建设性的意见。

（三）旅游容量评价

旅游容量是指在可持续发展前提下，旅游区在某一时段内，其自然环境、人工环境和社会环境所能承受的旅游及相关活动在规模和强度上的极限值。旅游容量评价包括以下几方面的内容。

1. 旅游观赏容量评价

旅游观赏容量是指在单位时间内，某一旅游区域为保障旅游者获得满意的观赏体验，所能接待的最大旅游者数量。

2. 旅游生态环境容量评价

旅游生态环境容量是指单位时间内，旅游景区或景点的生态环境所能承受的最大旅游者接待量，它反映了生态环境对旅游者及旅游活动的承载能力。一旦超过这一容量，旅游者的活动就可能对生态环境造成不良影响。

3. 旅游经济容量评价

旅游经济容量是指由当地经济条件所决定的，旅游区域所能接待的最大旅游者数量。旅游点的交通条件、接待设施、卫生条件等因素，都会对可承载的旅游者数量产生显著影响。

4. 社会心理容量评价

社会心理容量是指旅游接待地在单位时间内，从社会心理层面能够接受的最大旅游者数量，它反映了旅游活动给当地居民带来的心理影响。当旅游者数量超过这一界限时，当地居民可能会在心理上产生反感、愤怒，甚至敌视情绪。

四、旅游资源评价的方法

国外旅游资源的评价工作已有30多年历史，评价方法很多，但从总体来看，其方法无非有两种：主观评价和客观评价。主观评价是指评价者在考察之后根据自己的印象和好恶所做的评价,一般多用定性描述的方法。客观评价是指在对供给进行评价的基础上,进而对现实的和潜在的旅游者的需求(结构、类型等)做出调查,然后将供给和需求结合起来做出的评价。由于它采用定量的评价方法,在效果上优于采用定性描述形式的主观评价方法。下面简单介绍几种定性评价方法和定量评价方法。

(一)定性评价方法

1. 三大价值、三大效益和六个条件评价法

这是我国学者卢云亭提出的定性分析法。三大价值指旅游资源的历史文化价值、艺术观赏价值和科学考察价值。三大效益指经济效益、社会效益和环境效益。六大条件指旅游资源开发可行性的六个方面,即景区的地理位置和交通条件、景物或景类的地域组合条件、景区旅游容量条件、施工难易条件、投资能力条件、旅游客源市场条件。

2. 一般体验性评价

一般体验性评价是由旅游者根据自己的亲身体验对某一或一系列的旅游资源就其整体质量进行定性评估。对一系列旅游资源进行一般体验性评价,其结果可以形成一个评价序列。这种评价多由传播媒介或行政管理机构发起,且局限于已经接待游客的旅游目的地,评价的目的多着眼于推销和宣传,评价的结果可以使某些旅游目的地提高知名度,客观上会对旅游需求流向产生诱导作用。例如,"受欢迎的度假地""中国旅游胜地四十佳"评选等,都属于这种类型的评价。

(二)定量评价方法

1. 单因子评价法

技术性的单因子评价法是评价者在进行旅游资源评价时,针对旅游资源的旅游功能,集中考虑那些起决定作用的关键因素,并对这些因素进行适宜性评价或优劣评价的方法。目前较成熟的有旅游湖泊评价、旅游海滩评价等。

2. 综合性多因子定量评价法

综合性多因子评价法是在考虑多因子的基础上运用一定的数学方法,对旅游资源进行综合评价。这类评价方法也非常多,如层次分析法、指数表示法、综合分析法等。层次分析法的具体评价过程:先将评价项目分解成若干层次,然后在比原项目简单得多的层次上逐步分析,最后再将人的主观判断用数学形式表达和处理。这种方法是一种综合整理人们主观判断的客观方法,也是一种结合定量和定性分析的方法。如目前我国的"旅游资源共有因子综合评价系统"。

知识活页

旅游资源分类、调查与评价(GB/T18972-2017)

根据《旅游资源分类、调查与评价》(GB／T 18972—2017),旅游资源分

Note

为8个主类、23个亚类和110个基本类型。八个主类分别是：地文景观、水域景观、生物景观、天象与气候景观、建筑与设施、历史遗迹、旅游购物、人文活动。23个亚类包括：自然景观综合体、地质与构造形迹造、地表形态、自然标记与自然景观、河系、湖沼、地下水，冰雪地，海面、植被景观，野生动物栖息地、天象景观、天气与气候现象、人文景观综合体、实用建筑与核心设施、景观与小品建筑、物质类文化遗产、非物质类文化遗产、农业产品、工业产品、手工艺品、人事活动记录、岁时节令。

该标准依据"旅游资源共有因子综合评价系统"对旅游资源进行赋分。该系统设"评价项目"和"评价因子"两个档次。

评价项目为"资源要素价值""资源影响力""附加值"三项。其中，"资源要素价值"项目中含"观赏游憩使用价值""历史文化科学艺术价值""珍稀奇特程度""规模、丰度与几率""完整性"5项评价因子。"资源影响力"项目中含"知名度和影响力""适游期或使用范围"2项评价因子。"附加值"含"环境保护与环境安全"1项评价因子。

计分方法：资源要素价值和资源影响力总分值为100分，其中，"资源要素价值"为85分，分配如下："观赏游憩使用价值"30分、"历史科学文化艺术价值"25分、"珍稀或奇特程度"15分、"规模、丰度与几率"10分、"完整性"5分。"资源影响力"为15分，其中，"知名度和影响力"10分、"适游期或使用范围"5分。"附加值"中，"环境保护与环境安全"分正分和负分。

依据旅游资源单体评价总分，将其分为五级，从高级到低级为：五级旅游资源，得分值域为≥90分；四级旅游资源，得分值域为75—89分；三级旅游资源，得分值域为60—74分；二级旅游资源，得分值域为45—59分；一级旅游资源，得分值域为30—44分。未获等级旅游资源，得分值域为≤29分。五级旅游资源称为"特品级旅游资源"；五级、四级、三级旅游资源被通称为"优良级旅游资源"；二级、一级旅游资源被通称为"普通级旅游资源"。

第三节　旅游资源开发与保护

一、旅游资源开发

"开发"一词，一般是指人们对资源及其相关方面进行综合利用的过程。所谓旅游开发，是在一定地理范围之内，为吸引和接待旅游者而进行的旅游设施建设和旅游环境培育等综合性的社会和技术经济活动。这是一项复杂的系统工程，涉及旅游资源状况和开发利用前景、客源市场分析与预测、国家或地方旅游开发政策、旅游开发地的经济承载能力,以及社会环境等因素。其中,既包括了旅游设施、旅游吸引物建设(旅游资源的开发活动),也包含一些非技术性的活动内容,如客源市场的开拓、生态环境的治理或社会环境的优化等。因此,旅游资源开发是旅游开发的组成部分,是针对旅游资源所进行的开发活动,即把旅游资源改造成具有旅游功能的旅游吸引物或旅游环境的经济技术活动。

(一)旅游资源开发内容

总的来说,旅游资源开发包括三方面的内容:一是对尚未被旅游业所利用的潜在旅游资源进行开发,使之产生经济效益;二是对现实的、正在被利用的旅游资源进行再生性的开发,以延长其生命周期,提高其综合效益;三是凭借经济实力和技术条件,人为地创造旅游资源和创新旅游项目。具体包括以下几项内容。

1.加强景区、景点的规划和开发建设

一个景区或景点的吸引力和旅游生产力的大小,不仅在于景区或景点自身质量的高低和数量的多少,还在于旅游景点的开发程度和管理水平。因此,要在对景区和景点进行整体和具体的调查和评价之后,对景区、景点做出一个合理、有步骤、有秩序的规划,确定开发方式、开发程度,从市场需求出发,充分发挥地区优势,增强旅游资源的吸引力。

2.解决、改善并提高旅游资源所在地区的可进入性

前文已提到"可进入性",要重视景区景点所处的地理位置及其交通状况。不过这里所说的"可进入性"不仅包括景区景点外部的交通状况,还包括景区景点内部的交通状况,也就是说,旅游者在旅游目的地要"进得来、出得去、散得开",这是发展旅游的第一要义。因此,在开发中要充分考虑到旅游者的交通需求,选择较适宜的位置,做好各种交通运输工具的运行安排。

3.建设和完善旅游相关配套设施

旅游相关配套设施应包括旅游基础设施和旅游服务设施。旅游基础设施的使用对象主要是当地的居民,但也必须向旅游者提供必要的有关设施。这类设施又包括两种类型:一是公用设施,如供水系统、供电系统、排污系统、通信系统、道路系统等,以及与之有关的配套设施,如停车场、火车站、码头、机场、照明设施等;二是满足现代社会生活必需的基础设施,如医院、银行、治安管理机构等。对于初次开发的旅游资源,特别是待开发的旅游目的地,应该重视上述设施的建设。但是,在多数情况下被开发的地区一般都已有了一定的基础设施,因此只要按照旅游开发规划的要求进一步改善或扩建就可以。

旅游服务设施是指那些主要供外来旅游者使用,但同时又可供当地居民使用的服务设施。换言之,如果没有外来旅游者,这些设施基本上就失去了存在的必要。主要包括旅游饭店、旅游咨询中心、旅游商店等。

旅游配套设施的建设一般投资大、周期长，因此对其建设规模、布局、数量等必须进行严格论证和审批，做到适度发展，避免重复和浪费。

4. 招聘、培训人员，完善旅游服务

高水平的旅游服务人员是提高景区景点服务质量的重要一环，甚至可以说是最重要的一环。招聘和培训具有专业水平的服务人员和管理人员，有步骤地提高景区景点的人员配置、选择、训练水平，使景区景点的管理得到加强，服务质量得到提高，最终提高景区景点的吸引力。

5. 加强对旅游资源的保护，建设良好的旅游环境

旅游资源的开发者和经营者为了取得最大化的经济效益，常常会积极地进行投资开发，但同时也会忽视对旅游资源的保护。那些被人为或自然因素破坏的旅游资源若不能及时地整治和修复，就会继续衰退，有些会完全消失，无法恢复。因此，一方面要在旅游从业者和当地群众间树立旅游资源保护的观念，把开发和保护并重的观念融入旅游从业者和当地群众生活中；另一方面，要建立科学保护旅游资源的机制，定期进行检查、维护，及时发现问题并合理解决，从而有效地保护旅游资源，做到可持续发展。

同时，还要加强旅游政策、出入境管理措施、政治动态或社会治安管理，保护当地的风俗习惯，提高当地居民的文化修养、好客程度等，直接或间接地提高对旅游者的吸引力，进而提升旅游资源的开发效果。

（二）旅游资源开发的原则

旅游资源开发的目的是发挥、改善和提高旅游资源的吸引力，在吸引旅游者来访并满足其需要的同时，推动旅游接待国或地区社会经济的发展。为了保证旅游资源开发的科学化和有序化，从而保证旅游资源的可持续发展，旅游资源的开发工作应遵循以下一些原则。

1. 独特性原则

这是旅游资源开发的中心原则。就是要尽最大可能突出旅游资源的特色，包括民族特色、地方特色，努力反映当地文化，"只有民族的，才是世界的，更是永恒的"。尽可能保留其自然和历史发展的原始风貌，强调个性、特色和吸引力。

2. 市场营销导向原则

进行市场调查和预测，准确掌握市场需求和竞争状况，结合资源状况，积极寻求与其相匹配的客源市场，确定目标市场，以市场需求变化为依据，最大限度地满足旅游者的需求。例如，当前旅游需求正在由大众型观光游览向个性化、多样化、参与性强的方向发展，因此旅游资源的开发应增加活动项目品种，设计多样化、参与性强的旅游活动项目，以适应市场的变化趋势。

3. 综合效益原则

经济利益是旅游资源开发的主要目的之一，因此要进行旅游经济投入—产出分

析,确保旅游开发活动能够带来丰厚的利润。根据可持续发展理论,经济效益并非旅游开发的唯一目标,还必须考虑其社会效益和环境效益。既要使旅游者能在旅游的过程中得到身心的放松和精神的愉悦,又要使旅游者和当地居民之间的经济文化交流产生正面的复合效应;同时,还应特别注意对景区和当地自然和社会环境的保护。

4.保护开发原则

开发旅游资源就是为了利用,但是从某种意义上说,对于某些旅游资源的开发,特别是对自然旅游资源和历史遗产旅游资源来说,其开发本身就意味着对这些旅游资源造成一定的破坏。因此,在开发的过程中,首先要制定切实保护资源的方案,防止资源原貌和环境遭到破坏。

(三)旅游资源开发的方式

讨论旅游资源的开发方式,不仅涉及对从未进行过开发的旅游资源进行开发的过程,还包括对已开发过的旅游资源进行重新开发以提高其综合效益。不管是对何种资源进行开发,其方式都通常包括兴建、利用、提高和改造等几种方式。

1.兴建

兴建是指创造性地建设新的、原本不存在的旅游吸引物,如主题公园或游乐园等。这种性质的旅游吸引物应该建设在接近客源地、区域经济条件较好、旅游资源类型单一的地区。所建设的旅游吸引物必须有创意,从而产生主题明确、个性突出的效果。

2.利用

利用是指利用原来的非旅游吸引物,使之成为旅游吸引物。随着社会进步、经济发展以及人们文化水平的提高,人们的旅游需求已不再停留在初级的旅游观光上,其需求和消费行为特征发生了明显的变化。因此,在进行新的旅游开发的过程中,应根据人们的旅游需求,开发利用那些以前未被认识和开发的非旅游吸引物,如现在比较热门的高校游等。

3.提高

提高是指对那些因自然、历史或人为破坏原因影响了其知名度和可游览性,但仍保留一定知名度和影响力的旅游资源,可以通过增加配套设施,提高其整体的质量和吸引力。

4.改造

改造是指对已有的旅游资源投入人力、物力、财力等,进行局部或整体改造,使其符合新的旅游需求。例如,近年来,上海对老城隍庙旅游区进行了大规模改造。

案例透视
▼

二、旅游资源的保护

旅游资源保护是指维护旅游资源的固有价值,使之不受破坏和污染,保持自然景观和人文景观的原有特色,对已遭受破坏的旅游资源进行治理。

（一）旅游资源保护的主要原因

1. 旅游资源的自然破坏

旅游资源由于和外部环境保持着经常性的接触,有些直接暴露在户外,年复一年地受到风吹雨淋,很自然地会受到侵蚀。即便是一些放置在室内的物品,由于和空气接触,也会与空气中的水分、氧气发生各种化学反应而受到一定的破坏。这种侵蚀随着时间的积累,会对旅游资源本身造成毁灭性的破坏,时间越久,破坏程度越大。根据破坏的速度,可将自然因素造成的破坏分为突发性破坏和缓慢性破坏两种。

（1）突发性破坏。

自然界中经常发生的地震、海潮、火山喷发等灾害对旅游资源的破坏力是巨大的,而且这种破坏在短时间内发生,破坏程度大,有时会导致旅游资源在一夜间化为乌有。

（2）缓慢性破坏。

在自然条件下,一些历史久远的遗迹,长时间受到风吹雨淋,再加上所处的外部环境和动物的破坏,导致旅游资源发生了各种物理、化学变化,旅游资源本身的形态和性质随之发生了缓慢的变化。例如,外界空气、气候条件的变化给很多旅游景点造成了破坏。

2. 旅游资源的人为破坏

旅游资源的人为破坏是多方面的、严重的,大多超过自然破坏,有的甚至是完全毁灭。按其破坏的根源可以分为战争破坏、建设性破坏、管理性破坏和旅游者的破坏。

（1）战争破坏。

战争是人类摧毁旅游资源最具毁灭性的一种行为。战争的炮火可以在极短的时间内使一处文物古迹化作一片瓦砾。

（2）建设性破坏。

建设性破坏是指工农业生产、市镇建设和旅游资源开发建设中规划不当,导致旅游资源遭到破坏。例如,工业生产带来的"三废"污染,对旅游区的影响往往十分严重。旅游资源开发规划不当也会造成旅游资源特色及景观价值的破坏。

（3）管理性破坏。

管理性破坏主要是指一些旅游管理人员或旅游规划人员,缺乏科学管理的技术和生态保护的意识,运用错误的管理手段和实施不当的规划设计活动,导致景区过分人工化、商品化,破坏了资源的真实性和完整性。如在自然风景区内建高层建筑;景区内兴建大量餐馆、商店、人造景观；景区内所建设施的造型与色彩与环境不协调等。

（4）旅游者的破坏。

旅游者的破坏在人为破坏中占很大比重。旅游超载使得旅游者踩踏严重，旅游活动加速了对石刻、雕塑、壁画等古迹的损坏。旅游者乱涂乱画等不文明行为直接破坏了旅游资源。

（二）旅游资源保护的内容

1. 保护旅游资源的真实性

所谓真实性，就是指旅游资源的"原汁原味"。从认识层面上讲，对旅游资源的保护最高级的方式应该是"原封不动地保护"，其次是"可以利用的保护"。然而，要进行旅游活动，就不可能"原封不动地保护"，因此，从实践的角度来说，旅游资源的真实性在不经意间已经被破坏了。如泰山索道就严重地破坏了泰山这一宝贵旅游资源的真实性，最终导致一系列的负面效应。

2. 保护旅游资源的完整性

所谓完整性，是指旅游资源范围上的完整性和内容上的完整性。例如，北京的明十三陵作为中国陵墓文化的典型代表，它具有文化概念上的完整性，以及相应地体现出地理位置上的相互关联性。明十三陵申报世界文化遗产时，就是作为一个整体，13处陵墓缺一不可。又如泰山，其文化价值体现在佛教、道教、封禅及世代歌咏、吟诵文化的"同为一体"。结合登山线路格局的变化，泰山的封禅祭祀包括"酝酿、登天和抵达仙境"三个阶段，突出了文化遗产伴随实物而来的概念上的完整性。而泰山索道缩短了旅游者登山的时间和路线，却破坏了泰山文化的完整性。

（三）旅游资源保护的主要措施

旅游资源的保护是指运用法律、行政和技术等手段来维护其应有的价值和使用价值，以防止各种自然和人为因素带来的危害。

1. 法律手段

在法律、法规手段上，凡属列入保护的旅游资源，都应建立在法律、法规保障的基础上，以法律手段来规范管理和保护的目的、任务、职责和违法应负的责任以及惩处办法，对不良行为和蓄意破坏加以约束和管制。目前，我国虽然尚未制定全国性的旅游资源保护法，但是，与旅游资源保护密切相关的法律法规已颁布了不少，如《中华人民共和国森林法》《中华人民共和国环境保护法》《中华人民共和国风景名胜区条例》《中华人民共和国自然保护区条例》《森林和野生动物类型自然保护区管理办法》《中华人民共和国文物保护法》《中华人民共和国水下文物保护管理条例》等。这些法律法规从不同方面起到了保护旅游资源的作用。

Note

2. 行政管理手段

旅游资源相关主管部门和单位应提高认识,将资源保护置于关系旅游可持续发展和子孙后代福祉的战略位置上,坚持资源节约型旅游经营方式,采取各种措施切实加强管理和保护。主要有以下手段。

(1) 制定完善的管理制度,明确管理人员和专业技术人员的职责,落实各项管理和保护措施,定期或不定期地进行检查,对违规人员进行批评教育或惩处,甚至追究法律责任。

(2) 对管理、专业技术和接待人员进行培训,持续提升其管辖范围内旅游资源的专业知识和治理水平。

(3) 向游客提倡和宣传环境友好型的旅游消费,运用经济(如提高门票价格)和行政(如限定观赏人数)手段控制接待规模,严防所管辖的旅游资源超负荷接待旅游者。

3. 技术手段

对旅游资源保护的技术性措施主要有两种,一是制定科学的旅游规划,二是实施科学的保护措施。

(1) 提高旅游规划的科学性,进一步严格旅游开发的审批制度。

旅游资源的科学规划和合理开发,在合理保护和利用自然环境和人文环境的情况下,促进环境的美化和资源的优化利用,对实现资源环境与社会经济协调发展具有重要意义。任何旅游项目在开发之前,都必须有科学的规划;要杜绝和避免规划由投资者自己制定的现象;要由社会学、环境学、文化学、经济学等方面的专家进行全面、科学的论证;规划必须经有关部门审批后才能实施。

(2) 采取切实可行的措施,减少各种因素对旅游环境的破坏。

针对易受自然或人为因素损害的不同类型的旅游资源,采取相应的技术保护措施。例如,对易受鸟类危害的古建筑局部位架设隔离网罩;在禁止拍照的文物区域入口处设立警示牌;对易受虫害的林木采用现代高科技手段进行病虫害防治;在旅游景区建立完善的排污系统,实行垃圾集中收集转运等环保措施。

4. 教育手段

教育手段就是对旅游资源保护的知识进行宣传,加强人们的旅游资源保护意识,使其认识到旅游资源是千百年自然造化和人类文化遗产的精髓,保护旅游资源不仅是对当代负责,更是对子孙后代负责。教育对象可包括当地居民、当地政府及其工作人员、旅游企业、旅游者。宣传教育方式包括在旅游地报纸上开辟专栏,定期刊登旅游资源保护的相关文章;在当地电视台播放公益性质的广告和专题片;导游进行讲解宣传,并给旅游者发放旅游资源保护的宣传资料;在当地的旅游宣传品,如旅游宣传手册、景点门票上印刷关于旅游资源保护的宣传口号;对每一位进入景区的旅游者发放垃圾袋,引导其将垃圾投入指定地点等。通过宣传教育,提高全民保护资源的意识。

三、旅游资源开发与保护的关系

旅游资源的开发和保护是环保和可持续发展在旅游业的集中体现,也是旅游与环境关系的必要前提。开发和保护关系贯穿于旅游业的整个发展过程中,并随着旅游业的蓬勃发展而日益显示出重要性。

(一)相互联系、相互依存

保护是开发和发展的前提,保护是为了更好地开发。旅游资源是旅游者进行旅游活动的基础和前提条件,一旦破坏殆尽,旅游业将失去依存的条件,也就无开发可言。因此,保护是开发的前提,是当前的迫切任务。开发又是保护的必要体现,是旅游业发展的基础。从可持续发展的角度看,资源保护归根结底是为了更好地发展。开发本身还意味着保护。一般而言,合理的、科学的旅游资源开发,是指对资源加以整修而非令其"自生自灭",以延长其生命周期,对资源环境进行改善、美化,并增加其可进入性,或对历史遗迹进行发掘、修复、保护,或对人文旅游资源(如民俗)进行资料收集和整理,重现其光芒。同时,资源开发促进旅游发展带来的旅游收益的一部分可以通过各种形式返回资源地,用于资源环境改造、基础设施建设和环境建设。在这个意义上,开发意味着保护。

(二)相互矛盾

从某种程度上看,开发也是一种破坏。首先,旅游资源的开发不可避免地会造成某种破坏。旅游资源开发需要对资源地进行的适度建设是以局部范围的破坏为前提的。也可以说,没有破坏就没有开发,破坏和开发在一定程度上是共生的。其次,从人为角度看,旅游资源的开发也会产生极大的破坏作用。因管理不善,资源地的旅游者涌入量往往超过其承载力,从而给资源本身造成致命的破坏。最后,由于旅游资源(尤其是人文旅游资源)所具有的文化性,外来文化的冲击也可能是对旅游资源的毁灭性打击。尽管旅游者与资源所在地的交流和影响以及两种文化之间的作用是相互的、双向的,但事实上,外来文化、外来旅游者对资源所在地(旅游目的地)的冲击和影响远大于他们所受到的资源地的影响。

本章小结

本章主要围绕旅游资源的概念、特征、分类、评价、开发与保护进行了详细阐述。首先,旅游资源是指能够吸引旅游者,为旅游业开发利用并产生经济、社会和环境效益的自然和人文事物与因素。旅游资源具有观赏性、多样性、地域性、季节性和时代性等特征,根据成因和属性、开发利用方式和等级等不同,旅游资源可分为多种类型。其次,旅游资源评价是开发的前提,涉及资源的价值、开发条件和旅游容量等方面,评价方法包括定性和定量分析。旅游资源的开发应遵循独特性、市场营销导向、综合效益和保护开发等原则,开发方式包括兴建、利用、提高和改造。最后,旅游资源的保护至关重要,需通过法治建设、科学规划、科研工作和宣传教育等措施,确保资源的可持续利用。开发与保护相辅相成,开发应以保护为前提,保护是为了更好地开发。

复习思考

1.什么是旅游资源？具有哪些特征？

2.简述旅游资源的成因和分类。

3.试说明旅游资源评价所涉及的内容有哪些。

4.举例分析说明旅游资源定性评价和定量评价各自的优缺点。

5.旅游资源开发的内容有哪些？应遵循哪些原则？

6.如何正确处理旅游资源开发与保护的关系？

复习思考 ▼ 参考答案

自测习题 ▼

第八章
旅游接待业

导读案例

中国城市旅游综合体的创新实践

随着城市化进程的加速,城市旅游综合体作为一种新兴的旅游业态在中国迅速发展。以上海迪士尼度假区为例,该度假区不仅是一个主题公园,还集酒店、购物、餐饮、娱乐等多种功能于一体,形成了一个完整的旅游生态系统。近年来,上海迪士尼通过引入本土文化元素和创新运营模式,进一步提升了游客体验。例如,度假区推出了"夜光彩灯巡游"等融合中西方文化的活动,并通过大数据分析优化游客排队时间和园区布局。此外,上海迪士尼还与周边区域协同发展,带动了周边酒店、交通和商业的繁荣。

(案例来源:根据中国旅游研究院《上海迪士尼快乐旅游趋势报告》编写)

导读思考

从上海迪斯尼的多功能综合运营中,如何认识旅游接待业的特征以及在城市旅游发展中的作用?

知识导图

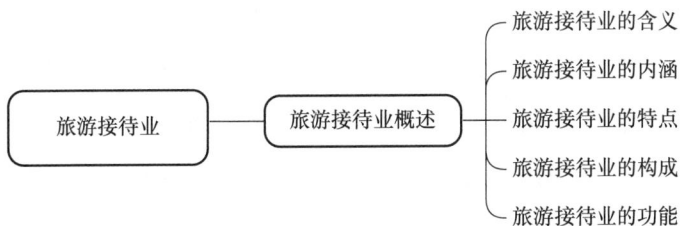

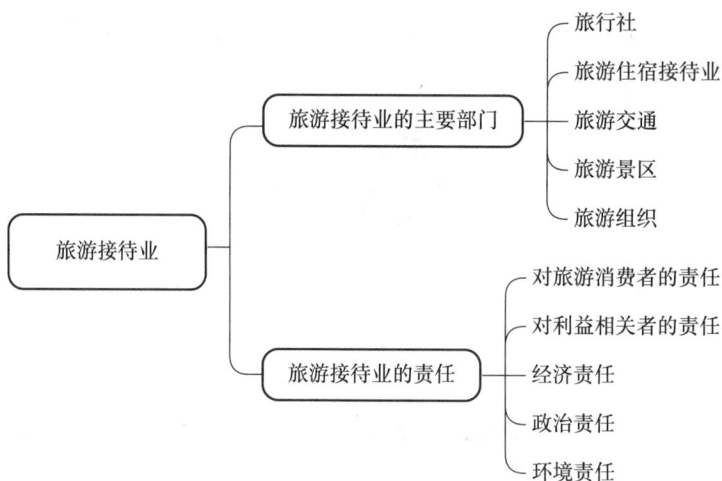

```
                                    ┌── 旅行社
                                    │
                    ┌─ 旅游接待业的主要部门 ─┼── 旅游住宿接待业
                    │               ├── 旅游交通
                    │               │
                    │               ├── 旅游景区
                    │               │
旅游接待业 ─────────┤               └── 旅游组织
                    │
                    │               ┌── 对旅游消费者的责任
                    │               │
                    └─ 旅游接待业的责任 ─┼── 对利益相关者的责任
                                    ├── 经济责任
                                    │
                                    ├── 政治责任
                                    │
                                    └── 环境责任
```

学习目标

知识目标：

掌握旅游接待业的含义、要素和功能；

理解旅游接待业的社会责任。

能力目标：

具备分析旅游接待业各部门业务、职责的能力。

素养目标

培养学生爱岗敬业、诚信友善的职业素养和职业道德。

　　长期以来，对旅游活动介体的界定有多种认识，有"旅游业""旅游产业""旅游行业"等，我国曾经有过"旅游事业"的说法。"事业"是指从事具有一定目标、规模和系统的经常活动。在20世纪60年代，我国把旅游部门的任务定位为服务外交工作的需要，旅游部门所开展的工作实为政治性接待。"旅游业"从词义上包含"旅游产业"和"旅游行业"的内涵。"产业"是指主要业务或产品大体相同的企业类别的总称。"行业"是指生产相同产品或提供同类服务的活动类别。按这样的定义，与旅游相关的部门，如旅行社、旅游酒店、旅游交通、旅游餐饮等并不提供同一种产品，也不以同类技术生产产品，每个企业、每个行业的产出与另一个企业行业明显不同，因此从宏观经济学的角度来讲，"旅游业"并不构成一个产业或行业的概念，使用"旅游接待业"的概念更能体现旅游活动介体的性质和特点。

第一节　旅游接待业概述

一、旅游接待业的含义

旅游接待业是基于满足旅游者的需求,为旅游活动创造便利条件,并提供所需商品和服务的行业和部门的集合体。

与早前旅游业的概念相比,使用旅游接待业这一概念性定义有两个特点:其一,所使用的界定依据是共同的服务对象,而非基于相同的产业或者相同的产品;其二,这一定义中用到的"集合体"的表述,意味着旅游接待业事实上是一个由多种行业和部门基于共同的服务对象而组成的一个综合体。因此,旅游接待业既是旅游企业类别的总称,又囊括了旅游活动类别,也是一项具有一定目标规模和系统的社会事业。

二、旅游接待业的内涵

从服务对象看,旅游接待业主要面向旅游者提供服务,这是旅游接待业的核心标志。一家餐馆如果只为当地人有偿地提供餐饮服务,那么它就不属于旅游接待业的范畴,然而一旦该餐馆接待了一位旅游者,那么它就实现了由生活接待向旅游接待的转变,也就成为旅游接待业的一部分。这意味着,旅游接待业与生活接待业在某种程度上是交融的。

从产业构成来看,即使是狭义的旅游接待业,其涉及的产业要素也十分广泛。旅游接待不是一项独立产业,其产业要素涵盖满足旅游者在旅游目的地旅游活动时所有需求的产业。特别是随着全域旅游时代的到来,旅游要素已经发生了深刻变革和拓展升级,由传统的要素——吃、住、行、游、购、娱,扩展为更为丰富的要素——吃、住、行、游、购、娱、商、养、学、闲、奇。旅游消费需求升级,必然带来旅游供给侧的升级,这意味着旅游接待业的产业范畴将更加复杂和多元。

从空间属性看,旅游接待具有鲜明的主客情景。旅游接待发生在旅游目的地地域范围内,这意味着旅游接待业同样应当位于旅游目的地范围内。即使在一些小区域的范围内,旅游目的地的空间较小,如旅游交通(航空、铁路)已经跨越了一个目的地的范围,是连接旅游客源地与旅游目的地的通道,也不处于旅游目的地范围内。但是对大尺度范围的旅游目的地来说,比如对国际旅游者来说,这些旅游交通线路始终位于其旅游目的地国境内,因此属于旅游接待业的范畴。

Note

三、旅游接待业的特点

（一）综合性

旅游接待业具有综合性的特点，这是由旅游者的消费特点决定的。旅游者的消费过程，虽然是其生活中的一个片段，但却几乎包括人类生活中涉及的全部内容。为满足游客在旅途中的吃、住、行、游、购、娱等多重需求，必然涉及国民经济中多个行业和部门、多种不同类型的企业为其提供服务，才能保证旅游者的整体需求得以满足。旅游接待业构成的复杂性和多样性也印证了其综合性的特点。

（二）服务性

旅游接待业是以出售劳务为特征的服务性行业，它向旅游者提供的产品是固定、有形的设施和无形的服务，使旅游者得到物质享受和精神满足，其中以无形的服务产品为主，有形设施是旅游接待业为旅游者提供服务的依托。旅游接待业的各个部门分散在旅游目的地的不同地点，以不同的方式，借助不同的服务载体向旅游者提供不同的服务。

（三）敏感性

旅游接待业作为一个综合性产业，容易受到多种内部和外部因素的影响。从内部条件来看，旅游接待业由众多企业和部门组成，旅游活动的顺利开展需要这些企业相互协调、通力合作，哪个环节出现问题，都会导致一系列的连锁反应，影响旅游企业的整体经济效益。此外，旅游接待业容易受到各种自然、政治、经济等外部因素的影响，如地震、流行疾病、政治动荡、战争、经济危机等，而这些因素往往是旅游接待业自身所不能控制的，有些因素带来的后果甚至是极其严重的。从这一意义上讲，旅游接待业的敏感性也是它的脆弱性。

四、旅游接待业的构成

旅游活动涉及面广泛，旅游者需求多种多样，围绕旅游者提供服务的旅游接待业包含了众多企业和组织。对于旅游接待业的构成，有以下几种常见看法。

根据联合国的《所有经济活动的国际标准产业分类》，旅游接待业主要由三部分构成，即旅行社、交通客运部门和以旅馆为代表的住宿业部门，属于这三个部门的企业也构成三种类型的旅游企业。在我国，通常将旅行社、旅游交通和酒店业称为旅游接待业的三大支柱。

英国学者维克托·弥尔顿认为，从旅游目的地的发展角度来看，旅游接待业主要是由五部分组成，包括接待住宿部门、游览场所经营部门、交通运输部门、旅行社部门和目的地旅游组织部门。之所以这样划分，是因为就一个目的地的旅游接待业而言，上述五个部门之间存在着共同的目标和联系,即通过吸引、招徕和接待外来旅游者,促进旅游目的地的经济发展。

从旅游服务企业与旅游者关系的角度,旅游接待业分为直接旅游企业、间接服务企业以及旅游行业管理部门三类。直接旅游企业是指其收入主要来自旅游者或有赖于旅游者的存在而生存的旅游企业,如旅行社、旅游酒店、旅游客运公司和旅游景区等。间接服务企业指那些虽然也为旅游者提供产品和服务,但其主要客户并非旅游者,旅游者的存在与否并不危及其生存的有关企业,如土特产商店、餐馆、游览娱乐场所等。旅游行业管理部门是指对旅游业实施领导和管理的机构,包括国家、省、市、县各级旅游行政主管机构,旅游行业协会和社团组织等。

结合旅游活动发展的现实性和旅游接待业的功能特点,本书将旅游接待业划分为五个主要部门:旅行社、住宿接待业、旅游交通、旅游景区、目的地旅游组织。各部门的介绍在第二节中进行详细说明。

五、旅游接待业的功能

企业是市场经济的主体,承担着生产、市场等功能;事业单位以提供公共服务、满足公共需求为基本作用。旅游接待业作为行业集合体,兼具企业和事业单位的类型,其作用和效能表现在以下几个方面。

(一)招徕功能

招徕功能指旅游接待业各构成部分通过运用市场手段、政策手段等,吸引旅游者前往旅游的效能。旅游接待业中的旅行社、酒店、旅游景区景点等企业,通过组织旅游服务产品,采取价格调控、渠道拓展、形象塑造、品牌建设等市场手段,搭建起连接旅游者和旅游目的地的桥梁,将旅游者吸引至旅游产品和服务的生产地。而旅游行政管理部门、行业协会等单位,则通过制定产业政策、财政政策,规划本国或本地区旅游接待业的发展方向与目标,明确旅游区的定位及发展政策,引导投资者进行投资,推动消费者积极消费,从而实现对旅游者的招徕作用。

(二)接待功能

旅游活动具有异地性特点,人们若要实现交流,就需要发生地理位移并占用一定空间。接待功能指的是旅游目的地的接待业对来访旅游者所开展的一系列迎接、接纳与款待行为。接待活动的开展需要依托异地的物资保障,这与交通方式、建筑设施及服务水平密切相关。其中,公共交通、目的地内部交通等协助旅游者实现空间位移;旅行社、酒店、景区景点以及社区管理部门为旅游者提供相应的空间作为接待场所。

(三)服务功能

旅游接待业的服务功能,是指在旅游者的旅行过程中提供的全方位支持与服务,涵盖了从行前规划到行程结束的各个环节。具体而言,包括特色餐饮、购物等便利服务;文化展示、特色活动等体验服务;旅游咨询、翻译导览等信息服务;安全保险、应急响应等保障服务;后勤支持、技术赋能等增值服务;以及投诉反馈、售后关怀等售后服务等。提供人性化、专业化、精细化的服务,是旅游接待业的核心,服务功能是旅游接待业的核心功能。

（四）溢出功能

旅游溢出是指旅游接待业发展产生的预期结果和外部性影响。具体表现在以增加旅游目的地收入,创造和维持大量工作岗位,促进区域发展、平衡地区经济为主要内容的经济溢出;以影响旅游目的地社会结构、价值观念、生活方式、习俗民风和文化特征等为代表的文化溢出;促进自然或人文环境的保护,或者改变某个纯洁的、原始的旅游目的地的生态溢出。旅游接待业的溢出功能大多是间接的,这也是很多国家和地区重视旅游接待业发展的根本原因。

第二节   旅游接待业的主要部门

一、旅行社

（一）旅行社的概念

旅行社是旅游接待业中发挥桥梁作用的部门。旅行社在不同的国家或地区有不同的含义。2009年颁布的《旅行社条例》规定:旅行社是指从事招徕、组织、接待旅游者等活动,为旅游者提供相关旅游服务,开展国内旅游业务、入境旅游业务或者出境旅游业务的企业法人。由此可知,在我国,凡是经营旅游业务的营利性企业,无论其所使用的具体名称是旅游公司、旅游服务公司、旅行服务公司、旅游咨询公司等还是其他称谓,都属于旅行社。

（二）旅行社的分类

1. 国外旅行社的分类

从旅行社业务经营的范围来看,目前国外旅行社主要有以下几种类型。

（1）旅游批发商。

旅游批发商（Tour Wholesaler）主要从事组织和批发包价旅游业务,一般不直接向公众销售旅游产品。它们以最低的价格大批量预订或购买酒店、交通部门、旅游景点等提供的产品和服务,然后根据旅游市场的需求将这些单项产品和服务组合成不同的包价旅游产品,最后交给旅游代理商在市场上进行销售。

（2）旅游经营商。

旅游经营商(Tour Operator)同旅游批发商一样,主要从事组织和批发包价旅游业务,但是在销售方式上有所区别：一方面,旅游销售商通过其他旅游代理商进行销售；另一方面,它们拥有自己的零售网络,可以通过这些网络将旅游产品直接销售给消费者。旅游批发商和旅游经营商一般实力雄厚,规模较大。

（3）旅游代理商。

旅游代理商又称旅游零售商(Tour Retailer),主要从事旅游产品的零售业务。它们从旅游批发商或旅游经营商那里购得包价旅游产品,然后零售给消费者；或者为顾客代理向酒店、航空公司、旅游景区等旅游产品供应商预订单项旅游产品；也可为消费者提供旅游咨询服务。一般而言,旅游代理商主要是进行代理销售,其收入主要来自销售中提取的佣金,经营风险相对较小。旅游代理商通常规模不大,但是分布却很广泛,遍布欧美城镇的大街小巷,他们与旅游者的接触频繁、沟通广泛,对旅游者购买行为的影响很大。

2. 我国旅行社的分类

我国旅行社的分类是在政府部门干预下进行的,按经营业务范围的变化经历了三个阶段。

第一阶段：1985—1996年。1985年颁布的《旅行社管理暂行条例》,将我国的旅行社分为三类：有海外组团权的一类社、无海外组团权而有国际旅游接待权的二类社以及只能经营国内旅行业务的三类旅行社。

第二阶段：1996—2009年。1996年颁布的《旅行社管理条例》,把我国旅行社分为国际旅行社和国内旅行社两种类型。国际旅行社的经营范围包括入境旅游业务、出境旅游业务和国内旅游业务；国内旅行社的经营范围仅限于国内旅游业务。

第三阶段：2009年至今。2009开始实施的《旅行社条例》,对我国旅行社的类别和经营范围进行了重新划分,明确自旅行社在取得经营许可之日起,可以经营国内旅游业务和入境旅游业务；旅行社取得经营许可满两年,且其间未因侵害旅游者合法权益受到行政机关罚款以上处罚的,可以申请经营出境旅游业务,出境旅游业务在获得国家旅游局批准后方可经营。同时,《旅行社条例》还将经营入境旅游业务所需的注册资本最低限额由150万元降至30万元,大大降低了入境旅游市场的准入门槛。《旅行社条例》的实施意味着凡是旅行社均可经营入境旅游业务,而且旅行社设分社将不再设置门槛。

（三）旅行社的作用

1. 旅游活动的组织者

旅行社在旅游经营者和旅游消费者之间起到了桥梁和纽带的作用。旅行社通过其中间服务,将与旅游者的旅游需求相关的各种服务要素进行设计和组合,形成相对完整的旅游产品,然后销售给旅游者,并保证各旅游企业之间的联系和衔接,使旅游活动能顺利进行。

2. 旅游产品的主要销售渠道

在现代大众旅游活动中,众多旅游产品供应商并不直接跟旅游者发生交易,而是通过旅行社代理销售。对各类旅游企业而言,利用旅行社的销售网络进行推广销售,能够增加产品销售量,降低经营风险。对旅游者而言,不需要同多个企业打交道,只要通过旅行社就能预订或购买到多种多样的旅游产品。因此,旅行社是旅游产品重要的销售渠道。

3. 沟通旅游信息的途径

一方面,在众多旅游企业中,旅行社最靠近客源市场,因此能够及时了解旅游客源市场的最新需求信息。旅行社在获得旅游需求信息以后,又及时将这些信息反馈给各类旅游企业,以便旅游企业根据市场需要调整产品供应。另一方面,旅行社利用与其他旅游企业保持密切联系的优势,将各类企业的最新产品信息及时传递到客源市场,为旅游者提供信息咨询服务,引导旅游者的消费行为。

(四) 旅行社的基本业务

旅行社的基本业务指的是旅行社在旅游者从产生旅游动机到旅游结束的全过程中,为其提供相应的服务。一般包括以下方面。

1. 旅游产品的设计与开发

旅游产品是旅行社赖以生存的基础,设计旅游线路是旅行社最基本的业务。旅行社的产品设计是否科学合理,能否满足旅游者的需求,将直接关系到旅行社的市场竞争能力,最终影响旅行社的生存与发展。

2. 旅游产品促销

促销业务是旅行社的重要业务之一。旅行社的旅游产品开发后,旅游产品的无形性所导致的不可转移性和不可储存性等特点,决定了旅游产品不可能以实物的方式进入市场,也决定了消费者在实际消费之前很难对其产品质量进行评价和鉴定。因此,对旅行社来说,旅游产品的促销活动非常重要。

3. 旅游产品销售

旅游产品销售是指旅行社通过一定的销售渠道将旅游产品推向市场,从而出售给旅游中间商或最终消费者的过程。产品的销售状况直接关系到旅游企业的生存和发展,只有完成销售过程,旅游产品才能实现价值和使用价值,旅行社才会取得利润。

4. 旅游产品采购

旅行社提供给旅游者的产品和服务,并不完全是旅行社自行生产的,大部分是旅行社向其他旅游企业采购旅游产品后,经过重新组合加工,再转售给消费者。由此可见采购业务作为旅行社的一项重要业务内容,直接关系到旅游产品的成本和质量。旅行社采购的产品涉及交通服务、住宿服务、餐饮服务、景点游览服务、娱乐服务、保险服务等。

5. 旅游接待

旅游者购买旅游产品后的消费过程就是旅行社依据销售承诺向旅游者提供旅游接待服务的过程。旅游接待过程是旅行社的直接生产过程,而旅游者往往通过旅游接待服务水平来衡量旅游产品质量。因此,可以说接待服务水平的高低将直接影响旅行社产品质量的好坏,反映出旅行社管理水平的高低,进而影响到旅行社的形象和声誉。旅游接待业务是旅行社的一项核心业务。

二、旅游住宿接待业

住宿接待业是旅游接待业中的主体,以酒店为典型代表,也被称为旅游接待业的三大支柱之一。旅游者外出的过程中,30％以上的时间是在酒店内度过的。除住宿服务以外,酒店还为旅游者提供餐饮、娱乐和购物等多项服务,因此酒店也被称为旅游者的"家外之家"。

(一) 酒店业的沿革

世界旅游活动历史悠久,与旅游活动密切相关的酒店业也是源远流长,酒店业的发展经历了四个历史时期,分别是客栈时期、大酒店时期、商业酒店时期和新型酒店时期。

1. 客栈时期

客栈时期是指18世纪末以前以客栈为主要住宿接待设施的时期。在古代,客栈是指专门为来来往往的客商提供食宿的场所,一般坐落在重要城镇和交通要道旁边。早期的客栈大都以家庭经营为主,规模普遍较小,设施设备简陋。15世纪时,较大规模的客栈已拥有20—40间客房,部分客栈还配备了食品间、厨房、酒窖等其他设施。有些客栈还带有现代酒店的影子,如建有供客人休闲散步的花园草地,供客人聚会娱乐的舞厅和宴会厅等。

2. 大酒店时期

18世纪末到19世纪末是酒店业发展过程中的大酒店时期。在此时期,由于经济发展、社会进步,以及火车等交通工具的出现,人口的流动性增大,对住宿接待业的需求也增大,酒店业逐渐由客栈时期向大酒店时期过渡。

此时期的大酒店,规模宏大、设施豪华、价格昂贵,主要满足贵族、官僚等上流人士的需要,如巴黎的卢浮宫大酒店、纽约的广场酒店、波士顿的特里蒙特酒店等,这些酒店确立了酒店业的标准,开创了现代酒店业的先河。大酒店时期的代表人物是瑞士人凯撒·里兹,他提出的口号"客人永远不会错的"和"不惜代价,尽其所能使客人满意",至今仍在酒店业广为流传。

3. 商业酒店时期

商业酒店时期出现在20世纪初期,代表人物是美国酒店大王斯塔特勒,他提出"提供普通民众能付得起费用的世界第一流的服务"的经营目标,为顾客提供舒适、方便、清洁、安全和低价的酒店产品。他开办的斯塔特勒酒店,服务对象主要为商务旅行者,每个房间都带有浴室,这在当时是前所未有的,受到了顾客的欢迎。斯塔特勒在经营过程中,强调科学化管理,讲究营销艺术,注重服务水平,提供标准化服务,这一系列革新举措,使他的酒店受到广大商务旅行者的青睐,同时也推动了商务酒店的发展。

4. 现代新型酒店时期

第二次世界大战后,随着世界各国经济开始复苏和繁荣,交通工具不断革新,人口迅速增长,人们收入水平提高,旅游业开始蓬勃发展,促使酒店业进入一个迅速发展的阶段,这个阶段被称为现代新型酒店时期。在此时期,酒店业出现一些新的特点:酒店类型趋于多样化,各具特色的酒店纷纷抢占市场;酒店设施不断完善,酒店服务产品朝着多功能化方向发展,以适应顾客多层次的要求;酒店经营步入集团化,出现了一些大型酒店集团;酒店管理手段日益科学化,大量现代科学技术广泛用于酒店业。

（二）酒店业对旅游业的作用

1. 酒店是旅游者进行旅游活动的重要基地

酒店除了为旅游者提供住宿和餐饮服务外,还为其提供购物、娱乐、商务、外币兑换等各项服务。可以说,旅游者在旅游目的地的所有活动,基本上都是以酒店为基地进行的,除了参观游览和旅途生活外,其他大部分活动都是在酒店开展的。因此,酒店业也是旅游业发展的重要支柱之一。

2. 酒店业是创造旅游收入的重要部门

据统计,酒店业的收入一般占当地旅游业总收入的一半以上,酒店业的发展水平更是衡量旅游目的地国家或地区旅游业发展水平的重要标志。在不少国家或地区,外国旅游者在酒店进行消费时,可以直接使用外币支付,这样就为该国带来了大量的外汇收入。

3. 酒店业为社会提供直接和间接就业机会

酒店业的兴起和发展为社会提供了大量的就业机会,吸纳了大量的劳动人口。酒店业属于劳动密集型行业,需要大量的管理人员和服务人员。根据我国酒店业的人员配备现状,酒店每增加一间房间,就可以为社会提供1.5—2个直接就业机会。此外,酒店的建设还带动了为其提供物质支持的建筑业、装饰装修业、食品加工业、纺织业、公共事业单位等多个行业或部门的发展,进而促使产生大批的就业岗位。据统计,酒店业每增加1间客房,就可为社会提供2—5个间接就业机会。

4. 酒店是经济交流和社会交往的重要场所

现代酒店的服务对象越来越广泛,不仅局限于外地旅游者,还扩大到政府机构、企事业单位、社会团体等组织和部门,酒店为它们提供了洽谈贸易、举行会议、举办庆典等活动的场所以及相关服务。此外,酒店还成为当地居民进行社交活动的理想场所,利用酒店的服务设施和场地开展交友、聚会、婚宴等活动。

(三)酒店的类型

酒店的类型复杂繁多,其分类也没有统一的标准,按照不同的划分标准,酒店的种类也有所区别。国际上常见的划分方式有以下几种。

1. 按客源市场划分

按客源市场,可以分为商务型酒店、度假型酒店、会议型酒店、长住型酒店、汽车旅馆、青年旅舍等。

2. 按计价方式划分

按计价方式,可以分为欧式计价酒店、美式计价酒店、修正美式计价酒店、大陆式计价酒店和百慕大计价酒店等。

3. 按酒店规模大小划分

按酒店规模大小,可以分为大型酒店、中型酒店和小型酒店。对于酒店的规模大小,国际上没有统一的标准,一般是以酒店的客房数量、占地规模、销售额和纯利润为标准进行衡量。目前国际上较为普遍的方法是按照客房数量来划分:大型酒店客房数为600间以上,中型酒店客房数为300—600间,小型酒店客房数为300间以下。

4. 按隶属关系划分

按隶属关系,可以分为独立经营酒店和集团经营酒店。独立经营酒店,又称单体酒店,指独立经营的个体酒店。集团经营酒店,是指酒店集团以不同形式经营管理的酒店。

5. 按酒店的等级划分

酒店等级制度是指根据一家酒店的环境条件、装潢布置、设备设施水平、服务范围、服务质量和管理水平等方面划分等级的制度。通过这种方式,客人能够在选择入住酒店之前,对酒店的设施和服务情况有一定的了解,以便有目的地选择适合自己的酒店。等级制度可以保证向顾客提供与其所支付价格相符的酒店服务,从而保护顾客的权益。

目前世界上有数十种酒店等级制度,有的由各国政府部门制定,有的由各地酒店协会或相关协会制定。由于世界各国酒店业的发达程度和出发点不同,各种等级制度所采用的标准也有所区别。

Note

知识活页

我国旅游饭店星级的评定标准

中华人民共和国国家标准《旅游饭店星级的划分与评定》（GB/T 14308-2023）由国家市场监督管理总局、国家标准化管理委员会，于2023年11月27日发布，2024年3月1日起实施，代替了原国家标准GB/T 14308-2010，此次为第四次修订。该文件正文共11个章节，规定了旅游饭店星级的标志、基本要求、安全管理、服务质量管理、公共卫生管理、运营管理及划分条件与评定办法等要求，适用于正式营业的旅游饭店。

星级酒店是由国家（省级）旅游局评定的能够以夜为时间单位向旅游客人提供配有餐饮及相关服务的住宿设施，按不同习惯它也被称为宾馆、酒店、旅馆、旅社、宾舍、度假村、俱乐部、大厦、中心等。是要达到一定的条件一定规模的。所取得的星级表明该饭店所有建筑物、设施设备及服务项目均处于同一水准。

根据《中华人民共和国星级酒店评定标准》，酒店等级标准以星级划分，分为一星级到五星级5个标准。星级以镀金五角星为符号，用一颗五角星表示一星级，两颗五角星表示二星级，三颗五角星表示三星级，四颗五角星表示四星级，五颗五角星表示五星级，五颗白金五角星表示白金五星级。最低为一星级，最高为白金五星级。星级越高，表示旅游饭店的档次越高。

基本要求：应坚持社会主义核心价值观，诚信经营；应符合治安、消防、卫生、环境保护、安全等有关要求；应坚持新发展理念，落实低碳节能、绿色环保、制止餐饮浪费、垃圾分类、塑料污水治理等相关要求；应坚持文旅深度融合发展，弘扬优秀文化，发挥文化传播窗口作用；应按要求向文化和旅游行政主管部门报送统计调查资料，根据规定向相关部门上报突发事件等信息；饭店内所有区域应达到同一星级的运营规范和管理要求；饭店评定星级时不应因某一区域所有权或经营权的分离，或因为建筑物的分隔而区别对待；饭店开业一年后可申请评定星级，经相应星级评定机构评定合格后取得星级标志，有效期为5年。

安全管理：应取得必要的安全许可证；应确保各类设施设备安全有效地运行，并定期对设施设备进行检修、保养；应建立并执行安全管理制度。应符合食品安全有关要求；饭店提供的文字、讲解、电视频道、图片、音像等服务以及宣传资料应符合国家有关要求；应制定突发事件（包括火灾、自然灾害、饭店建筑物和设施设备事故、食品安全事件、社会治安事件、公关和舆情危机等）处置的应急预案，并定期演练；应保护宾客信息及隐私安全。

服务质量管理：员工应遵守职业道德和规章制度；员工应遵守服务规范，

执行操作程序;员工对客服务应礼貌、亲切、热情、友好;应关注宾客需求,重视宾客体验;应为残障人士提供必要的服务。

公共卫生管理:应定期消毒和消杀;应设立必要的消毒间;员工应持有效健康证上岗;应建立完善的卫生安全检查制度并有效落实;应制定突发公共卫生事件应急预案。

运营管理:应有员工手册;应有服务规范、管理规范和操作程序等规章制度,并适时更新;应有完善的员工培训体系,员工应知晓本岗位工作要求,并掌握相关技能。

星级的划分条件与评定办法:各星级旅游饭店应具备的硬件设施和服务项目,按照必备项目检查表的要求执行,评定检查时逐项确定,达标后依据设施设备及其他项目评分表和饭店运营质量评价表打分。

其他:饭店取得星级标志每满5年后应进行评定性复核,评定性复核未达到相应星级标准的要求,按规定给予限期整改或取消星级处理。如出现以下情况的将给予限期整改或取消星级处理:发生重大违法违规事件;出现卫生、消防、安全、环境保护等重大责任事故;发生重大有效投诉或造成严重社会负面影响;运营管理达不到相应星级标准的要求。

(四)现代酒店经营特点

1.酒店类型趋于多样化

为了在激烈的市场竞争中立足和发展,很多酒店试图通过提供个性化服务、开发差异化产品来吸引客源,迎合不同消费群体的需求,于是各类特色鲜明的主题酒店应运而生。如为各种会议展览提供服务的会议型酒店,为长期居住的客人提供家居式服务的长住型酒店,为自驾旅游者提供服务的汽车旅馆,以及满足旅游者各种特殊需求的酒店,如温泉酒店、乡村酒店、海滨酒店、森林酒店和卡通主题酒店等。

2.酒店服务产品多功能化

现代酒店为满足顾客多层次要求,打破传统的酒店格局,不断完善内部设施,提供的服务产品日益多功能化。如在客房内部配有宽带网络系统、卫星电视、保险柜、迷你餐吧等,酒店内设有恒温泳池、健身房、台球室、网球场、酒吧、咖啡厅、宴会厅、会议厅等,提供客房送餐服务、商务秘书服务、会议翻译服务等。在提供食宿服务的同时,酒店还满足了顾客对娱乐、保健、休闲、购物、商务等诸多方面的需求,并且成为人们进行社交、会议、展览和演出等活动的重要场所。

3.酒店经营管理集团化

随着酒店业竞争的加剧,酒店经营者意识到单体酒店在竞争中面临越来越多的困难,只有扩大规模、联合经营才能找到出路,于是酒店集团应运而生,并且从发达国家逐渐扩展到发展中国家。酒店经营管理集团化已经成为世界酒店业的发展趋势,受到人们的普遍重视。

4.酒店管理手段日益科学化

随着酒店数量的急剧增加,酒店业的竞争日趋激烈,许多酒店为了提高服务效率,提升市场占有率,纷纷引进一些先进的科技手段。如在信息咨询、客房预订、费用结算、意见反馈、信息整理电脑等方面采用计算机系统管理;利用互联网进行宣传、营销;为会议室配置多媒体信息系统、同声传译设备、可视电话等先进设备。

三、旅游交通

（一）旅游交通的定义

旅游交通(Tourist Communications)是服务于旅游活动的交通运输方式,是指为旅游者在常住地与旅游目的地以及旅游目的地内部,提供所需要的空间移动及由此产生的各种现象与关系的总称。

旅游交通是联系旅游客源地和旅游目的地的重要物质纽带,旅游交通的发达程度直接影响到旅游业的发展水平,旅游交通服务的完善程度也是旅游活动评价的主要项目之一。旅游交通与旅行社、酒店业共同构成了旅游业的三大支柱。

（二）旅游交通的构成

旅游交通的构成与公共交通一样,由旅游交通线路、旅游交通运载工具、旅游交通站点三个“硬件”与旅游交通管理“软件”系统组成。

1.旅游交通线路

旅游交通线路是供旅游交通工具行驶的载体,如公路、铁路、索道、运河、河流、湖泊、海上航线、航空航线等。这些线路有的是人工修建的,有的是利用天然航道经过人工加工后形成的,有的则完全利用天然航道。

2.旅游交通运载工具

旅游交通运载工具包括现代旅游交通运载工具、传统旅游交通运载工具和特殊旅游交通运载工具。现代旅游交通运载工具包括民用飞机、火车、地铁、电车、汽车、轮船等;传统旅游交通运载工具包括自行车、人力车、马车、帆船、雪橇、滑竿、轿子等;特殊旅游交通运载工具包括汽艇、滑翔机、索道、缆车等。

3.旅游交通站点及辅助设施

旅游交通站点是指旅游交通工具的停靠点,如机场、火车站、汽车站和码头等;其他辅助设施如导航灯等。

4.旅游交通管理系统

旅游交通管理系统是计划、指挥、调度和监控交通运输的系统,包括由管理者、信息通信系统、制度规范等组成的有机联系的整体。

（三）现代旅游交通的类型

旅游交通运输方式很多,其中铁路运输、公路运输、航空运输、水路运输是四种基本的运输方式。此外,还有特种旅游交通,这些交通运输形式各有特点。

1. 铁路运输

火车曾是人们外出旅游的主要交通工具,铁路运输对近代旅游业的发展做出了重要贡献,在提供旅游交通方面发挥了主要作用。在中国,铁路运输至今仍是国内旅游的主要旅行方式。铁路交通包括高速列车、游览列车、地下铁路列车、轻轨列车等形式。

铁路运输具有运输能力大、载客多、时间准、人均耗能少、长途运输成本低、受季节和气候影响小、安全性高等优点。但是,铁路运输投资大,短途运输成本高,灵活性差。

2. 公路运输

公路运输比水上运输和铁路运输起步晚,却是发展最快、应用最广、地位日趋重要的中短途旅客运输方式。乘汽车外出旅游包括私人小汽车和公共客运汽车或长途公共汽车两种。公路汽车运输具有行驶自由、独立性强、灵活、可以任意选择旅游地点、能实现"门对门"运送等优点,但也存在运载量小、安全性能差、长途运输速度不快、人均耗能多、环境污染大、受气候变化影响大等缺点,一般适合于短途旅游。

3. 航空运输

航空运输是几种主要运输方式中出现最晚的,但却以其速度快、距离远、乘坐舒适和安全性能高等优点受到旅游者青睐,尤其广泛使用于洲际旅游、国际旅游等中长距离旅游中。但航空运输也存在运费高、噪声大、运载量小、受天气状况制约等缺点。

4. 水路运输

水路运输包括内河运输和海洋运输两种形式,是一种历史悠久的运输方式。水运交通方式与其他交通方式相比,具有投资少、运载能力强、安全性能较好、乘坐较舒适、票价低廉等优点;但也存在速度慢、灵活性差、在港停泊时间长、受航道条件影响大等缺点。20世纪50年代以后,随着其他运输方式的兴起,水路运输在旅游业中的地位逐渐下降。当然,经过不断的技术改造,水路运输在世界的一些区域仍然占有重要地位,特别是豪华游轮一直受到旅游者的欢迎。

5. 特种旅游交通

特种旅游交通,是指除上述常用的交通方式外,为满足旅游者某些特殊需求而产生的交通运输方式,如热气球、缆车、竹筏、羊皮筏、自行车、马车、轿子、雪橇等。这些交通方式往往体现出旅游目的地独特的风俗文化,且具有参与性、娱乐性的特点,受到旅游者的广泛欢迎。

（四）旅游交通在旅游业中的作用

1.旅游交通是实现旅游活动的前提条件

旅游业服务的对象是旅游者，而旅游者大多来自旅游目的地以外的客源地，要完成从客源地到目的地的空间转移，必须借助一定的交通工具。因此，旅游活动的实现，首先必须解决交通工具的问题。旅游业发展的历程也印证了这一点，交通工具的更新换代、交通条件的日益改善为旅游活动的顺利开展提供了有利条件，也为旅游业的发展奠定了基础。

2.旅游交通是旅游目的地发展的重要保障

旅游目的地在发展过程中首先要解决的问题是提高旅游目的地的可进入性，即提高旅游者进入旅游目的地的畅通和便利程度。只有旅游者来访参观，旅游资源和服务设施才能发挥作用、创造效益。发展旅游交通，就是要实现旅游者"进得来、散得开、出得去"的目标。实践证明，旅游交通条件完善、旅游资源丰富的地区，旅游业往往得到较快的发展，旅游人数逐年增加。相反，在一些旅游交通欠发达或不发达地区，即使拥有丰富、独特的旅游资源，旅游者也难以到达，更谈不上旅游活动的顺利开展了。

3.旅游交通是旅游收入的重要来源

旅游交通的费用是旅游者必须支付的费用，属于基础性旅游消费，占整个旅游开支的较大比重，也是旅游业收入的重要来源之一。旅游交通费用的多少跟旅行距离的长短和交通工具的选择密切相关，旅行距离越长，选择的交通工具现代化程度越高，旅游交通的费用开支就越多，占整个旅游支出的比重也就越大。据统计，旅游交通费用一般占旅游者总支出的20％—40％，而在远距离的国际旅游中，这个比重则更大，如欧美来华的旅游者往返交通费要占到全部旅游费用的一半以上。

4.旅游交通丰富了旅游活动的内容

旅游交通工具发展到今天，已不仅仅是人们解决旅游活动中空间转移问题的一种手段或途径，很多情况下旅游者乘坐交通工具本身就是享受旅行的过程，是一种旅游体验或经历。旅游交通工具的多种多样，一定程度上丰富了旅游活动的内容。如乘坐豪华邮轮进行海上巡游，乘坐热气球在空中飞行，乘坐竹筏进行漂流，驾驶摩托车自助旅游，骑骆驼穿越沙漠等，这些方式或是充满着冒险挑战的意味，或是表现出浓郁的地方色彩和民族特色，对旅游者具有极强的吸引力。

四、旅游景区

旅游景区，是旅游目的地的重要组成要素，也是旅游接待业的重要组成部分，是旅游者参观游览的目的地，是旅游吸引力的本源，是促使旅游者产生旅游动机并做出旅游决策的关键因素。

（一）旅游景区概念

对于旅游景区的概念,不同的学者有不同的表述。一般而言,旅游景区是一个由一定数量的旅游资源和旅游设施构成,可供人们前来休闲、娱乐、游览、观光和度假的专门场所,该场所必须有明确的空间界线和统一的组织管理。作为旅游业的重要组成部分,旅游景区必须由某一企业或部门对其进行统一的组织和管理;必须有明确的界线同外界相隔,这里的界线可以是围墙、栅栏或是某种自然条件形成的边界,从而形成空间范围确定的经营服务场所。此外,通过设立固定的出入口,使人们不能随意出入,从而达到有效管理旅游景区的目的。

（二）旅游景区的种类

1. 按旅游景区资源类型划分

按资源类型,旅游景区可分为自然类旅游景区、历史文化类旅游景区和人工型旅游景区。自然类旅游景区包括山、河、湖、海等自然风景区、自然保护区、森林公园等,如世界自然遗产九寨沟、黄龙、武陵源、三江源等;历史文化类旅游景区是人类社会经济发展的产物,如世界文化遗产长城、颐和园、秦始皇陵及兵马俑、澳门历史城区等;人工型旅游景区主要是指主题公园,如上海迪斯尼度假区、深圳锦绣中华和世界之窗等。

2. 按旅游景区功能和用途划分

按照功能和用途,旅游景区可分为开发型旅游景区和遗产型旅游景区。开发型旅游景区如主题公园、旅游度假区等,主要突出其经济功能。遗产型旅游景区如风景名胜区、自然保护区、文物保护单位、森林公园、地质公园、历史文化名城/镇/村/街等,主要突出其保护功能。

3. 按旅游景区形成的原因划分

美国学者查尔斯·R.戈尔德耐、J.R.布仑特·里奇、罗伯特·W.麦金托什所著的《旅游业教程:旅游业原理、方法和实践(第八版)》一书中,根据形成原因将景区划分为文化、自然、节庆、游憩和娱乐五种类型,这种分类法被人们称为景区类型的"五分法"

4. 按景区等级划分

按景区等级,旅游景区可以划分为世界级旅游景区、国家级旅游景区、省级旅游景区和地市旅游景区等。

2003年,国家旅游局制定和颁布了《旅游景区质量等级的划分与评定》(GB/T 17775—2003),将我国旅游景区质量等级划分为从高到低依次为 AAAAA、AAAA、AAA、AA、A 级旅游景区。

Note

教学互动

　　熟悉《旅游景区质量等级划分》(GB/T 17775—2024)的具体内容,并收集整理当地5A级旅游景区资料。

(三)旅游景区的作用

1.旅游景区是旅游接待业发展的基础

　　人们之所以前往某地旅游,根本原因是受到当地旅游资源的吸引,旅游资源越丰富、越独特,就越能吸引旅游者前往游览。旅游景区作为当地旅游资源精华的集中地,在整个旅游接待业发展中的作用也尤为关键。旅游景区开发、服务及管理的优劣,往往影响到区域旅游业发展的好坏,尤其在区域旅游客源市场的拓展过程中,依托旅游景区不断推出新的旅游产品,往往会成为提高旅游产品竞争力和吸引力的关键因素。

2.旅游景区促进目的地经济发展

　　旅游景区通过收取门票和提供接待服务,创造了大量的旅游收入,在为旅游企业带来经济收益的同时,增加了地方政府的财税收入,提高了当地百姓的收入水平和生活水平。此外,旅游景区的建设必然带动当地建筑业、交通业、商业、通信业等相关行业的发展,促进目的地的劳动就业,促进目的地经济的发展。

3.旅游景区是塑造旅游业形象的窗口

　　旅游景区是旅游目的地形象的代表,是城市的名片。旅游者在旅游目的地的活动,主要是围绕旅游景区进行的,因此景区形象的好坏往往直接影响到旅游者对当地形象的评价,影响到旅游者对旅游目的地的满意程度。一个高品质的旅游景区,对当地旅游业的发展乃至整个地区社会经济的发展,会起到积极的推动作用。

(四)旅游景区管理与服务的内容

　　旅游景区地位与作用的实现,有赖于景区为旅游者提供相关的产品或服务,这些产品或服务又来源于吸引物对旅游者的吸引力,即景区的资源与景区开展的相关旅游活动,而整个经营服务过程中自始至终贯穿着管理活动。从资源的保护与开发、活动的策划与开展、产品与服务的提供乃至旅游者行为规范都要有相关的管理活动,以保证经营目标的实现。旅游景区管理涉及多个层面,包括管理主体、管理客体、管理内容和管理环节。

　　景区管理主体是景区所有权、管理权、经营权的所有者,对应的是各级政府和景区经营主体,其管理服务涉及管理理念、管理体制、经营机制、经营权转让等内容。

　　景区管理客体包括人与资源。作为管理对象的人包括与景区相关的一切人员,主要是旅游者、当地居民、景区员工。景区资源则可以细分为景区旅游资源、土地资源、财务资源、信息资源、环境资源乃至节事活动等,涉及的具体内容包括景区旅游资源管理、景区土地资源管理、景区环境管理、景区游客引导与管理、景区旅游客流量管理、居民与景区关系管理、景区财务资源管理、景区信息资源管理等。

从涉及的环节看,景区管理可以细化为经营活动、人、财、物、设施、安全、标准化、信息管理等方面,具体内容包括景区经营行为、景区治理模式、景区人力资源管理、景区财务管理、景区接待服务设施管理、景区安全管理、景区标准化管理、景区信息管理等。

五、旅游组织

（一）旅游组织的概念

旅游组织是为了加强对旅游行业的引导和管理,促进旅游业的健康发展而建立的具有管理、协调等职能的专门机构。它具有以下特征:依据相关的注册或批准成立,有相对稳定的组成成员,有相对独立的章程、组织机构、行为目标和活动经费,以自己的名义从事各种与旅游有关的活动。

旅游组织有广义和狭义之分。广义的旅游组织通常包括:旅游行政组织,如中华人民共和国文化和旅游部;旅游行业组织,如中国旅游协会(CTA);旅游民间组织,如世界旅行社协会联合会(UFTAA);旅游科学研究组织,如国际旅游科学专家协会(IASET)等。狭义的旅游组织通常仅指旅游行政组织、旅游行业组织。

（二）旅游行政组织

1.旅游行政组织的定义及设立形式

按照联合国旅游组织(WTO)的解释,旅游行政组织泛指一个国家中为中央政府所承认,负责管理全国旅游行政事务的机构。一个国家中的最高旅游行政管理机构通常代表该国的国家旅游组织。

根据这一定义,在任何一个国家中,凡是为中央政府所认可,负责对全国旅游行政事务行使管理职能的机构或实体,皆可作为该国的国家旅游组织。这意味着,国家旅游组织的设置既可以是政府机构,也可能不是政府机构。

2.旅游行政组织设立的形式

综观世界各国的情况,旅游行政组织的设置形式大致分为三类:

（1）由国家政府直接设立,并在编制上设为国家政府的一个部门。在不同的国家中,以这类形式设置的国家旅游组织又可区分为以下几种情况:①单设为旅游部或相当于部级的旅游局;②设为一个混成部,如意大利的旅游与娱乐部、葡萄牙的商务与旅游部、斯里兰卡的旅游与民航部、我国的文化和旅游部;③设为某一行政部的下辖机构,如日本在交通省下设观光局、韩国在交通部下设旅游发展局、匈牙利在商业部下设国家旅游发展局等。

（2）经国家政府承认，代表国家政府执行全国旅游行政工作的半官方组织。以这种形式设立的国家旅游组织多见于西欧一些国家。在这些国家中，虽然有关国家旅游事务的重大政策是由该国政府中的某个职能部制定，但是该职能部门并不承担具体的旅游行政管理工作，因而往往会另设一个法定组织执行全国性的旅游行政事务。英国、爱尔兰、瑞典、挪威、丹麦和芬兰等国的国家旅游局都属于这种法定组织。此外，加拿大旅游局（Canadian Tourism Commission）以及澳大利亚旅游局（Tourism Australia）也都是这种法定组织。

（3）经国家政府承认，代表国家政府行使旅游行政管理职能的民间组织。这种设置形式的国家旅游组织多是由民间自发成立、有着广泛影响力的全国性旅游协会。国家政府同意由该组织代行旅游行政职权后，通常会向其提供一定的财政拨款。虽然该组织承担国家旅游组织的角色，但其主要领导人并非由政府指定，而是由该组织的会员选举产生。德国和新加坡的国家旅游组织都是由这种民间组织兼任。

3. 旅游行政组织的基本职能

就大多数国家的情况而言，旅游行政组织的基本职能一般包括：

（1）组织国家旅游政策的实施；

（2）海外推广，包括在主要国际客源地设立旅游办事处；

（3）确定需要由国家重点支持的旅游开发地区，并负责由国家财政资助的旅游开发项目的审批及其开发工作的监督与控制；

（4）就推进旅游业发展方面的有关配合问题，同其他相关政府部门进行协调；

（5）旅游调研与统计，特别是分析和预测未来的市场需求；

（6）在与旅游相关的外交事务中代表本国政府；

（7）支持和参与旅游业人力资源的开发，即支持和组织旅游教育与培训，以满足旅游接待业发展对专业人才的需求。

（三）旅游行业组织

1. 旅游行业组织的含义

旅游行业组织是指为加强行业间及旅游行业内部的沟通与协作，实现行业自律，保护消费者权益，同时促进旅游行业及行业内部各单位的发展而形成的各类组织。旅游组织通常是非官方组织，各成员实行自愿加入的原则，行业组织所制定的规章、制度和章程对于非会员单位不具有约束力。旅游行业组织是对政府官方旅游行政管理机构的补充，在旅游行业管理中发挥着重要作用。

2. 旅游行业组织的类型

旅游行业组织的形式也是复杂多样的，有许多不同的划分方式。

按照地域范围，旅游行业组织可分为国际性旅游行业组织（如联合国旅游组织，简称 UN Tourism)、区域性旅游行业组织(如亚太旅行协会,简称 PATA)、全国性旅游行业组织(如中国旅游协会,简称 CTA)和地方性旅游行业组织(如北京市旅游行业协会)。

按照行业组织的性质,可分为官方旅游行业组织(如联合国旅游组织,UN Tourism)和非官方旅游行业组织(如国际旅游学会,简称 IAT)。

按照运营模式,可分为盈利性旅游行业组织(如世界旅行与旅游理事会,简称 WTTC)和非营利性旅游行业组织(如国际旅游科学院,简称 IAST)。

按照职能范围,可分为政治与经济性旅游行业组织(如欧洲旅游委员会,简称 BTC)、科研性旅游行业组织(如国际旅游科学专家协会,简称 AIEST)及业务专业化旅游行业组织(如世界旅行社协会联合会,简称 UFTAA)。

3. 旅游行业组织的职能

总的来说,旅游行业组织具有服务和管理两种职能。但需要指出的是,行业组织的管理职能不同于政府旅游管理机构的职能,它不带有任何行政指令性和法规性,其有效性取决于行业组织本身的权威性和凝聚力。具体而言,旅游行业组织具有以下基本职能。

(1)作为行业代表,与政府机构或其他行业组织商谈有关事宜。

(2)加强成员间的信息沟通,通过出版刊物等手段,定期发布行业发展的有关统计分析资料。

(3)开展联合促销和市场开拓活动。

(4)组织专业研讨会,为行业成员举办培训班和提供专业咨询服务。

(5)制定成员共同遵循的经营标准、行规会约,并据此进行仲裁与调解。

(6)对行业的经营管理和发展问题进行调查研究,并采取相应措施加以解决。

(7)禁止行业内部的不正当竞争。

4. 世界旅游行业组织

联合国旅游组织(UN Tourism)是联合国下属的专门旅游机构,其宗旨是促进和发展旅游事业,使之有利于经济发展、国际相互了解,以及和平与繁荣。总部设在西班牙马德里。联合国旅游组织的组织机构包括全体大会、执行委员会、秘书处及地区委员会。组织成员分为正式成员(主权国家政府旅游部门)、联系成员(无外交实权的领地)和附属成员(直接从事旅游业或与旅游业有关的组织、企业和机构)。组织出版刊物有《旅游发展报告(政策与趋势)》《旅游统计年鉴》《旅游统计手册》和《旅游及旅游动态》。联合国旅游组织确定每年的 9 月 27 日为世界旅游日。为不断向全世界普及旅游理念,形成良好的旅游发展环境,促进世界旅游业的不断发展,该组织每年都推出一个世界旅游日的主题口号。

5. 我国的旅游行业组织

中国旅游协会是我国旅游行业组织的代表,其英文名称 China Tourism Association

（CTA）。中国旅游协会是由中国旅游行业的有关社团组织和企事业单位在平等自愿基础上组成的全国综合性旅游行业协会，具有独立的社团法人资格。它是1986年1月30日经国务院批准正式宣布成立的第一个旅游全行业组织，1999年3月24日经民政部核准重新登记。协会接受文化和旅游部的领导、民政部的业务指导和监督管理。中国旅游协会的最高权力机构是会员代表大会，会员为团体会员，下设旅游教育分会、妇女旅游委员会、旅游商品及装备分会等十余个分支机构。

第三节　旅游接待业的责任

旅游接待业的责任，也称旅游接待业的社会责任，指旅游接待业在生产运营过程中应履行的职责与义务，是旅游接待业存在的价值与意义。

旅游接待业的社会责任不同于制造业的社会责任。现有的制造业企业社会责任研究，多采用阿奇·卡罗尔（Archie B. Carroll）的社会责任金字塔结构研究企业的经济、法律、伦理以及慈善等社会责任。旅游接待业社会责任有其自身的独特性，主要体现在：第一，旅游资源具有社会公益性，现存旅游资源无论是自然的还是人文的，大多属于自然遗存或历史创造，是人类社会的共同财富，具有典型的公共物品属性；第二，旅游产品具有个人体验性，旅游消费者体验质量的高低不仅取决于旅游目的地的景观、设施、服务，还与目的地的社会环境、好客氛围等因素密切相关，旅游体验是一种综合的身心感受；第三，旅游目的在于追求幸福感，与其他社会行为不同，当代旅游发展的目的着眼于人类幸福感、人民获得感。旅游接待业的发展属性从产业属性转变为产业与事业相结合的属性。

借鉴已有的旅游企业社会责任研究成果，旅游接待业社会责任可归纳为对旅游消费者的责任、对利益相关者的责任、经济责任、政治责任、环境责任五方面内容。

一、对旅游消费者的责任

为旅游消费者提供高质量的旅游产品，不断满足旅游消费者对幸福生活的需求是旅游接待业的核心责任。将对旅游消费者的责任放在发展的首位是旅游行业与其他行业的本质区别。旅游消费者需求是产生旅游行为并引起旅游接待活动的前提，无论是旅行社、酒店等旅游企业，还是各级行政管理部门和各类行业组织，如果对旅游者的需求、行为了解不深、研究不透，其所谓的产品、服务就属于无效供给，是对社会财富的极大浪费。因此，对旅游消费者的责任的重视要求旅游行业必须注重提升旅游体验质量，提供差异化服务。

二、对利益相关者的责任

对利益相关者的责任是旅游接待业的延伸责任。这里的利益相关者主要指与旅游行业密切相关的其他利益相关者,包括旅游企业员工、旅游社区居民、旅游关联企业。对旅游企业员工的责任要求旅游行业尊重员工、信任员工,为员工建立完善的福利体系,强化员工技能培训,关心员工的安全保障。对旅游社区的责任要求旅游行业开展爱心公益活动,助推社区和谐发展,倡导文明旅游和文化传播,让旅游成为社区经济发展、社会稳定、文明健康的驱动器。对旅游关联企业的责任重在强调旅游消费者供给是一个完整的链条,单一企业无法满足旅游消费者的所有需求,这需要旅游关联企业之间相互合作,进行跨界资源整合,打造利益共同体。对利益相关者的责任涉及旅游行业内部、行业之间、行业环境,这要求旅游企业从相互关联的系统视角、共同发展的人本视角,将自己看成推动社会和谐发展的企业公民。

案例透视
▼

三、经济责任

经济责任是旅游接待业的基础责任。旅游行业的经济责任与其他社会行业类似,这要求旅游行业不断增加旅游收入,保障股东、投资者的合法权益,并依法缴纳税款。在传统企业社会责任体系里,经济责任可能是企业唯一或最主要的责任,美国经济学家、诺贝尔经济学奖得主米尔顿·弗里德曼(Milton Friedman,1970)认为,企业社会责任指管理者依照所有者或股东的期望来管理公司事务,在遵守法律和道德规范的前提下创造尽可能多的利润。但随着时间不断向前推移,旅游行业的经济责任逐渐被淡化,利用旅游推动文化自信、民族自信,促进文化与旅游深度融合,成为新时代的选择。因此,旅游接待业的经济责任应是通过提供既有较高道德价值又能带来较高经济效益的旅游产品来满足市场需求,同时追求自身利润最大化和社会福利最大化的责任。

四、政治责任

政治责任是旅游接待业的保障责任。旅游接待业的政治责任既有与传统行业类似的法律责任,要求旅游行业合法经营、依法纳税;从新时代环境看,政治责任要求旅游接待业在对外交往中履行传播国家文化、传递国家声音的责任,在国家治理中承担促进思想进步、服务国家战略的责任。

五、环境责任

环境责任是旅游接待业的支撑责任。旅游接待业对自然环境和社会环境具有极强的依赖性,在世界环境急剧变化、生态意识不断强化的背景下,环境责任对旅游行业来说具有极大的重要性和实践意义。在不同的时段、不同的场景下,环境责任在旅游接待业呈现不同的内涵。在规划设计阶段,环境责任意味着旅游行业要贯彻可持续发展理念,充分考虑新技术、新能源以降低景区能耗,减少碳排放,开展清洁生产;在开发建设阶段,环境责任要求旅游行业要充分尊重当地的人文环境、保护自然生态环境;在运营管理阶段,环境责任要求旅游接待业教育员工树立生态环保意识,开展绿色生产,打造绿水青山。2017年,"田园综合体"被写入中央一号文件。田园综合体建设的内容涵盖生产体系、产业体系、经营体系、生态体系、服务体系、运行体系六大体系,"望得见山,看得见水,记得住乡愁"成为田园综合体的感性写照。

本章小结

　　旅游接待业指为旅游消费者提供产品和服务的行业集合体,具有综合性、服务性、敏感性三大特点。旅游接待业由旅行社、住宿接待业、旅游交通、旅游景区景点、旅游组织五大部门构成,具有招徕功能、接待功能、溢出功能三大功能。旅游接待业社会责任可归纳为对旅游消费者责任、相关者责任、经济责任、政治责任、环境责任五方面内容。

复习思考

1. 怎样理解旅游接待业的含义及其构成?
2. 怎样理解旅游接待业的三大特点?
3. 旅游接待业有哪些功能及如何发挥这些功能?
4. 旅游接待业包括哪些企业?
5. 与传统的旅行社相比,在线旅游企业有哪些优势与劣势?
6. 旅游接待业的社会责任包括哪些内容?

复习思考
▼
参考答案

自测习题
▼

Note

第九章
旅 游 产 品

导读案例

李庄古镇——文化赋能下的古镇新生与旅游产品创新实践

李庄古镇,这座位于四川宜宾的千年古镇,凭借"文化+古镇"的创新开发模式,成为中国特色文旅融合的典范。作为长江畔的抗战文化重镇,李庄在2020—2024年通过系统性保护与创意运营,成功打破"千镇一面"的桎梏,以地域特色激活文旅经济。其核心策略包括"新旧互补"的空间重构、文化深挖与科技赋能、多元化活动矩阵搭建,以及精准营销体系的构建,相关实践被纳入第六届"中国服务"·旅游产品创意案例,并获评2024年全国文化振兴典型案例。在空间布局上,李庄采用"月亮田景区+古镇核心区"双核驱动模式:月亮田景区以"一馆一址一池一街34院"为架构,通过引水造湖、田园景观营造,打造出兼具传统韵味与现代审美的沉浸式场景,2023年央视中秋晚会《月》的取景使其迅速成为网红打卡地;而古镇核心区则坚持"修旧如旧"原则,对同济大学旧址、中国营造学社陈列馆等18条明清古街巷进行保护性修缮,并引入全息投影、VR技术活化抗战文化记忆,形成"静态历史陈列+动态数字叙事"的复合体验。在文化活化方面,李庄深度挖掘"四大抗战文化中心"IP价值,每年举办中国古建研究论坛、"十月文学奖"颁奖活动等高端文化活动,同时常态化开展非遗体验(舞草龙、古法造纸)、民乐演奏、国风演绎等民俗活动,将游客从旁观者转变为文化参与者。在产业优化上,通过"一花二黄三白"传统美食矩阵与研学基地联动,开发古建制图、木工手作等体验课程,构建"游中学、学中游"的文旅消费闭环。在营销方面,建立流量、渠道、产品三大矩阵,2023年仅中央级媒体曝光就达37次,包括《抗战中的李庄》《鲁健访谈》等节目,新媒体平台总曝光量突破2.15亿人次,形成"传统媒体权威背书+新媒体裂变传播"的立体格局。中国旅游协会专家指出,李庄模式印证了"颠覆性创意、沉浸式体验、年轻化消费"的行业趋势,其通过主客共享理念平衡文化遗产保护与旅游开发,为古镇类景区提供了从"观光目的地"向"文化生活场域"转型的范本。如今,李庄年接待游客量较改造前增长逾3倍,五一假期跻身"小众热门景点TOP12",成为乡村振兴与文化自信协同发展的"主角"。

（案例来源：根据中国旅游协会《李庄古镇：告别"千镇一面",凸显地域特色 | 第六届"中国服务"·旅游产品创意案例(43)》、中国旅游协会《第五届"中国服务"·旅游产品创新大会案例报告》等资料编写）

导读思考

乡村旅游作为一种新兴的旅游产品形式迅速崛起,成为推动乡村振兴和旅游产业多元化的重要力量。其综合化的开发,生态与文化结合的创新,对旅游接待业的可持续发展意义深远。

知识导图

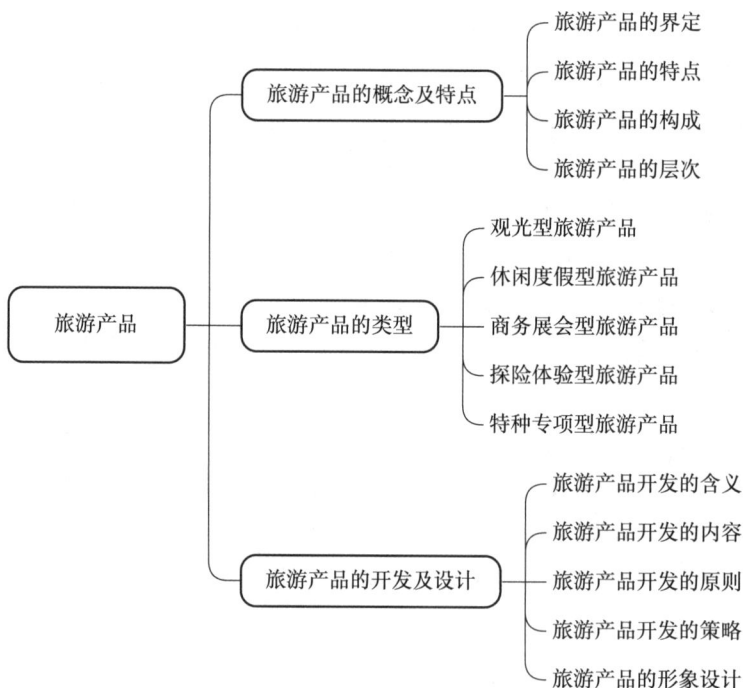

旅游产品
- 旅游产品的概念及特点
  - 旅游产品的界定
  - 旅游产品的特点
  - 旅游产品的构成
  - 旅游产品的层次
- 旅游产品的类型
  - 观光型旅游产品
  - 休闲度假型旅游产品
  - 商务展会型旅游产品
  - 探险体验型旅游产品
  - 特种专项型旅游产品
- 旅游产品的开发及设计
  - 旅游产品开发的含义
  - 旅游产品开发的内容
  - 旅游产品开发的原则
  - 旅游产品开发的策略
  - 旅游产品的形象设计

学习目标

知识目标：

掌握旅游产品概念、特点、构成要素；

理解各类旅游产品的特点及其市场需求。

Note

能力目标：

具备设计开发某一特定旅游产品的能力。

素养目标：

培养学生的创新思维和创业意识。

旅游产品是由旅游接待业在旅游目的地提供的，满足旅游者活动需求的物质与劳务的总和。它处于旅游活动的中心位置，是现代旅游接待业存在和发展的基础。旅游产品的数量和质量直接关系到旅游接待业的兴衰和旅游经济的可持续发展。

第一节　旅游产品的概念及特点

一、旅游产品的界定

旅游学术界历来对旅游产品的定义表述存在一定的分歧，主要定义如下。

（1）旅游产品是指旅游者以货币形式向旅游经营者购买的，一次旅游活动所消费的全部产品和服务的总和。（罗明义，1998年）

（2）旅游产品是指提供给旅游者的一切吸引物及其他必需品，前者如娱乐活动、博物馆、风景点和节庆活动等，后者如食物、住宿、交通、导游服务等，它是旅游经营者所生产的，准备销售给旅游者消费的物质产品和服务产品的总和。（马勇、舒伯阳，1999年）

（3）从旅游目的地的角度出发，旅游产品是指旅游经营者凭借旅游吸引物、交通和旅游设施，向旅游者提供的用以满足其旅游活动需求的全部服务。从旅游者的角度出发，旅游产品就是指旅游者花费了一定的时间、费用和精力所换取的一项旅游经历。（林南枝、陶汉军，1994年）

（4）旅游产品是指为满足旅游者审美和愉悦的需求而在一定地域被生产或开发出来以供销售的物象与劳务的总和。（谢彦君，2004年）

对这些表述进行分析，可以发现旅游产品的定义应该具有以下内涵。

①旅游产品的主要消费对象为旅游者，它在功能上具有可观赏性或愉悦性，在空间上具有地域性；②旅游产品是一个整体概念，既包括有形实物产品又包括无形服务产品；③旅游产品或多或少含有人类的劳动投入，这也是其价值来源；④各种媒介物不是旅游产品，但它们可以构成旅游产品利益的附加组成部分。

在取得上述认识的前提下，我们对旅游产品的概念做出以下界定：旅游产品是指由旅游经营者凭借旅游资源、旅游交通和旅游设施生产或开发出来的，为了满足旅游者活动需求，通过市场途径提供给旅游者消费的各种物质产品和服务的总和。

二、旅游产品的特点

旅游产品既不同于一般的物质产品，也区别于其他无形的服务产品，具有独特性。

（一）旅游产品的综合性

旅游产品的综合性首先表现在它是由多种旅游资源、交通设施、住宿餐饮设施、娱乐场地以及多项服务构成的复合型产品，能够同时满足旅游者在吃、住、行、游、购、娱方面的综合性需求，它既是物质产品和服务产品的综合，又是旅游资源、基础设施和接待设施的结合。旅游产品的综合性还表现在旅游产品的生产涉及众多行业和部门，其中既有直接为旅游者服务的饭店业、餐饮业、娱乐业、交通运输业以及旅行社业等，又有间接为其服务的农副业、商业、建筑业、制造业等行业和海关、邮电、公安、银行、保险、医疗卫生等部门。美国标准工业分类（SIC）系统的一项调查表明，有30多种主要工业部门为旅游者服务，而涉及旅游业的其他行业和部门多达270余个。综合性是旅游产品的独有特征之一。

（二）不可转移性

旅游产品的不可转移性是指旅游产品在地理位置上不可转移，以及其所有权不发生转移。普通商品进入流通领域后，该产品通过不断的空间位移，最终到达消费者手中，消费者购买了该商品就拥有了该商品的所有权，可以随意将其带走。但旅游产品进入流通领域后，旅游者只能到旅游产品的生产地点进行消费，也就是说，旅游产品不像其他产品那样能从一地运到另一地。既然旅游产品无法通过普通的经济交换实现空间上和所有权的转移，那么旅游产品也无法从旅游目的地运输到客源地供旅游者消费。旅游者购买任何一项旅游产品，都不是购买该旅游产品的所有权，而只是购买该旅游产品在某一具体时间的使用权。例如，某人在旅行社购买了"九寨沟一日游"这一旅游产品后，在这一天中他对旅行社事先安排的酒店、交通设施仅有使用的权利，但不能任意处置，更不能损坏，他在旅游过程中的体验和感受也无法转移给他人，这便是旅游产品的不可转移性。

（三）无形性

无形性是指服务型产品没有具体的物质形态，这是服务型产品的本质特征。旅游产品的核心是旅游服务，因此，其无形性特征就十分明显。这一特点带来两方面表现：一方面，旅游者在购买某一旅游产品前，很难对其进行检查和客观评价，旅游产品供给者只能借助印刷品、网络视频等载体，帮助旅游者了解产品信息；另一方面，在一次完整的旅游消费中，旅游者用于有形物品的支出远低于总费用，大部分开销都花在无形的服务上。他们最终获得的，主要是一段经历、一次体验所带来的感受与回忆——比如有趣的经历、新鲜的体验等身心层面的满足，而这种满足感及由此形成的印象，均属于无形范畴。从这一层意思来看,旅游产品主要是一个无形的产品。

(四)生产和消费的同步性

由于服务活动的完成需要生产者和消费者的双方参与,因此旅游产品一般都是在旅游者来到生产地的时候,才开始产生生产效果。例如,旅游者在购买旅行社的产品之后,旅行社会派出导游和司机为旅游者服务,在加入团队的那一刻起,旅游者就开始了旅游消费。再如酒店餐饮部的工作人员,在顾客进入餐厅的那一刻起,服务人员就开始了酒店旅游产品的生产,这里面既包括无形的服务,也包括有形的菜肴等物质产品。当旅游者所购买的旅游产品的使用期限终结时,与旅游产品消费过程同步且统一的生产过程也就结束了。这个特性使旅游产品与一般消费品表现出巨大的差异,也给旅游产品的开发与管理带来了严峻的考验。

(五)不可存储性

旅游产品的不可存储性,主要是指旅游产品的价值和使用价值不能留存下来待他日使用的特性。由于旅游服务和旅游消费在时空上的同一性,没有旅游者的购买和消费,以服务为核心的旅游产品就不会生产出来。旅游线路和旅游活动项目,只有旅游者购买并使用时才有价值,从这一角度来讲,它是不能储存的。旅游者购买旅行社产品之后,旅行社在规定的时间里交付使用,旅游者也必须在规定的时间内消费。如果旅游者不能按时使用,他所购买的产品价值就会自行消失,需要重新购买并承担给旅行社带来的经济损失。这个特性在旅游酒店客房出租方面表现得最为明显,如果某间客房在当天没有销售出去,那么它当天的经济价值就完全消失。只有当新的一天来临时,它才表现出新的价值。正是这一特点,决定了众多旅游企业对产品实施差别定价,并针对市场需求运用各类营销手段的必要性与重要性。

三、旅游产品的构成

由于旅游产品具有综合性特征,需要对其构成进行全面的认识。可以从两个不同的侧面着手,即旅游产品的要素构成和旅游产品的利益构成。

(一)旅游产品的要素构成

旅游产品的构成要素主要包括旅游资源、旅游设施、可进入性和旅游服务。

(1)旅游资源是旅游者选择目的地的决定因素。它可能是物质实体,也可能是某个事件,也可能是某种现象。旅游吸引物广泛存在于自然环境和人类社会中,代表着各旅游胜地的特色和不同民族的文化传统,其数量的多少和吸引力的大小是一个地区能否开发成热点旅游区域的先决条件。

(2)旅游设施是直接或间接向旅游者提供服务所依托的物质条件,分为旅游服务设施和旅游基础设施。旅游服务设施是指旅游经营者直接服务于旅游者的设施,一般包括住宿、餐饮、交通及其他服务设施；旅游基础设施不直接为旅游者服务，但在旅游经营中是旅游部门和企业必不可少的基础设施，如水电供应系统、通信系统、排水排污系统、交通运输系统、医疗救护系统等。

（3）可进入性是指旅游者进入旅游目的地的难易程度，具体表现为进入游览点、使用服务设施和参与旅游活动所付出的时间和费用。可进入性除受交通工具和目的地交通条件的制约外，还受到政府政策和经营等方面因素的影响。

（4）旅游服务是旅游产品的核心，作为一种行为，它以有形物质产品、自然物和社会现象为载体，在存在旅游需求的情况下实现其价值和使用价值。旅游产品能以一种混合体的形态出现，主要是由它的服务性质决定的。旅游服务是一个整体概念，它是由各种单项服务组合而成的一体化系列，无论缺少哪一个环节，旅游者都会感到不满意。旅游者对旅游经历的评价主要取决于他所感受到的服务水平和质量。

案例透视
▼

（二）旅游产品的价值构成

旅游产品同其他劳动产品一样，具有商品的一般属性，即使用价值和价值。但旅游产品的使用价值和价值在构成上都具有复合性。

1. 旅游产品的使用价值

使用价值是商品满足人们某种需求的效用。旅游产品的使用价值具有多种效用和多功能性。一般产品的使用价值只能满足人们某一方面的需求，而旅游产品是综合性的劳务产品，其使用价值也就具有综合性，能满足旅游者从物质到精神方面的多种需求，体现出多种效用。旅游产品的使用价值分为基本部分和附属部分。基本部分是指旅游产品可以满足旅游者最基本需求的那部分效用，如一次旅游过程中的饮食、住宿、交通等。附属部分是旅游产品价值中可有可无的部分，并不是每一次旅行中对每一位旅游者都要体现出来，如旅游者在游览过程中购物、娱乐的需求，就带有一定的随机性。

2. 旅游产品的价值

旅游产品的价值也体现出多因素的交叉性。一般商品所含价值量的大小取决于生产这一类商品的社会必要劳动时间，旅游产品的价值量的确定除了与时间有关以外，还与服务质量的高低、产品生产过程中使用旅游资源垄断性的大小，以及产品中各要素的组合程度密切相关。在服务设施和服务条件相同的情况下，高质量的服务反映旅游产品的价值高，价值量就大；旅游资源的等级越高、数量越少、垄断性越强，其组合成的旅游产品价值量就越大；产品中各种设施设备以及服务的组合越多，组合度越密切，旅游产品价值量也会随之改变而产生新的附加值。

四、旅游产品的层次

分析旅游产品的层次，有助于我们更加准确地理解其内涵，从而指导旅游产品的生产与开发在更为科学的层面上进行。从产品组合和产品功能的不同角度来看,旅游产品的层次划分也相应出现两种情况。

(一)旅游产品的组合层次

整体旅游产品的概念告诉我们,任何一种旅游产品和服务都是一个整体系统,不单用于满足某种需求,还要求其具有提供与之相关的辅助价值的能力。从这一点出发,可将旅游产品理解为核心产品、形式产品和延伸产品三个层次的组合(见图9-1)。

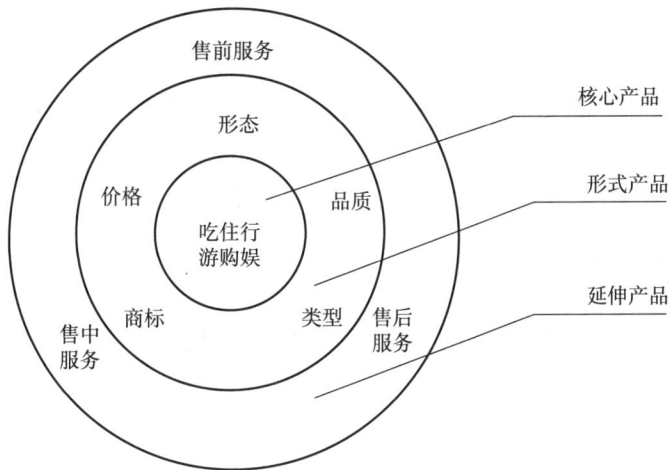

图9-1　旅游产品的组合层次

核心产品向旅游消费者提供基本的、直接的使用价值,以满足其旅游需求。具体来说,吃、住、行、游、购、娱六要素构成一件旅游产品的核心。形式产品包括品质、形态、商标、价格和类型,它是指旅游产品的实物或劳务的外观。在旅游市场上,产品的基本使用价值必须通过某种形式承载,即使是纯粹的劳务商品,也有相类似的形式上的特点。延伸产品包括售前服务、售后服务及售中服务,是旅游产品附加价值的体现。旅游企业只有向旅游者提供更实在和更完善的人性化产品,才能有效地满足旅游者的各种需求,从而在日益激烈的市场竞争中立于不败之地。

(二)旅游产品的功能层次

从旅游产品的功能看,可以将其划分为基础型旅游产品、提高型旅游产品和发展型旅游产品三个内部存在递进关系的层次。

基础型旅游产品以自然与人文景观的陈列式观览为主要内容,其产品功能属于最基本的旅游形式,是旅游业规模与特色的基础。提高型旅游产品主要以民族风情与购物为内容,采用表演式展示,其产品功能是满足旅游者由“静”向“动”的多样化心理需求,通过旅游文化内涵的动态展示,推动旅游者消费向纵深发展。发展型旅游产品采用参与互动的方式,增强旅游者的亲身体验与娱乐,产品功能是为了满足旅游者自由选择、沉浸式体验的个性需求,是形成旅游品牌特色、吸引旅游者持续重复消费的重要环节。基础型旅游产品是旅游业进行深度发展和开发的基础，提高型旅游产品和发展型旅游产品是提高旅游吸引力、促使旅游者多次来访和重复消费的保障，也是最能体现产品特色和质量的产品。

第二节　旅游产品的类型

受旅游者异质性需求因素的影响，旅游者的旅游活动是形形色色的，与之对应的旅游产品类型也是风格迥异的，呈现多元化趋势。最为实际和常用的分类，就是按照旅游产品依托的资源特色和功能，将其分为观光型旅游产品、休闲度假型旅游产品、商务展会型旅游产品、探险体验型旅游产品和特种专项型旅游产品。

一、观光型旅游产品

观光型旅游产品是最为大众化的一种旅游产品，是指为满足旅游者增长知识、丰富阅历的需求，以观赏自然风光、城市风貌、名胜古迹、社会风情为主要内容的旅游产品。观光型旅游产品通常选择高知名度、高美誉度的自然风光区或人文景观作为旅游目的地；旅游活动多以静态观赏、游览为主；旅游服务多以大众化、团体形式提供，消费水平较低；观光型旅游产品受气候等因素的影响大，旅游淡旺季十分明显；观光型旅游产品内容较单一，产品内涵较少，重游率较低。

二、休闲度假型旅游产品

休闲度假旅游产品是为了满足旅游者放松身心、消除疲劳、增进健康的需求而开发的旅游产品。休闲度假旅游产品对旅游地的自然环境条件有明确的需求，一般以气候温和、阳光充足、环境幽雅、空气清新、远离噪声的环境居多；旅游产品中所使用的旅游设施豪华，同时配备齐全的健身、疗养、运动等相关设备；产品中安排的旅游活动专业强，旅游项目众多，旅游活动自由度大，能吸引旅游者停留较长的时间，重游率高；购买这类旅游产品的旅游者一般为高收入者，消费水平较高，对价格不敏感。

三、商务展会型旅游产品

商务展会型旅游产品是指为满足商务人士在商务活动过程中产生的旅游消费需求而提供的旅游产品。商务展会活动的范畴较广，除传统的商贸经营活动外，还涵盖行业会展、跨国公司的区域年会、调研与考察、公司间跨区域的技术交流、产品发布会，以及公司奖励旅游等。因此，这类旅游产品需要围绕会议、展览、谈判、考察、管理、营销六类核心活动，提供全过程、全系列的高端旅游设施和服务。这使得该类旅游产品成为消费额高、停留时间长、重复消费性强、拉动作用显著的一类旅游产品。

四、探险体验型旅游产品

探险体验型旅游产品的消费者数量不多,但相对稳定。这类产品是面向对个体自我价值的实现有着强烈要求,对挑战极限怀有强烈兴趣的旅游者设计的一类产品。这类产品的突出特点是危险性较高,要求特殊的消费场所和一定的专业知识,通过惊险、刺激的旅游活动充分满足旅游者好奇心,令旅游者时刻处于高度紧张和兴奋的状态,给旅游者留下深刻的记忆。这类产品在旅游目的地的选择、旅游设施及旅游服务各个方面都要求高度专业化,因此旅游产品价格高、旅游者停留时间长。

五、特种专项型旅游产品

特种专项型旅游产品主要是为满足旅游者某一方面的特殊需求,如宗教朝觐、文化学习、科学考察、修学研学等,而专门设计的一种旅游产品。旅游者对产品的专业知识和水平要求较高,旅游产品需要为旅游者提供特殊的接待和服务方式,包括必要的旅游设施、特定的主题和必要的行为示范,通过较强的专业性和教育功能,帮助旅游者增长知识、开拓视野、启迪智慧、提升技能。这类旅游产品由于能为旅游者提供多元化的核心利益,成为近年来发展迅速的一类旅游产品。

案例透视
▼

第三节　旅游产品的开发及设计

旅游产品生产要素的特殊性使得它与有形产品在生产过程上存在较大差异。有形产品是生产者借助于劳动工具将劳动对象加工改造为具有特定的外貌和内质的符合人们新需求的物质产品;而旅游产品的生产过程则是旅游从业人员凭借已开发的旅游吸引物和已建成的旅游设施和其他服务设施,向大众提供符合其旅游需求的服务,即通过这些旅游吸引物和旅游设施组合设计成不同的旅游线路,以满足不同的旅游需求。

一、旅游产品开发的含义

旅游产品开发就是根据目标市场的需要,对旅游资源、旅游线路、旅游设施、旅游服务和旅游纪念品等进行规划、设计、开发和组合。它主要包括以下几个方面:一是对旅游目的地的规划和开发;二是对旅游线路进行设计和优化组合;三是对相关的旅游设施进行配套建设和完善;四是积极营造和谐、舒适的旅游服务氛围;五是设计开发具有代表性的、当地独有的旅游纪念品。无论哪一种开发,首先要对潜在需求进行分析,对市场环境、投资风险、价格政策等诸多因素进行深入研究。这些因素包括潜在的客源市场分析，旅游投资与投资风险评估，旅游资源、旅游设施和旅游服务的完善，对旅游目的地经济及财务状况的分析，对当地生态环境及社会文化影响的研究等，涉及一个地区的经济、社会、文化、环境等各个领域。根据对这些因素的分析和对比，形成一系列规划和设计方案，然后从中选择既符合潜在客源市场的需要，又符合当地特色、具有竞争力的项目进行开发。

二、旅游产品开发的内容

旅游产品是一个综合性的产品，旅游产品的开发需要对旅游资源、旅游设施、旅游服务及旅游人力资源等进行规划、设计、开发和组合，具体包括两个方面的内容：对旅游目的地的开发和对旅游线路的开发。

（一）对旅游目的地的开发

旅游目的地是旅游产品的地域载体，旅游者对旅游产品满意与否，主要取决于在旅游目的地所能参加的一系列旅游活动，以及能够得到的一切旅游服务。这些旅游目的地需要就景区景点的建设、接待设施的完善、人力资源的培养、环保措施的制定等做出统一的安排和部署。由于开发历史和开发程度的不同，旅游目的地在开发的重点和方向上也各不相同。

1. 对全新旅游目的地的开发

对一个新兴旅游目的地来说，明确自己在竞争中所处的地位是十分重要的。为此，旅游目的地首先要了解自己的旅游资源基础，查明旅游资源的总量、种类、密度、丰度、品位等，对资源基础的优劣做出判断。其次，要分析潜在的竞争对手，并根据当前旅游市场竞争的状况，确定合适的旅游目标市场，制定明确的旅游发展目标。之后，再具体考虑建设哪些景区景点，开发哪些旅游项目，挖掘哪些旅游商品，增加多少旅游车船、宾馆、酒店等。最后，还要对旅游从业人员的需求总量做出预测，加强职业培训，培养、引进高层次人才，使人力资源的增长速度与旅游业发展的速度相匹配。值得注意的是，无论是什么类型的旅游产品或旅游目的地开发，都要有切实可行的旅游环境保护措施，保证旅游目的地的开发是科学的、可持续的。

2. 对发展中旅游目的地的开发

对于发展中的旅游目的地，旅游产品的开发已有一定的基础，开发的重点是利用原有旅游产品的声誉和开发优势，进一步扩大和增加新的旅游活动、新的旅游项目，突出旅游产品特色，加大旅游市场营销，进一步提高旅游产品的吸引力。

3. 对发达旅游目的地的开发

对发达旅游目的地的开发主要是继续巩固和提升旅游目的地的市场形象，不断提高旅游目的地的管理水平和服务水平，积极创新，充分运用现代科学技术所取得的一切成就,改造和改进原有的老产品,提高原有产品的科技含量。通过精心的构思和设计,创新出一批对市场有引导作用的旅游项目。

(二)对旅游线路的开发

从旅游企业角度看,旅游产品的销售最终要落实到具体的线路上,旅游企业销售线路的情况,是旅游产品开发的"晴雨表"。在旅游市场上,如果旅游线路的设计与组合能够满足旅游者的心理预期,与旅游者的消费水平相适应,旅游线路就受欢迎、销路好。反之,旅游线路则不被旅游者接受,成为滞销品。因此,旅游线路销售的成败同旅游线路设计水平密切相关。

对旅游线路的开发必须考虑五个方面的因素:旅游资源、旅游基础设施、旅游接待设施、旅游成本因子(即费用、时间和距离)和旅游服务。旅游线路的开发实质上是综合旅游产品开发。旅游线路的设计与组合大致可以分为四个阶段:第一阶段是分析目标市场的旅游成本,确定旅游线路的性质和类型;第二阶段是根据旅游市场需求组织相关的旅游资源,确定旅游资源的基本空间格局;第三阶段是结合上述背景材料,分析相关的旅游设施,设计出若干可供选择的旅游线路;第四阶段是选择最优的旅游线路,一般可以有几条旅游线路。

旅游线路的开发、设计有以下三种类型。

1. 团体旅游线路和散客旅游线路

按旅游线路使用对象的不同性质,可以分为团体旅游线路和散客旅游线路。团体旅游线路的设计主要是面向包价旅游的整体设计。散客旅游线路又可细分为拼合选择式线路和跳跃式线路。前者是指整个旅程设计有几种分段组合线路,旅游者可以自己选择和拼合,并且在旅程中可以改变原有的选择;后者是指旅行社只提供整个旅游中的几小段线路或几项服务,其余皆由旅游者自己设计。

2. 长线旅游线路、中程旅游线路、中短旅游线路和景区旅游线路

按旅游线路跨越的空间尺度,可以分为跨区域的长线旅游线路,如长江三峡旅游线路,其贯穿了江苏、湖北、湖南、重庆、四川"四省一市";省际的中程旅游线路和省区内的中短旅游线路;至于景区游览线路,它主要与旅游目的地的开发规划有关。

3. 周游型旅游线路和逗留型旅游线路

按旅游者的行为和意愿特性来分,可分为周游型旅游线路和逗留型旅游线路。周游型旅游线路的旅游者,其旅游活动以观光为主,线路中包含的旅游目的地数量相对较多。逗留型旅游线路包含的旅游目的地数量相对较少,旅游者的主要活动不是为了观赏风景,而是重复使用一些资源和设施。

此外,旅游线路既可以根据旅程天数的不同划分为一日游旅游线路与多日游旅游线路,也可以按旅游者使用的交通工具划分为不同交通工具的旅游线路。

三、旅游产品开发的原则

（一）市场原则

市场原则，是指旅游产品的设计必须遵循旅游市场的基本经济规律，并以满足旅游者的旅游需求为前提。旅游业具有典型的市场经济特征。旅游需求是旅游产品产生、发展和消亡的直接决定性因素。因此，旅游产品的设计与开发必须与旅游市场相适应，以旅游者的需求为中心，力求满足旅游产品市场竞争的需要和实现旅游产品的价值。要特别重视旅游市场的调查、细分、定位和预测，掌握旅游市场发展变化的趋势，以市场为起点和终点，确定旅游产品设计与开发的导向和规模。

（二）特色原则

特色原则，是指旅游产品的核心要有区别于其他产品的独特之处。旅游产品的特色是旅游目的地形成吸引力的关键因素。在多元化的现代社会里，旅游产品和服务特色已成为旅游业提高竞争力的重要因素。景点有特色可产生吸引力，线路有特色可产生导向力，服务有特色可产生竞争力，经营有特色可产生生命力，模式有特色可产生发展力。因此，旅游产品无论是在主题定位、形象设计及设施建设，还是在旅游服务的提供上，都应具有非同一般的特色和个性。鲜明的特色和个性往往能减少与其他旅游产品的类似与冲突，使旅游者产生深刻的印象，因而具有更强的吸引力。

（三）经济原则

所谓经济原则，就是指以尽可能少的资源和劳动消耗获取尽可能多的经济效益和社会效益。旅游产品的开发注重经济原则，就是一方面要使旅游产品的开发与地方经济相协调，另一方面要保证所开发的旅游产品在经济上的投入产出比较合理。旅游最典型、最核心的产品形式就是旅游线路。因此，在开发顺序上应尽可能先开发经济发达、地理位置优越的地区，其次对一些旅游资源规模较大、分布较集中、经济价值较高的地区进行重点开发；此外，旅游产品不能近距离重复。

（四）可持续发展原则

可持续发展原则既强调人类需求，也强调资源限制和代际公平。因此，旅游产品的开发要充分考虑旅游资源和环境的承受能力，确定合理的旅游资源和环境容量，使开发对生态环境的影响最小，确保旅游资源的永续利用。具体来说，就是要利用先进的环保技术进行保护性开发，使旅游酒店、厕所、餐饮点等的建设符合环保要求，节约资源，改变传统的开发方式，努力提高并保持旅游产品的生命力。

四、旅游产品开发的策略

（一）旅游新产品的开发策略

所谓旅游新产品，是指由旅游生产者初次设计生产的，或者在原产品基础上做出重大改进，在内容、结构、服务方式、设施性能等方面更为科学合理，更能体现旅游经营意图，且与原产品存在显著差异的新型旅游产品。

在旅游新产品的开发过程中，要结合市场特点、开发目标、开发途径，灵活运用，协调控制，选择切合实际的策略。

1. 层次结合的开发策略

该策略是指同时推出多种不同层次的旅游新产品的策略。旅游者群体消费水平的层次性直接导致了其旅游需求的层次性，针对这一状况，在开发旅游新产品时必须注意形成高、中、低层次相结合的产品序列，从而扩大旅游企业经营的覆盖面。例如，开发一条新的旅游线路，应体现出豪华型、标准型和经济型的差异，并将其作为一个整体推出，供不同层次的旅游者进行比较和选择。

2. 掌握时机的开发策略

开发时机的选择本身就有一定的策略性，在不同的市场形势下，旅游企业应根据自身条件选择不同的时机进行产品的开发与营销。此种策略主要包括抢先开发策略和紧跟开发策略。前者是指在充分的市场需求调查与分析的基础上，率先推出一种新型旅游产品进行市场补缺，以"新""奇""特"取胜；后者则是专门针对在市场上刚刚崭露头角、前景较好的旅游产品，发挥自身优势将其改造、优化，使其进一步为广大旅游者接受。

3. 多维革新的开发策略

旅游企业进行新产品的开发，不一定非要是一种从无到有的创新。实际上，对某些比较成熟和知名的品牌旅游产品来说，从旅游的具体内容、日程、项目、节奏、方式等方面做出适当的调整后推向市场，都意味着一种新产品的问世，必然会吸引部分旅游者的目光。

（二）产品组合策略

任何旅游企业都不可能凭借单一的旅游产品在市场上获得稳固的竞争地位，多样化经营已经成为现代旅游企业得以生存和发展的立足之本。旅游产品组合就是指旅游企业对不同规格、不同层次和不同类型的旅游产品进行科学的整合，使旅游产品结构更趋合理、更能适应市场的需求，从而以最小的投入尽可能大地占领市场，以求实现旅游企业最大的经济效益。

旅游产品的组合开发策略实质上就是针对目标市场，对产品组合要素进行选择和决策,使组合达到最优化。

1. 扩大产品组合的开发策略

该策略是指扩大旅游产品组合的广度,依据市场需求适当增加旅游线路的数量。该策略要求旅游经营者具备敏锐的市场洞察力,及时推出那些在市场上已经预热但还未普遍化的旅游新线路。该策略可以使旅游经营者的经营范围得到拓展,但同时也对其业务能力和服务水平提出了更高的要求。

2. 缩小产品组合的开发策略

该策略是指缩小旅游产品组合的广度,减少旅游产品的数量以使之成为相对狭窄的产品组合。该策略较适合中小型旅游企业,在业务范围上只求精专,不求广博,注重旅游产品的特色与质量,专业化程度相对较高。在旅游旺季,旅游企业普遍需要采取此种策略以确保产品的质量与企业的声誉。

3. 深化产品组合的开发策略

该策略是指促使旅游产品组合向纵深方向发展,根据旅游者的偏好及特殊需求增加旅游线路中旅游活动项目的类型与数量,或改变旅游的方式,使产品以新的形式出现在市场上。该策略可以扩大旅游者的参与面,并能够增强其体验程度和满意度,从而提升旅游企业的市场形象和经济效益。

4. 产品组合的差异化开发策略

这里的差异化具有多重内涵,既指与竞争对手产品的形式差异,又指产品系列间的档次差异。对于相同的一些旅游吸引物,可以有众多不同的组合方式,该策略要求旅游企业在组合开发旅游产品时,注重设计与同类产品的差异特征,并以之为卖点,增强旅游产品的市场竞争力。此外,该策略还要求旅游企业能够根据实际需要在其产品系列中适当增加高档次或低档次旅游产品。一般而言,增加高档产品项目可以提升同类旅游产品的知名度和企业形象,而增加低档产品项目则可使旅游产品日益大众化。

知识活页

产品组合的四要素

产品组合包括4个衡量变量:宽度、长度、深度和关联度。产品组合的宽度是指产品组合中所拥有的产品线数目。产品组合的长度是指产品组合中产品项目的总数,以产品项目总数除以产品线数目即可得到产品线的平均长度。产品组合的深度指产品项目中每一品牌所含不同花色、规格、质量产品数目的多少,通过统计每一品牌的不同花色、规格、质量产品的总数目,除以品牌总数,即为企业产品组合的平均深度。产品组合的关联度是指各条产品线在最终用途、生产条件、分销渠道或其他方面相互关联的程度。

五、旅游产品的形象设计

旅游产品的形象设计来自企业形象识别系统（Corporate Identification System），简称 CIS，即用以表达旅游产品与其他一般商业产品相比较的特色与差异，从而使公众对旅游产品或整体形象有清楚、准确的辨认。旅游产品形象设计，是一种对新旅游产品进行开发规划和对老旅游产品进行形象包装的有效方法。旅游产品形象可以归纳为公众对某一旅游区域总体的、抽象的、概括的认识和评价。它一方面可以塑造旅游目的地的营销宣传形象，另一方面可以促使旅游开发创意策划的总体构思与市场定位和形象设计的结合，从而提出在"共性"规律基础上具有"个性"的对外宣传口号，并体现在具体的规划建设项目上。从战略的角度出发，形象的差异性是打造旅游品牌形象的首要选择，因为差异化会创造很强的竞争优势。真实的旅游形象，往往能够反映旅游目的地、旅游企业最基本且富有个性的特征，而富有个性的特征，往往是旅游产品吸引力之所在。例如，美国纽约并没有优美的自然风光，但拥有自由女神像、联合国总部等富有吸引力的人文景观。可见，旅游形象直接影响旅游者的选择行为，使得市场促销在旅游业发展中起着十分重要的作用，因此旅游目的地、旅游企业等必须重视旅游产品的形象设计。

（一）旅游产品的品质形象设计

旅游产品的品质形象涉及产品的设计管理与设计水平，无论是在产品的规划、设计，还是功能、技术、施工以及人员素质等方面，都要有严格的管理。在旅游产品形象设计中，首先要提高设计管理水平，如有明确的产品设计目标计划，组织有效的产品设计开发队伍进行关键的技术攻关和创新，提供完善的设计技术配置服务，包括"软配置"（高素质的设计人员）、"硬配置"（符合设计开发要求的设施、设备），以满足产品设计开发的物质条件，并且要在产品设计开发的过程中，实施程序过程的管理，如阶段评估、信息反馈、多方案选择等。

产品设计水平的高低，除了取决于设计人员的自身素质外，更主要的是要按照科学的设计方法进行。充分进行产品设计的市场调研，收集资料、信息，提出开发设计本产品的充分依据。例如，针对旅游线路的主题定位、日程安排、空间分布，以及所采用的技术、造型形态、宣传方式等方面，要明确其需满足哪些人群或个体的需求（包括心理与生理需求）；同时，还要对产品开发的环境进行研究，并分析可能由此产生的社会影响（如安全、环保、法律等层面）。在此基础上，通过科学系统的分析、研究与归纳，对产品的整体形象设计进行定位，再经过方案的筛选与优化，形成产品形象设计的系统性，进而逐步将产品的形象设计统一到旅游企业的整体形象中。

（二）旅游产品的视觉形象设计

旅游产品的视觉形象（PI）是旅游企业形象在旅游产品系统中的具体表现。它以企业形象的视觉识别（VI）为基础，将旅游企业的标志、图形、标准字体、标准色彩、组合规范、使用规范为基础要素，应用到产品设计的应用要素各个环节上。旅游产品的功能特性及企业的精神理念通过产品的整体视觉传达系统，形成强有力的冲击力，将具体可视的产品外部形象与其内在的特质相融合，以传达企业的信息。旅游产品的视觉形象的统一性是以视觉化的设计要素为中心，塑造独特的形象个性，以供社会大众识别和认同。旅游产品的视觉形象由基本要素与应用要素两大部分组成。

产品视觉形象的基本要素是企业形象视觉识别系统的基本要素，产品形象视觉识别系统都是建立在基本要素设计的基础上，因此它是视觉形象的核心部分。产品视觉形象的基本要素设计包括企业标志、企业标准字体、企业名称、企业标准色、企业象征图案、企业吉祥物和企业精神宣传标语等内容。

（三）基本要素设计

产品的基本要素设计应建立在企业经营理念的基础上，并充分体现企业的经营目标、方向、精神。基本要素的设计必须保持风格统一，能够实现有效的组合与搭配应用；同时要明确其组合规则与使用规范，确定制图的标准及方式，在实际应用中严格遵循这些标准规范，确保正确使用。例如，北京市旅游标志以建筑古迹天坛和长城为基本素材，其中天坛图案采用"北京"两字上下叠写的艺术形式，其下的长城城墙则由"旅游"两字汉语拼音第一个字母"L"和"Y"组成。整个标志呈正方形，具有首都庄严端正的风格，又以简洁、明快的符号设计，向旅游者传递清晰的意象。

（四）应用要素设计

应用要素设计以基本要素设计为基础，会根据产品设计中实际的视觉表达需求，规范基本要素的应用，主要包含以下几类。

产品的外观造型系统：包括特定的外观造型、材质、标准色彩、表面装饰工艺等。

产品的包装系统：包括包装造型、包装的文字、图形、符号及排列方式，还有包装纸、包装箱、集装箱等。

产品的立面装饰系统：如立面造型、企业标志、标准字体、标准色彩、辅助色彩、铭牌、标识等。为了使旅游产品形象更直观，提高旅游宣传的效果，在旅游形象设计时可考虑采用一些标志性的色彩或颜色组合，如可使用下列颜色：白色，象征纯洁的奶制品或雪白的羊群；蓝色，象征广阔的天空或浩瀚的大海；黄色，象征丰盛的收获或古代皇帝的权力；绿色，象征生命的勃勃生机或无污染的环境；红色，象征蒸蒸日上或革命的激情。这些颜色的象征意义明显，便于塑造和宣传旅游产品形象。

产品的服务系统：如产品货单、使用说明书、技术资料书、质量跟踪卡、保修卡、随货礼品等。

产品的促销媒介系统：如商品册页广告、报纸广告、杂志广告、电视媒体广告、互联网广告、POP广告、户外广告、活动广告、室内广告等。

产品的展示系统：如商场货架、专卖店、商品展览会、招商订货会、洽谈室、橱窗等。

教学互动

为所在城市开发一条旅游线路并设计一个视觉形象。

本章小结

本章主要围绕旅游产品的概念、特点、构成、类型及开发设计展开。首先，旅游产品是一个综合性概念，既包括有形的实物产品，也包括无形的服务产品，具有综合性、不可转移性、无形性、生产和消费的同步性以及不可存储性等特点。其次，旅游产品的构成要素包括旅游吸引物、旅游设施、可进入性和旅游服务，其价值构成具有复合性，涉及审美、愉悦、追加价值和展现价值。旅游产品可分为观光、休闲度假、商务展会、探险体验和特种专项等类型，每种类型都有其独特的特点和市场需求。在旅游产品的开发与设计中，应遵循市场原则、特色原则、经济原则和可持续发展原则，确保旅游产品的竞争力和可持续性。旅游产品的开发策略包括层次结合开发策略、掌握时机开发策略和多维革新开发策略等，旨在满足不同市场需求并提升旅游企业的竞争力。最后，旅游产品的形象设计是提升旅游产品吸引力的重要手段，涉及品质形象和视觉形象的设计，应重点突出差异化和个性化，以增强旅游产品的市场竞争力。

复习思考

1.什么是旅游产品？旅游产品具有哪些特点？

2.旅游产品的使用价值有何特点？

3.根据旅游产品的功能，旅游产品分为哪几个层次？

4.什么是旅游产品的开发？旅游产品开发应遵循哪些原则？

5.什么是旅游产品组合？旅游产品组合开发有哪些策略？

6.旅游产品的视觉形象设计包括哪些基本要素？

复习思考
▼

参考答案

自测习题
▼

第十章
旅游影响

中国国家公园建设与生态旅游的良性互动

导读案例

　　近年来,中国大力推进国家公园体制建设,生态旅游成为国家公园体制建设的重要组成部分。以三江源国家公园为例,作为中国首个国家公园试点,其核心目标是保护青藏高原的生态环境,同时通过生态旅游实现可持续发展。自2021年正式设立以来,三江源国家公园通过科学规划旅游线路、限制旅游者数量、开展环保教育等方式,有效保护了当地脆弱的生态环境。旅游者在体验生态旅游的过程中,不仅增进了对生态保护的认识,还为当地社区带来了可观的经济收入。这一案例展示了生态旅游在促进环境保护和资源保护实体建设方面的积极作用,体现了旅游与环境的协调发展。

（案例来源:《中国国家地理》）

导读思考

　　旅游影响的环境包含社会环境、自然环境和文化环境等多个范畴,如何从不同角度认识和理解旅游与环境的关系?

知识导图

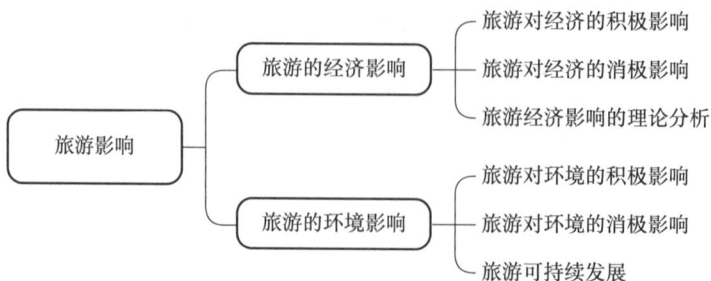

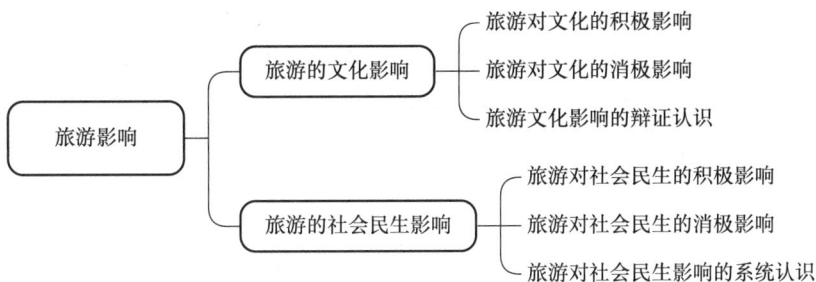

```
                                        ┌─ 旅游对文化的积极影响
                        ┌─ 旅游的文化影响 ─┼─ 旅游对文化的消极影响
                        │                └─ 旅游文化影响的辩证认识
            旅游影响 ─────┤
                        │                ┌─ 旅游对社会民生的积极影响
                        └─ 旅游的社会民生影响 ─┼─ 旅游对社会民生的消极影响
                                         └─ 旅游对社会民生影响的系统认识
```

学习目标

知识目标：

了解旅游发展对经济、社会的影响；

了解旅游发展对文化、自然环境的影响。

能力目标：

培养学生认识、分析、解决旅游影响经济、社会文化、环境而导致的现实问题的能力。

素养目标：

培养学生的可持续发展观念，探索旅游发展的中国模式。

在大众旅游时代，旅游带给人类社会的影响和变化是巨大的，旅游活动已在一定程度上成为改变地区经济结构、促使社会文化发展、导致生态环境演化、改善人民生活品质的重要因素。

第一节 旅游的经济影响

旅游的经济影响又称旅游经济效应，是指旅游活动对相关经济要素产生的作用及结果。旅游对经济的影响是最早引起人们关注的旅游现象，各种形式的旅游活动总是与经济因素存在着深刻的依存关系。旅游发展对经济的影响体现在其对经济规模、经济结构、经济质量的影响上。

一、旅游对经济的积极影响

（一）扩大经济规模

经济规模，简单来说，是指一个经济体在特定时期内生产的商品和服务的总量。

它反映了一个国家、地区或企业在经济活动中的总体规模和实力。旅游目的地通过接待旅游者获得经济收入，旅游者在旅游目的地的消费能够调整地区收入分配，进而影响旅游目的地经济总量的扩张和经济发展速度的提升。

1. 增加外汇收入

一个国家获得外汇收入的途径有贸易收入、非贸易收入和资本往来收入。贸易收入是指商品出口的收入；非贸易收入是指不通过对外贸易途径所实现的外汇收入；资本往来收入是指对外投资和贷款方面的外汇收入。旅游外汇收入是非贸易收入的重要组成部分。在非贸易创汇中，旅游业较之其他产业具有明显的优势。

旅游创汇的比较优势体现在以下几方面：一是成本低。旅游创汇能节省商品外贸过程中必不可少的运输费、仓储费、保险费、有关税金等开支。二是结算周期短。旅游者购买旅游产品或服务采用预付或现付的方式结算，旅游接待国能立即得到外汇。三是免受关税壁垒影响。国际旅游业的发展不受贸易保护主义的干扰和出口配额的限制，避免了高额关税。四是自主程度大。入境旅游受国际市场的影响较小。另外，旅游目的地的旅游资源因地理上的不可移动性而具有垄断性。

2. 增加旅游目的地的财政收入

无论是发展国际入境旅游还是国内旅游，都可使旅游接待地区的税收和经济收入得以增加。政府从旅游业获得的税收既有直接的，也有间接的。直接税收来自所得税，比如旅游业从业人员的个人所得税和旅游企业的所得税；间接税收主要来源于各种旅游商品税和旅游服务税。国家的旅游税收目前主要来自两个方面：一是来自国际旅游者的税收，主要包括入境签证费、出入境时交付的商品关税、机场税等；二是来自旅游业的各有关营业部门，包括各旅游企业的营业税和所得税等。此外，由于旅游业可带动其他经济部门的发展，当所有这些部门的生产和经营因旅游业的发展而扩大业务量时，国家也可以从这些部门得到更多的税收。

（二）调整产业结构

旅游对经济结构的影响主要体现在促进经济结构优化方面。旅游业作为当今世界上规模较大的产业之一以及第三产业中的支柱产业，其兴起和发展不仅有利于壮大第三产业的规模，而且有利于带动相关产业发展及平衡国际收支。

1. 带动相关产业发展

旅游业是综合性很强的产业，它涉及面广，与相关行业之间既有依托性，又有关联带动作用。旅游业的发展离不开交通、酒店、餐饮、旅游景点等相关产业的支持。旅游业的发展一方面给交通运输、饭店宾馆、餐饮服务、旅游景点等带来客源，另一方面也会带动轻纺工业、建筑业、加工制造业、邮电通信业、房地产业、金融保险业、文体事业等的发展，起到关联带动作用。

此外，旅游业的发展还可以增强外界对旅游目的地的了解，有助于当地的招商引资工作,从而促进其他行业的发展。发展旅游业还能有效地促进城镇化建设,带动相关产业的发展,在推动经济结构优化和调整方面起到重要作用。

2. 平衡国际收支

所谓国际收支(Balance of Payments),是指一个国家或地区在一定时期内(通常为一年)同其他国家发生经济往来的全部收入和支出。收支相等称为国际收支平衡,否则为不平衡。收入总额大于支出总额称为国际收支顺差,或称国际收支盈余;支出总额大于收入总额称为国际收支逆差,或称国际收支赤字。无论是国际收支顺差还是逆差,都对一国的经济发展及国际关系有一定副作用。

对大多数国家来说,由于经济实力、技术水平、贸易政策等原因影响,物质商品出口量有限,短期内调节产业结构和产品生产规模,从而通过物质商品的贸易收入来调节国际收支是不太现实的。旅游业是一个开放性的国际性产业,通过旅游经济的发展,不仅能吸纳国际资本的投入,发展对外经济关系,而且能吸引各国旅游者入境旅游,增加旅游外汇收入。由于旅游经营成本低,创汇能力强,又不受关税壁垒的影响,因而已成为各国创汇的重要途径和手段,被誉为"无形出口贸易"。

(三)提升经济质量

经济增长的本质或最终目的并不是经济总量增加多少,而是这种经济增长能否持续、能否有助于社会和谐,以及能否满足广大人民群众生活福利等方面的需求。旅游活动对经济发展质量的影响集中体现在扩大就业机会、平衡地区经济发展等方面。

1. 扩大就业机会

由于旅游活动的广泛性和多样化,旅游业及相关的零售业、餐饮业、酒店业、娱乐业等都属于比较典型的劳动密集型行业,因此,旅游业的发展可以创造大量的就业机会。

第一,旅游业就业需求大。旅游业是为旅游者提供"吃、住、行、游、购、娱"等全方位服务的行业,涉及的服务项目广泛,具有以劳务为主的服务性质,因而比一般的服务行业能提供更多的就业机会,吸纳更多的劳动者就业。

第二,旅游业就业层次广。旅游业及其相关服务行业总体上讲属于简单劳动部门,技术依赖性不强,相当数量的就业岗位不需要从业人员具备高要求的专业技能,年龄限制也相对宽松,因此可为广大劳动力群体提供就业机会。

第三,旅游业的带动性强,就业乘数高。除了旅游企业直接吸纳劳动者就业,由旅游活动引起的相关服务业经营项目的扩大,也会间接地吸纳更多的劳动者就业。

2. 平衡地区经济发展

一个地区旅游业的发展可以促进整个地区经济的发展,这点对落后地区来说,尤为明显。一般而言,经济较发达地区的出游人次较多,而经济落后地区的出游人次较少。当经济落后地区的某些旅游资源能够吸引经济发达地区居民前去旅游时,这些旅游者在旅游目的地的消费,对当地来说是一种外来的"经济注入"。这种外来的"经济注入"可以刺激和带动当地的经济,加速当地经济发展,从而有助于缩小地区差距。特别是那些物质资源贫乏、物质生产效率提升困难,但却拥有较好旅游资源的山区、乡村和偏远地区,如果能开发具有本地特色的旅游资源,就会吸引大量的旅游者前来参观,带来可观的经济效益,缩小地区经济差距。

二、旅游对经济的消极影响

旅游是一把"双刃剑",在经济建设和社会发展中发挥作用的同时,对经济的消极影响也要加以关注。

(一)过分依赖旅游业会影响国民经济的稳定

旅游的季节性、波动性和敏感性,均会导致旅游收入的不稳定。过分依赖旅游业的国家或地区,始终面临旅游业不景气的威胁,一旦旅游业发展受阻,就会导致整个国家或地区经济陷入衰退。主要有以下几方面原因。

(1)作为现代旅游活动主要组成部分的消遣度假型旅游有很强的季节性。虽然需求方面的这种季节性波动有时可通过旅游业的营销减小,但不可能完全消除。一个国家或地区如果过分依赖旅游业,就会出现旺季旅游设施和服务人员不足而淡季服务人员过剩和旅游设施闲置的现象,从而导致经济出现问题。

(2)旅游需求在很大程度上取决于客源地居民的收入水平、闲暇时间和主观动机等因素,这些都是旅游接待地所不能控制的。一旦客源地出现不利的变故,过分依赖旅游业的旅游接待地,其经济必然遭受严重打击。

(3)从供给一方来看,旅游需求还会受到旅游接待地各种政治、经济、社会乃至某些自然因素的影响,旅游业却难以对这些因素予以控制。正因为如此,旅游业是个极其脆弱而又不稳定的产业,一旦这些非旅游业所能控制的因素发生不利变化,将会导致旅游需求大幅下降,旅游业乃至整体经济都将受挫,造成严重的经济问题。

因此,一个国家或地区不宜过分依赖旅游业,特别是像中国这样的大国,更是如此。

(二)导致产业结构发生不利变化

发展旅游可能使旅游目的地的产业结构发生不利的变化。在有的国家或地区,旅游业属于收入相对高的行业,吸引了大量投资,使产业结构严重向旅游业倾斜,导致国家或地区产业结构失衡。尤其是旅游业发展较快的农业地区,由于从事旅游业的收入比务农的收入要高,所以大量的劳动力可能会放弃耕作而从事旅游业,严重影响了农业的正常生产。另外,酒店、民宿等设施的建设会占用耕地,从而影响农业生产。这样,旅游业发展就破坏了原有的产业结构,形成了一种潜在风险:旅游业的发展扩大了对农副产品的需求,而农作物生产的减少必然引起农副产品的价格上涨。旅游业作为一个敏感性行业,一旦由于某种原因发生危机,农民失去了赖以生存的基本生产方式,再加上农副产品价格上涨的压力,很可能会产生社会问题,影响当地社会和经济的发展。

（三）导致物价上涨,降低经济质量水平

外来旅游者一般有较强的购买能力,这是由于他们的收入水平较高,或是为了旅游而长期积蓄。大批旅游者的涌入,必然会增加对商品和服务的需求,难免会引起旅游目的地的物价上涨,进而影响当地居民的经济利益。

此外,随着旅游业的发展,需要修建或扩建饭店等旅游设施,会造成土地供不应求,地价上涨,从而抬高房屋开发价格,降低当地居民的房屋购买力。

三、旅游经济影响的理论分析

乘数效应是指某行业的一笔投资或收入不仅能够增加本行业的收入,而且会使整个国民经济产生连锁反应,最终会带来数倍于这笔投资款的国民收入的增加量。旅游乘数是用以测定单位旅游消费对旅游接待地区各种经济现象影响程度的系数。旅游收入乘数效应是用以衡量旅游收入在国民经济领域中,通过初次分配和再分配的循环周转,给旅游目的地国家或地区的社会经济发展带来的增值效益和连带促进作用。旅游乘数效应包括直接影响阶段、间接影响阶段和诱导影响阶段。

旅游乘数效应的类型一般分为四种。

1. 营业收入乘数

营业收入乘数主要用以测定单位旅游消费对接待国或地区经济活动的影响,反映了单位旅游消费额同由其所带来的接待国或地区相关企业营业收入增长总量之间的比例关系,即增加单位旅游营业收入额与由此导致其他产品营业总收入增加额之间的比例关系。

2. 产出乘数

产出乘数与营业收入乘数很相似,但它衡量的是单位旅游消费与由此引发的接待国或地区相关企业整体经济产出增长之间的比例关系。该指标不仅考虑企业营业总额的增长情况,还将企业库存的实际变化纳入考量范围。

3. 收入乘数

收入乘数主要反映单位旅游消费所带来的接待国或地区净收入变化量之间的比例关系。

4. 就业乘数

就业乘数是指增加的单位旅游收入与所创造的直接或间接就业人数之间的比例关系。它有两种表示方法:一种表示某一特定数量的旅游消费所创造的就业人数;另一种是某一特定数量旅游消费所带来的直接就业人数与间接就业人数之和同直接就业人数之比。

Note

此外,进口额乘数和居民收入乘数也经常用于旅游乘数效应的测算。居民收入乘数,即增加的单位旅游收入额与由此导致的该地区居民总收入增加额之间的比例关系。进口额乘数,即每增加一个单位旅游收入最终可使目的地总进口额增加的比例关系。

联合国旅游组织公布的资料显示,旅游业的经济乘数效应远高于其他行业。旅游业每直接收入1元,相关行业收入就可增加4.3元;旅游业每增加一个直接就业人员,社会就能增加5个就业机会。

知识活页

乘数与乘数效应

乘数与乘数效应是宏观经济学中的核心概念,用于分析初始经济活动(如政府支出、投资或消费)如何通过连锁反应放大对整体经济的最终影响。

乘数(Multiplier)亦称倍数,这个概念最早是由英国经济学家卡恩在1931年提出的,是指某一经济变量的初始变动(如政府支出增加)引发的总需求或国民收入的成倍变化。其核心逻辑是初始支出带动后续消费和生产,形成逐级放大的链式反应。

乘数效应是一种宏观经济中的连锁反应原理,它描述了经济活动中单一变量的变化如何引发整体经济规模的放大效应。英国经济学家凯恩斯在其著作《就业、利息和货币通论》中重点论述了财政政策中的乘数效应,如财政支出、税收和平衡预算乘数。此外,还有一些重要的乘数效应类型,如货币乘数效应、投资或公共支出乘数效应、税收乘数效应等,这些乘数效应在宏观经济政策制定中发挥着关键作用。通过调控财政和货币政策,政策制定者可以有意或无意地扩大或缩小经济的总影响。

第二节　旅游的环境影响

旅游活动通常以一定范围的自然环境为依托,因此旅游的发展势必会对目的地周围的自然环境产生影响。旅游发展对环境的影响不仅体现在对资源的消耗、对环境的破坏、生态系统的失衡等消极影响方面,还体现在通过保护实体的建立、环境质量的改善和环保意识的培养来达到保护环境的目标。

一、旅游对环境的积极影响

(一)促进资源保护实体的建立

资源保护实体是指环境保护的具体对象或保护地。世界自然保护联盟(IUCN)于

1994年公布的"保护区管理分类指南"将保护地定义为以生物多样性、自然和相关文化资源为保护对象,通过法律及其他有效手段进行管理的陆地和海洋。旅游业的发展,尤其是生态旅游的发展,促进了资源保护实体对象的建立。根据保护对象的不同,建立不同的保护地,包括自然保护区、森林公园、湿地公园、地质公园等。同时,国际上普遍推行的国家公园模式逐渐成为中国的主要保护地类型。

1. 传统保护地

传统保护地特指国内现有的保护地类型,包括自然保护区、森林公园、湿地公园、地质公园等。1956年,我国第一个自然保护区——鼎湖山国家级自然保护区建立,主要保护对象为南亚热带地带性森林植被;1982年,我国第一个森林公园——张家界国家森林公园成立,主要保护对象为砂岩峰林森林生态系统和景观。在保护地的旅游与保护的关系方面,一般情况下,对当地政府而言,其申报各类保护地的初衷往往是通过旅游来获取经济利益,促进地方发展。因此,发展旅游往往是这些保护地建立的重要驱动力,同时,旅游的发展能够扩大保护地的资金来源。

2. 国家公园

1872年,世界上第一个国家公园——美国黄石国家公园建立,环境保护和旅游发展有了具体的实体形式。随后,国家公园陆续在世界范围内建立。我国在2013年首次提出建立国家公园体制,在2017年出台《建立国家公园体制总体方案》,旨在探索国家公园的中国模式。国家公园的本质在于严格保护并合理利用自然文化资源,为全民提供一个休闲游憩的场所。不同于严格意义上的自然保护区,国家公园承担着保护自然文化资源、向公众提供游憩和旅游机会的双重任务。总体来看,国家公园的建立能够极大地改变我国过去各类保护地交叉重叠、多头管理的碎片化问题,从而使环境保护更为科学、有效,而旅游的发展则使国家公园的运营更为可行。

(二)加快环境质量的改善

环境质量指生物对环境所表现出的一种适宜性,这种适宜性包括生存适宜性和繁衍适宜性。旅游通过优化环境条件、治理环境污染等途径使其更加适宜动物、植物等生物的生存与繁衍,从而实现环境质量的改善。

1. 优化环境条件

环境条件是环境质量的外在表现,是环境系统内各要素的载体。在旅游目的地环境条件改善方面,旅游所起的作用主要包括提供环境保护所需资金、建立保护地以扩大保护范围、缓解人与环境之间的矛盾等。旅游发展除了使居民收入增加之外,政府财政收入也会相应增加,从而使当地环境保护的资金来源更加多元,投入也相应增加。同时,旅游发展也使各类保护地的建立和运营成为现实,如国家公园、自然保护区、森林公园等,这些保护地在发挥游憩功能的同时,也承担着保护自然生态环境的任务。

另外,对于旅游目的地社区而言,居民参与旅游发展逐渐成为社区发展的新方向,从而使居民改变了以往对自然环境产生破坏的谋生方式,如打鱼、放牧等,进而缓和了人与环境之间的矛盾,使旅游目的地的环境条件得到优化。

2. 推动环境污染的治理

环境污染是环境条件下降所引起的内在变化。对环境条件的改善而言,旅游在环境污染治理方面的作用是较为间接的,主要通过环保工程的建设、产业的转型升级来实现。旅游发展所带来的收入除了直接投入环境条件的改善,还表现在支持并推动环境保护工程的建设,如污水净化工程、大气污染防治工程、固体废弃物处理和利用工程等,从而使旅游目的地的环境污染得到有效治理。同时,旅游目的地的发展也使传统制造业的产业构成比例逐渐降低,尤其是一些高污染、高耗能产业因旅游的发展而逐渐迁出旅游目的地或被取缔,从而使旅游目的地的环境污染得到有效控制。

（三）推动环保意识的培养

环保意识的培养是旅游发展的环境效益最突出的成果,尤其是生态旅游的出现与发展,使各利益相关者越来越重视环境保护的重要性,旅游的环境教育功能在实践发展中越来越突出。环保意识的培养主要有两种途径:旅游发展的推动和环境教育的组织。

1. 旅游发展的推动

对旅游目的地而言,环保意识萌芽于居民和政府对旅游经济利益的追求。随着旅游的发展,旅游目的地的居民和政府逐渐意识到自然环境的重要性。为了保障旅游的持续发展以获取经济利益,居民和政府会采取相应的环保措施;旅游者在旅游活动过程中会增加对自然环境的了解,深入思考人与环境的关系,并在旅游活动过程中采取负责任的旅游行为。主体环境意识的影响因素不是单一的,往往和其知识背景、实践经历有关。这种自发获得的环保意识通常不稳定、不系统,而通过旅游发展、旅游活动开展的推动,环境意识的培养与增强逐渐科学化、系统化、稳定化。

2. 环境教育的组织

环境教育自 20 世纪 60 年代产生以来引起了众多学者的关注,尤其是在生态旅游产生之后,环境教育便成为生态旅游发展的重要趋势,其中最关键的是环境意识的培养与增强。生态旅游通过改变旅游者的态度与观念,引发旅游者对环境问题的思考,进而改变其旅游行为。随着生态旅游实践的不断发展,环境教育的内涵也不断丰富,环境教育的对象从以旅游者为主,逐渐扩展到旅游经营者、管理者、决策者等;教育的手段也不断丰富,如解说的形式不局限于解说牌、导游解说等方面,现代科学技术的运用使解说的效果更好。

知识活页

生 态 旅 游

生态旅游(Eco-Tourism)一词是由国际自然保护联盟特别顾问、墨西哥学者谢贝洛斯·拉斯喀瑞于1983年首次在文献中提出的。1990年,国际生态旅游协会把其定义为具有保护自然环境和维护当地人民生活双重责任的旅游活动。

生态旅游不仅是指在旅游过程中欣赏美丽的景色,更强调的是一种行为和思维方式,即保护性的旅游,它强调旅游者在旅游时真正感受到大自然的真实与美丽,并尽量不破坏这种美好的环境。同时,通过这种形式的旅游,提高人们的环保意识,增加环保知识,加强对生态环境的保护,使之在生态上可持续。确切地说,生态旅游就是以自然生态资源为依托,以生态保护为核心的旅游活动,它的组织者不仅要严格地管理好旅游者,使之不要因游览而破坏生态,更应该用丰富的生态和环保知识感染旅游者、教育旅游者,让旅游者不但能感受到快乐也能收获知识和培养责任感。生态旅游涉及自然环境的教育、解说和管理,是实现旅游业可持续发展的途径之一。

20世纪90年代,随着中国实施可持续发展战略,生态旅游概念正式引入中国。《发展改革委 旅游局关于印发全国生态旅游发展规划(2016—2025年)的通知》中指出,生态旅游是以可持续发展为理念,以实现人与自然和谐为准则,以保护生态环境为前提,依托良好的自然生态环境和与之共生的人文生态,开展生态体验、生态认知、生态教育并获得身心愉悦的旅游方式。

二、旅游对环境的消极影响

(一)加快资源消耗

资源消耗是指在旅游开发和旅游活动过程中,因不正确或过度使用自然资源而造成自然资源的损害和耗费。旅游活动对自然资源的消耗主要体现在旅游开发建设和旅游活动的过程中。

旅游开发经营活动对土地资源的占用、植被的消耗是最为直接的消耗。在《城市用地分类与规划建设用地标准》中,无论是城乡用地分类还是城市建设用地分类中,均没有关于旅游用地的划分,这导致在进行旅游规划和开发过程中,旅游设施占用林地、耕地的现象时有发生,如开发主题公园和高尔夫球场时占用大片土地,导致农田、耕地面积减少。另外,由于部分旅游设施的建设需要大量木材,在管控不严的情况下,旅游开发商可能为了节约成本而就地取材,从而使当地植被不断减少。

旅游活动对自然资源的消耗主要发生在旅游经营者为旅游者提供服务的过程中。

旅游开发及活动开展的目的是为旅游者提供服务以满足其需求,这类服务通常以一种或多种自然资源为依托,而经营者所提供服务的性质决定了其活动是否会对自然资源造成消耗。例如,酒店这类用水量巨大的设施,接待大量的旅游者会增加其对淡水资源的使用,长期过度使用淡水资源则可能使其面临资源短缺的风险。当然,在旅游规划和科学管理的情况下,旅游开发经营活动对资源的消耗问题就不会太明显。

（二）加速自然环境破坏

自然环境破坏是指由不合理的旅游开发和大量旅游者所引起的环境状况恶化或环境质量下降的现象。直接的环境破坏通常发生在资源消耗的基础上,如对植被的消耗可能造成水土流失,对土地的占用可能造成土壤退化,探险旅游者的野营篝火可能引发森林火灾,沙石因旅游者的过度践踏而遭受侵蚀等。

旅游对环境的间接破坏主要是由于旅游开发和旅游活动所产生的废弃物或有毒物质进入自然环境所造成的环境质量下降,也就是旅游环境污染,如水体污染、大气污染、噪声污染等。

（三）导致生态系统失衡

生态系统是特定空间内所有生物及其环境组成的具有一定结构和功能的统一整体。一般情况下,生态系统内生物组分的数量和比例基本上处于稳定状态,旅游的介入打破了原有的平衡,使生态系统的结构和功能都出现失衡。资源消耗、环境破坏使系统内生物多样性降低,环境质量下降,进而使系统的形态结构发生变化。而生态系统形态结构的改变,又使能量流动和物质循环过程中一个或多个环节被打破,造成能量流动和物质循环无法实现;同时,旅游对环境造成的污染往往又会通过能量流动和物质循环被转移和扩散,进而使整个生态系统面临污染的风险。因而,旅游介入生态系统极易造成生态系统结构破坏和功能紊乱,尤其是在旅游活动大规模开展的压力下,生态系统的自净能力进一步降低,最终导致生态系统失衡。

三、旅游可持续发展

如前所述,旅游活动对目的地环境产生的影响,既有积极的一面,也有消极的一面。由于旅游业的综合性特征,它的影响具有波及性和多因性。旅游业的发展和来访旅游者的增多必然会增加对其他行业或服务的需求,很多其他行业因此扩大生产和再生产。这些活动的发生必然会对当地的环境产生各种各样的影响,这些影响虽然不是旅游业或旅游者直接造成的,但追根溯源都与旅游业的发展有关。因此,旅游发展要在市场导向的基础上,导入可持续发展的理念。旅游发展必须考虑与环境、相关行业、社会的发展协调同步,走可持续发展的道路。

（一）可持续发展的历史渊源和可持续旅游的提出

对于旅游发展带给旅游目的地的各种消极影响,特别是对旅游目的地物质环境的消极影响,人们早有察觉。美国海洋生物学家蕾切尔·卡逊在1962年出版的著作《寂静的春天》,预言了农药对人类环境的危害,是人类对生态环境问题开始关注的标志。

可持续发展(Sustainable Development)一语源于"可持续性"这一概念。对于这一概念,人们有着不同的解释,其中最权威的解释莫过于联合国世界环境与发展委员会发布的《我们共同的未来》中的解释。

1987年,由布伦特兰担任主席的联合国世界环境与发展委员会(WCED)提交了一份题为《我们共同的未来》(Our Common Future)的报告,该报告对当前人类在经济发展与环境保护方面存在的问题进行了系统而全面的评价,并正式提出了"可持续发展"这一术语和口号,这就是著名的《布伦特兰报告》(The Brundtland Report)。该报告中对"可持续发展"概念作了简短而明确的解释,即"既能满足当代人的需求,又不损害子孙后代满足其自身需求的能力、构成危害的发展"。

可持续发展观的提出正值人们对旅游的作用和影响进行全面评价之时,因而很快为人们所接受,并成为对旅游发展进行重新评价的中心议题,"可持续旅游"(Sustainable Tourism)一语也因此而产生。1996年,联合国世界旅游组织(UNWTO)、世界旅游与旅游理事会(WTTC)与地球理事会联盟(Earth Council Alliance)联合制定了《关于旅游业的21世纪议程》。这些行动纲领的制定,为各国建立符合人类愿望、可持续发展的旅游业提供了一整套行为规范和推广可持续旅游的具体操作程序。

(二)可持续旅游发展的内容及原则

关于可持续旅游发展的内容,根据相关国际旅游会议的精神,可进行以下归纳。

(1)增进人们对旅游所产生的环境影响与经济影响的理解,增强人们的生态意识。

(2)促进旅游的公平发展。

(3)改善旅游接待地区的生活质量。

(4)向旅游者提供高质量的旅游经历。

(5)保护未来旅游开发所依赖的环境质量。

从可持续旅游发展的内容中,可以总结出可持续旅游发展应坚持的三项原则。

1. 公平性原则(Fairness)

可持续发展的实质就是要实现经济、社会和生态各自的持续发展以及彼此之间的协调发展,从而在当代人之间(Intra-generation)和各代人之间(Inter-generation)实现公平发展。

2. 持续性原则(Sustainability)

可持续发展的思想实质是以改善和提高人类生活质量为目的,与社会进步相适应,要求人们放弃传统的高消耗、高增长、高污染的粗放型生产方式和高消费、高浪费的生活方式。

3.共同性原则(Common)

可持续发展要以保护自然资源和环境为基础,与资源与环境的承载力相协调。发展与保护紧密联系,构成了一个有机的整体。资源的永续利用与环境保护的程度是区分传统发展与可持续发展的分水岭。

旅游可持续发展理论的提出,对塑造新型人地关系、培养人类对其后代的生态责任观等都具有明显的引导作用,为旅游目的地的规划、开发指出了科学、理性的方向。因此,旅游目的地实现可持续发展,就是在保持和增进未来发展机会的同时,满足旅游者和旅游目的地居民当前的各种需求,或者说是对各种资源进行管理指导,促使人们在保持文化完整性、基本生态过程、生物丰富度和生命维持系统的同时,满足经济、社会和美学需求。其实质是要求旅游与自然、文化和人类的生存环境形成一个整体,协调、平衡彼此间的关系,实现经济发展目标与社会发展目标的统一。

(三)实现可持续旅游发展的核心问题——旅游承载力

对一个旅游目的地来讲,可持续旅游发展的核心问题是该地的旅游承载力。

1.旅游承载力的含义

进入20世纪50年代后,旅游趋向大众化和社会化,越来越多的人涌向各种各样的旅游胜地。在旅游旺季,某些旅游目的地出现拥挤现象,这种情况引起了一些规划人员和旅游学者的关注,他们开始意识到,任一旅游目的地或区域接待的旅游者数量在一定时间内应有一定的限度,以保证旅游环境质量不受破坏,并使绝大多数旅游者满意。1963年,拉贝奇(Lapage)首次提出了旅游环境容量(又称旅游容量或旅游环境承载力)的概念,但未做深入研究。在整个20世纪60年代,旅游环境承载问题未受到广泛重视。进入20世纪70年代以后,生态学家与环境学家开始意识到旅游环境承载力问题的重要性。生态学家斯特里拉(Streeter)警告道:"旅游要维护旅游场所的质量,避免破坏舒适的气氛和野生动物(的栖息地)。"1971年,环境学家莱姆(Lime)和斯坦基(Stamkey)对这一问题进行了进一步的讨论。此后,旅游环境承载力问题逐渐引起了人们的关注,如有关"旅游海岸的承载力"的论述(D.Pearce,1986)、"美国国家公园的旅游承载能力"的研究(I. J. Lindsay,1986)等。在联合国世界旅游组织1978—1979年的年度报告中,正式提出了旅游承载容量的概念,此后,一些国际性的旅游研讨会也对旅游环境承载力问题有过专门的讨论。

简单来讲,旅游承载力是指一个旅游目的地在不至于使当地环境质量和来访旅游者经历旅游质量出现不可接受的下降这一前提之下,所能吸纳外来旅游者的最大数量。

2.旅游承载力的内容

旅游承载力所涉及的内容很多。综合国际学术界的普遍看法,一个旅游目的地的承载力由多个方面共同构成,主要包括以下几方面。

（1）旅游设施用地的承载力,指适合用于建造旅游设施的土地数量以及这些设施的最大综合接待能力。

（2）物质环境承载力,指在不至于使当地旅游环境的对外吸引力出现下降的前提下,所能接待来访旅游者的最大数量。

（3）生态环境承载力,指在不至于使当地的生态环境和生态体系发生不可接受的变化这一前提下,所能接待来访旅游者的最大数量。

（4）社会承载力,亦称社会心理承载力,指在不至于使社会公众的生活和活动受到不可接受的影响这一前提下,所能接待来访旅游者的最大数量。

旅游承载力在理论上不难为人们所理解,但在实践中往往不大容易被重视。这主要是由于环境质量下降到何种程度才是"不可接受的",以及旅游质量下降于何时发生等问题是由旅游目的地的管理者和旅游者来决定的。换言之,一个旅游目的地的承载力水平既取决于该地的客观条件,也在一定程度上取决于该地管理者的主观决策。

（四）实施可持续旅游发展的关键——旅游管理能力

致使旅游的潜在消极影响转化为严重的现实问题的另一影响因素是接待地的旅游管理能力。有些旅游目的地的旅游接待量可能并未超出当地的旅游承载力,但旅游的消极影响已经转化为严重的现实问题,这在很大程度上是由于当地的旅游管理能力较差。

预防和控制旅游的消极影响扩大化的一般措施如下。

1. 端正认识

不能单从经济的观点看待旅游业的发展,对旅游的经济效益和环境影响应有全面的理解和认识,在追求经济效益的同时,强化环境意识和可持续发展思想。

2. 加强旅游规划,防止超负荷发展

为了防止旅游消极影响的扩大,必须要量力而行地进行旅游开发,将开发规模和旅游接待量控制在旅游承载力允许的范围之内。在制定规划时,应注意旅游开发的合理布局。在实施规划时,应注意根据情况的发展变化实行有效的控制。

3. 健全法制,加强管理

旅游目的地的政府和旅游行政部门要建立和健全有关法律和法规,依托《中华人民共和国旅游法》《中华人民共和国环境保护法》等相关法律法规,将旅游企业和旅游者破坏环境的行为置于法律和法规的监督之下。与此同时,更重要的是通过督促旅游者守法来保护和治理旅游环境,建立强有力的旅游环境保护管理机构和完整的管理体系,来落实有关法律、法规,并监督和管理旅游开发和发展中的环境问题,做到有法必依。

4. 加强宣传教育,进行旅游伦理建设

接待地应向旅游从业人员和当地居民进行环境保护的宣传教育,应使他们明白,

案例透视
▼

Note

如果当地人自己不注重爱护环境,则没有理由要求外来旅游者爱护当地环境。同时,旅游接待地应通过旅游企业向旅游者告知有关的法律法规和注意事项,使其了解哪些事情不可以做,以避免危害环境的行为发生。

第三节　旅游的文化影响

旅游对文化的影响是不同文化背景的旅游者和旅游目的地居民互动交流的必然结果。旅游者在旅游活动中自觉或不自觉地将外来的价值观念、思想意识、思维方式和生活方式渗透到旅游目的地之中,旅游发展使文化结构、过程、结果按照自身的逻辑经历变迁、交融以及复兴。

一、旅游对文化的积极影响

大众化旅游对旅游目的地文化产生积极影响,有利于促进旅游目的地的对外文化交流,推动旅游目的地社会文化与科技进步,有利于旅游目的地民族传统文化的保护和复兴。

（一）促进民族传统文化的保护、复兴和发扬

在人们外出旅游的所有动机中,体验和了解不同的文化是旅游者的主要动机之一,因此许多国家或地区都逐渐对自己的民族传统文化采取了系统的保护、挖掘和利用措施,以使本国或本地旅游业更具魅力。一些国家或地区从经济建设总体的高度把民族传统文化遗产的保护和开发纳入城乡总体规划之中,因此一些几乎被人们遗忘或濒临绝迹的传统习俗、文化活动及民族工艺又得到开发和恢复。伴随着旅游业的发展,成千上万的旅游者源源不断地涌入接待地,又带来多方面的需求,尤其是对当地传统文化的接待需求,使得当地一些原本几乎已被人们遗忘的各种习俗活动,又"重见天日",再获"新生"。传统的手工艺品也由于旅游市场需求的扩大而重新得到开发,这就使许多濒临湮没的传统文化在旅游大潮的推动下获得复兴,而且还得以在这特定的场景中再造和重构。

当地居民也在享受旅游所带来的巨大利益中,逐渐发现了本地传统文化的不可替代性,以至于消除过去面对所谓主流文化时的文化自卑感,树立起文化自信与自豪感,更加珍视自己的传统文化,由衷地产生了责任心和使命感,极大地增强了人们保护传统文化的自觉意识。

（二）增强民族自信心和自豪感

在旅游的过程中,由于交流频繁往往会使人们对自己的国家、民族身份产生强烈

的关注。因此,在旅游活动中,各个民族通过积极展示自身,产生强烈的民族认同,进而激发自身的民族自豪感。作为旅游者,无论是在异国旅游时听到对祖国的称颂,还是在国内目睹祖国的建设成就以及游览各地名胜,都会从内心滋生出对祖国的无限崇敬和热爱。作为旅游目的地的居民,当听到旅游者对旅游目的地的赞美时,也会产生作为本国或本地人的无限自豪之感。

(三)促进对外文化交流

旅游是文化交流的载体。旅游者的自发融合促进了国家与国家之间、地区与地区之间、城市与城市之间的文化交流。在外来文化与本土文化的相互碰撞、渗透中,各种文化得以扬长避短。接待地通过发展旅游,一方面可以了解别人,促进人类整体和世界大同观念的形成;另一方面又可以宣传自身,树立良好的对外形象。

旅游作为一种传播手段,具有很多优势。首先,它是一种人与人之间的直接交往;其次,它传播的文化内容涵盖广泛;再次,旅游作为一种民间文化交流活动,常常能发挥正式外交活动所不能发挥的作用。

(四)推动科学技术的交流和发展

旅游是进行科学研究和技术传播的重要手段之一。以科学考察和商务为主要目的的旅游活动,在客观上也发挥了交流知识、推进科学技术合作的重要作用,促进了国家间及地区间的科学技术交流。科学技术的发展是旅游活动产生和发展的前提条件,而旅游发展反过来又不断对旅游接待的科学技术提出新的要求,从而刺激科学技术的迅速发展。

二、旅游对文化的消极影响

旅游对目的地的文化发挥积极作用的同时,也存在着消极的影响。

(一)文化类旅游资源不同程度遭到破坏和毁损

文化类旅游资源遭受破坏和毁损的原因之一是旅游者的行为。有的行为具有可控性,如一些旅游者每到一处,常常毁掉那些他们特地去观赏的宝物,还有一些旅游者乱刻乱画、随意丢弃废物,以致直接或间接造成文物古迹的破坏。还有一种破坏行为是无意识的,是指因旅游接待导致的客观损害。例如,敦煌莫高窟目前每年要接待60万人次以上的旅游者。这是一个让文物专家心惊肉跳的数字。旅游旺季蜂拥而至的旅游者使得石窟中弥漫着大量二氧化碳和人体散发的湿热气,使壁画上起了一层鸡蛋皮一样的物质。这种物质从里面往外鼓,一摸就碎成粉末,被称为"壁画的癌症"。有专家称,敦煌莫高窟的壁画正在以比以往快100倍的速度走向"死亡"。此外,住在长城脚下的居民有的甚至把长城的墙砖搬回去砌了猪圈,还有一些旅游者在长城的墙体上乱写乱涂,这些行为对长城这一历史遗存古迹的破坏极其严重。

文化类旅游资源遭受破坏和毁损的另一个主要原因就是旅游开发不当。在中国城市现代化和乡镇城市化的建设过程中，很多城市采用相似的技术，追求大规模的建筑群、大体量的建筑物，导致城市面貌千篇一律，许多具有民族特色、地方特色的历史城镇、历史街区、古老建筑被湮没。一些旅游经营者在历史文化遗产密集的区域进行各种开发，改变历史城市的格局和风貌，甚至直接拆除或迁移文物古迹。许多历史文化遗产和历史文化名城的古老特色空间与文化环境被改得面目全非，有的甚至已不复存在。

（二）文化传统被同化，以至消失

一般而言，来自文化强势地区的旅游者对处于相对文化弱势地区的接待地居民会起到一种示范效应，当地居民会竞相学习、效仿其所带来的思想及文化，接待地的传统文化由此而逐渐被外来的强势文化及现代文明所渗透和影响，进而被同化，甚至消失。例如，日本和歌山县白滨町是一个以传统温泉文化和自然风光闻名的旅游小镇。近年来，随着国际旅游者的大量涌入，当地传统文化面临被同化的风险。旅游者的消费习惯和生活方式对当地居民产生了显著影响，一些传统习俗和生活方式逐渐被现代文化所取代。例如，当地传统的温泉浴衣文化被现代时尚服装所替代，传统饮食习惯也受到现代快餐文化的冲击。

（三）接待地旅游文化商品化问题严重

在经济效益的驱动下，旅游接待地为了迎合旅游者的口味，而对接待地的旅游文化进行商品化的包装，使旅游地文化表现出庸俗化。一些地方文化特色被肆意移植仿造，甚至对当地的文化进行了扭曲。贵州西江千户苗寨是中国最大的苗族聚居地，以其独特的苗族文化吸引着大量旅游者。近年来，随着旅游开发的加速，当地文化商品化现象日益突出。一方面，苗族的传统银饰、刺绣等手工艺品被大量生产并商业化销售，一些文化活动如"苗年""芦笙舞"等被包装为旅游表演项目，甚至出现了一些文化活动庸俗化倾向；一些与本地文化无丝毫联系的"景观"或活动内容凭空出现，如传统民间习俗和庆典活动本来都是在特定的时间和地点，按照传统的内容和方式举行的，但随着旅游业的开展逐渐被商品化，不再有什么"传统"。例如，"竹竿舞"已成为很多少数民族民俗舞蹈表演的重要节目；"背新娘"在不少民俗村、民俗风情园甚至在毫不相干的景点内也经常上演。

三、旅游文化影响的辩证认识

旅游对社会文化的影响是绝对的，但产生积极影响还是消极影响是有条件的。

一方面，旅游对文化的积极影响是自然且有局限的。在国际旅游中，要树立国家形象，很大程度上取决于国际旅游者在接待国旅游期间是否实现了自己预期的愿望，取决于他们是否通过旅游产生或加深了对接待国的好感。如果他们在旅游期间没有获得预期的满意,甚至经历了不愉快的事件,那么他们带回本国的非但没有对接待国的好感,反而是牢骚、怨恨和批评。

同样,外出旅游也未必都能达到理论上预期的效果——陶冶情操和增长知识。联合国旅游组织对青年旅游的研究指出,虽然青年旅游行为作为一种教育手段可起到开阔眼界、增长知识、了解世界、培养和增强个人良好习惯和社会习惯的积极作用,但在现实生活中,如果计划不周或采取的形式有误,青年旅游同样可能产生负面的教育效果。因此,青年旅游能否产生积极的效果在很大程度上取决于外出旅游的目的和具体的旅游方式。反观一些"素质教育旅游",往往以此为借口,流于形式,期望与结果大相径庭。

另一方面,旅游对文化的消极影响并非必然结果。在旅游对接待地社会文化的消极影响方面,它们也并非发展旅游的必然结果。西方很多社会学家在论及旅游对接待地社会文化的影响时,往往偏重消极的一面,并且以已经发生了的大量事实作为结论的依据。事实上,在世界各地旅游发展的过程中,特别是在一些发展中国家,的确出现了各种各样的消极问题,但是这些问题的形成和严重化不是没有条件的,也并不是不可克服或不可控制的。任何问题的形成都有一个从量变到质变的发展过程。在这个意义上,旅游对社会文化的消极影响一般应指其潜在性或可能性。这些消极影响在某些旅游接待国或地区会导致问题的出现,而在其他一些旅游目的地则可能不会形成问题。

旅游的消极影响形成的条件是多种多样的。旅游接待国或地区旅游规划工作的优劣是其中很重要的方面。随着旅游者的大量涌入和旅游者密度的不断增加,旅游带给接待地文化的消极影响的程度也会不断加深。旅游者的数量一旦超过了当地的承载能力,这些消极影响的增长速度便会成倍增加。因此,根据当地的自然条件和社会经济条件制定相应的旅游规划,防止和控制接待量饱和或超负荷是非常重要的。它并非单纯的经济问题,更重要的是要通过制定量力而行的发展规划,尽量缩小和纠正大规模旅游所带来的消极影响,同时要保证和维护广大旅游者与当地居民之间的文化接触与交流所带来的好处。进行科学的旅游规划是减少旅游消极影响的有效途径。

教学互动

收集家乡旅游业发展中可挖掘的传统习俗。

第四节　旅游的社会民生影响

旅游的社会民生影响又称旅游的社会效应,是指旅游活动对相关社会要素产生的作用及作用的结果。旅游社会影响的焦点集中在接待地社区与居民的相互关系方面。

一、旅游对社会民生的积极影响

（一）提高社区居民的生活质量

伴随着旅游业的发展，旅游接待地的基础设施、服务设施、文化设施不断完善和改进，不仅方便了当地居民的生活，还优化了当地居民的生活环境和文化环境。旅游促进了一些城市独特风貌及其他颇具创造性的人文景观的形成，为接待地增添了新的文化风采。在旅游活动的影响下，接待地社会的行为、方式、价值观念都在发生变化，这种变化在总体上会趋向开放，趋向更加国际化。

对旅游者而言，通过一系列的旅游活动，放松身心的同时，又增长了见识，并且突破了传统社会环境对人们的束缚。因此，旅游活动促进了人们的身心健康，在一定程度上也是人们生活品质提升、生活质量提高的表现。

（二）促使阶层结构新兴化

按照一定的等级标准将全体社会成员划分为彼此区别的社会集团，处于同一集团的社会成员在价值观念、行为模式等方面存在相似性，这种社会集团就是社会阶层。各个阶层所固有的、稳定的划分标准以及阶层之间的相对稳定的构成关系形成了社会阶层结构。旅游对社会阶层结构的影响体现在阶层划分标准的变化，促使新兴阶层的出现。

在旅游介入之前，旅游目的地原有的阶层往往以家庭出身、社会地位为划分标准，形成了以地方精英为代表的传统社会阶层，在外部环境相对稳定的情况下，地方精英的主导地位也难以改变；在旅游介入以后，外来的数字游民、旅居的短期住户，包括来自外地的就业服务人员数量的增加，使得旅游目的地出现了传统地方精英以外的社会阶层，这也意味着传统的地方精英主导地方发展的局面得到了改变，传统的社会阶层划分标准逐渐被资本、技术、目的等新型标准取代，相应地形成了旅游中产阶层，地方传统精英阶层在新兴中产阶层的抗衡对峙下逐渐没落。

旅游目的地的社会阶层主要沿着"阶层结构分化—新兴阶层崛起—传统阶层瓦解"的路径转变，最终结果是新兴中产阶层逐步取代地方精英阶层主导地方发展，新兴中产阶层往往代表着先进的思想观念、管理技术等，对旅游目的地社会经济水平的提升有很强的带动作用。

（三）促进职业结构调整

对某一目的地而言，其各个行业间的职业构成相对稳定，行业之间的从业人员也具有一定的比例。旅游开发之后，旅游目的地居民大多脱离了原有的传统农业生产，从事与旅游相关的各类职业，这不仅改变了旅游目的地居民的生活，同时也促进了旅游目的地社会结构、职业结构的变迁。

旅游目的地职业结构的变化会因旅游发展的进程而呈现不同的特征。一般在旅游发展初期,旅游所带来的就业机会是潜在的。居民通过自发参与旅游经营而获得就业机会,但未完全转变为旅游从业者,还保留着农民、手工业者等职业身份。在该阶段,职业结构受到的影响较小,仍然处于相对稳定状态。当旅游发展至一定阶段之后,旅游企业陆续进入,旅游企业为当地居民提供了大量的就业机会,可能使居民彻底摆脱其原有职业而进入旅游业。同时,大量人员从事旅游业也意味着行业之间从业人员的比例面临失衡,原有职业结构趋于瓦解,新的职业结构逐渐建立。由于从事旅游业所能获得的利益大于从事农业或手工业,旅游开发是旅游目的地职业结构变化的直接原因。此外,职业结构的变化还受相关政策的影响,这主要得益于政府对旅游业发展的支持政策。

旅游目的地居民职业结构的变迁,不仅促进了当地职业结构的合理化,即旅游相关职业劳动力的数量和比例适应旅游及社会经济发展对劳动力的需求,而且能促进当地居民社会阶层结构向公平、合理和公正的现代化社会阶层结构转变。

二、旅游对社会民生的消极影响

(一)干扰目的地居民的正常生活

为了适应开展旅游活动的需要,旅游接待地区的设施在数量和质量上也会有所改善,方便了当地居民的生活。但在旅游旺季,旅游者往往和当地居民争夺这些设施的使用。特别是在接待地综合接待能力有限的情况下,外来旅游者的大量到来使当地居民的生活空间变得相对狭小,当地有限资源的供应也变得很紧张,这些都会给当地居民带来诸多不便,干扰当地居民的正常生活。另外,旅游旺季人满为患的状态出现时,还影响当地居民正常的生活和休闲活动。

(二)引发旅游冲突

旅游冲突是指旅游目的地居民与旅游者群体由于生活方式、风俗习惯、价值体系等因素的不同而引起的歧视、不尊重、不友好,甚至纠纷、对立。这种旅游冲突一般发生在接待地旅游发展已经较为成熟的后期阶段,旅游所带来的消极影响严重影响居民的生活,居民感知从漠然转变为冲突。

由于旅游者的大量涌入,居民的正常生活秩序受到旅游者的严重干扰,生活空间范围也因旅游者的活动范围扩大而缩小。旅游冲突主要表现在三个层面:一是物质层面的冲突,主要有服饰穿戴、建筑风格、生产工具使用等方面的冲突;二是行为层面的冲突,主要有语言表达、家庭结构形态、人际关系状态、生活行为形态等方面的冲突;三是精神层面的冲突,主要有价值观念、宗教信仰、风俗习惯等方面的冲突。

Note

（三）加剧接待地的社会问题

旅游活动开展引发的社会问题主要集中在社会治安恶化和社会思想变异两个方面。旅游作为一种文化的传播手段，其传播的信息很广泛，又由于是民间的、直接的交流，所以旅游者在旅游过程中，不仅会把其民族中的积极因素带入接待地，还会把消极的文化因素传播到接待地。外来的生活方式和思想意识会使接待地的传统道德观念发生裂变和扭曲。由于旅游者在接待地往往会出手阔绰，形成主客之间生活水平悬殊差异，在这样的刺激和诱惑下，民族或地区的自卑感和媚外思想会逐渐加重，接待地的部分居民易失去纯朴的美德，引起价值观的变异，出现诸如"金钱万能""拜金主义"等思潮，使得一些正常的社会交往、社会义务、互相帮助等都变成"有偿服务"。

随着旅游人数的增加，接待地的社会治安问题日益突出。比如旅游城市盗抢、诈骗、侵犯游客人身财产的案件频发。火车站、汽车站等治安乱点区域以介绍工作、廉价出租房屋等为由进行诈骗的案件发案量较高。景区等重点旅游区域以及游客聚集区由社会闲散人员组成的盗抢团伙作案频率较高。这些案件虽然社会危害性不高但是严重影响了游客的旅游体验和旅游产业的健康发展，抹黑了接待地形象。

三、旅游对社会民生影响的系统认识

与前三者不同，旅游对社会民生的影响需要从客源地、旅游目的地两个不同的角度进行分析。作为旅游目的地的当地社会类似一个生态社区，旅游吸引物和服务、旅游者、旅游业以及当地居民构成了一个具有一定关系的生态系统，成为这个系统中的主要成分，他们的比例关系是否协调直接关系到旅游目的地系统的健康和稳定。旅游对旅游目的地社会的影响是复杂的，整体表现为从稳定走向变动，传统的社区关系被打破，新的社区关系建立，但是稳定的社区结构的建立需要新的社区关系以常态化、稳定化的模式运行，而旅游发展的不稳定性又决定了这种常态化、稳定化的运作难以实现，进而使旅游目的地社区结构可能长期处于变动的过程中。

费孝通先生在谈到多民族的文化融合时，曾提出"各美其美，美人之美，美美与共，天下大同"的观点。可见，社会民生中的各种冲突源于旅游者和旅游地居民仅停留在对自己本位文化"各美其美"的高度，及至文化认同阶段，双方已经能够"美人之美"，而文化的整合则达到了"美美与共"的和谐境界，这也是旅游目的地居民对待外来旅游者态度演变的理想模式。

本章小结

旅游业的迅速发展对经济、社会文化及环境都发挥了积极的促进作用，在这一点上，人们已达成了共识，但是任何事物的发展都有其自身的局限性，旅游作为人们的一种休闲活动自然也不例外,它对经济、社会文化及环境的影响也有消极的一面,这已引起人们的广泛关注和重视。认识旅游对经济、社会文化及环境的影响,主要目的是在澄清认识的基础上,采取有效的措施,积极发挥旅游的积极作用,杜绝或减少旅游的消极影响。

复习思考

1. 旅游对经济有哪些方面的影响?
2. 旅游发展对经济质量有何影响?
3. 旅游对社会民生有哪些方面的影响?
4. 旅游对社会结构有何影响?
5. 如何辩证地认识旅游的文化影响?
6. 旅游对地方文化的积极影响表现在哪些方面?
7. 旅游对环境的积极影响表现在哪些方面?
8. 可持续旅游的主要内容有哪些?

复习思考
▼
参考答案

自测习题
▼

Note

参 考 文 献

[1] Chris Ryan. Recreational tourism: A social science perspective [M].London:Routledge,1991.

[2] Csikszentmihalyi M. Optimal experience: Psychological studies of flow in consciousness[M].Cambridge:Cambridge University Press,1988.

[3] 库珀,法伊奥,万希尔,等.旅游学[M].3版张俐俐,蔡利平,等编译.北京:高等教育出版社,2007.

[4] 哈里森,恩兹.旅游接待业战略管理:概念与案例[M].秦宇,等译.北京:旅游教育出版社,2007.

[5] 马斯洛等.人的潜能和价值[M].北京:华夏出版社,1987.

[6] 田里,陈永涛.旅游学概论[M].北京:高等教育出版社,2021.

[7] 田里.旅游学概论[M].天津:南开大学出版社,2006.

[8] 田里.旅游管理学[M].沈阳:东北财经大学出版社,2015.

[9] 马勇,周宵.旅游学概论[M].北京:高等教育出版社,2018.

[10] 申葆嘉.旅游学原理[M].上海:学林出版社,1999.

[11] 吴必虎,宋子千.旅游学概论[M].北京:中国人民大学出版社,2009.

[12] 谢彦君.基础旅游学(第三版)[M].3版.北京:中国旅游出版社,2011.

[13] 谢彦君.基础旅游学[M].4版.北京:商务印书馆.2015.

[14] 邵琪伟.中国旅游大辞典[M].上海:上海辞书出版社,2012.

[15] 李肇荣,曹华盛.旅游学概论[M].北京:清华大学出版社,2006.

[16] 刘琼英.旅游学概论[M].3版.桂林:广西师范大学大学出版社,2021.

[17] 孙月婷,蔡红.旅游学概论[M].北京:首都经济贸易大学出版社,2008.

[18] 后东升,樊丽丽.旅游学概论[M].杨凌:西北农林科技大学出版社,2007.

[19] 杨时进,江新懋.旅游学概论[M]北京:中国旅游出版社,1983.

[20] 谢彦君.旅游体验研究:一种现象学的视角[M].天津:南开大学出版社.2006.

[21] 徐红罡.旅游系统分析[M].天津:南开大学出版社,2009.

[22] 保继刚,楚义芳.旅游地理学[M].3版.北京:高等教育出版社,2012.

[23] 吴必虎.区域旅游规划原理[M].北京:中国旅游出版社,2004.

[24] 李永文.旅游地理学[M].北京:科学出版社,2004.

[25] 曾博伟,魏小安.旅游供给侧结构性改革[M].北京:中国旅游出版社,2016.

[26] 陈健昌,保继刚.旅游者的行为研究及其实践意义[J].地理研究,1988(3).

[27] 郭亚军,张红芳.旅游者决策行为研究[J].旅游科学,2002(4).

[28] 郭亚军. 旅游者决策行为研究[M]. 北京:中国经济出版社,2012.

[29] 黄潇婷. 旅游者时空行为研究[M]. 北京:中国旅游出版社,2011.

[30] 郭长江,崔晓奇,宋绿叶,等. 国内外旅游系统模型研究综述. 中国人口·资源与环境[J],2007(4).

[31] 黄安民. 旅游目的地管理[M]. 武汉:华中科技大学出版社,2016.

[32] 李雪松. 旅游目的地管理[M]. 北京:中国旅游出版社,2017.

[33] 马勇. 旅游接待业[M]. 武汉:华中科技大学出版社,2018.

[34] 邹统钎,陈芸. 旅游目的地营销[M]. 北京:经济管理出版社,2012.

[35] 邹统钎. 旅游目的地开发与管理[M]. 天津:南开大学出版社,2015.

[36] 王晨光. 旅游目的地营销[M]. 北京:经济科学出版社,2005.

[37] 林越英. 旅游影响导论[M]. 北京:旅游教育出版社,2016.

[38] 田里,李鹏,杨懿. 中国旅游新业态发展研究[M]. 北京:中国旅游出版社,2016

[39] 田里. 旅游经济学[M]. 3版.北京:高等教育出版社,2016.

[40] 魏小安,蒋曦宁. 中国旅游发展新常态、新战略[M]. 北京:中国旅游出版社,2016.

[41] 翁瑾,杨开忠. 旅游空间结构的理论与应用[M]. 北京:新华出版社,2005.

[42] 颜文洪,张朝枝. 旅游环境学[M]. 北京:科学出版社,2010.

[43] 杨玲玲,魏小安. 旅游新业态的"新"意探析[J]. 资源与产业,2009(6)

[44] 张文. 旅游影响:理论与实践[M]. 北京:社会科学文献出版社,2007.

[45] 张文建,王晖. 旅游服务管理[M]. 广州:广东旅游出版社,2001.

[46] 张文建. 生产性服务与现代旅游业转型[M].北京:中国旅游出版社,2010.

[47] 章必功. 中国旅游史[M]. 昆明:云南人民出版社. 1992.

[48] 章必功. 中国旅游通史[M]. 北京:商务印书馆. 2016.

[49] 王淑良. 中国旅游史[M]. 北京:旅游教育出版社. 1998.

[50] 王淑良,等. 中国现代旅游史[M]. 南京:东南大学出版社. 2005.

[51] 王永忠. 西方旅游史[M]. 南京:东南大学出版社. 2004.

[52] 谢贵安,谢盛. 中国旅游史[M]. 武汉:武汉大学出版社,2012.

[53] 邹树梅. 旅游史话[M]. 天津:百花文艺出版社,2005.

[54] 黄石林. 旅行史话[M]. 北京:社会科学文献出版社,2012.

[55] 彭勇. 中国旅游史[M]. 郑州:郑州大学出版社,2006.

Note

教学支持说明

为了改善教学效果,提高教材的使用效率,满足高校授课教师的教学需求,本套教材备有与纸质教材配套的教学课件和拓展资源(案例库、习题库等)。

为保证本教学课件及相关教学资料仅为教材使用者所得,我们将向使用本套教材的高校授课教师赠送教学课件或者相关教学资料,烦请授课教师通过邮件或加入旅游专家俱乐部QQ群等方式与我们联系,获取"电子资源申请表"文档并认真准确填写后发给我们,我们的联系方式如下:

地址:湖北省武汉市东湖新技术开发区华工科技园华工园六路

邮编:430223

E-mail:lyzjjlb@163.com

旅游专家俱乐部QQ群号:758712998

旅游专家俱乐部QQ群二维码:

群名称:旅游专家俱乐部5群
群　号:758712998

电子资源申请表

填表时间：_____年____月____日

1. 以下内容请教师按实际情况填写，★为必填项。
2. 根据个人情况如实填写，相关内容可以酌情调整提交。

★姓名		★性别	□男 □女	出生年月		★职务	
						★职称	□教授 □副教授 □讲师 □助教
★学校				★院/系			
★教研室				★专业			
★办公电话			家庭电话			★移动电话	
★E-mail （请填写清晰）						★QQ号/微信号	
★联系地址						★邮编	

★现在主授课程情况	学生人数	教材所属出版社	教材满意度
课程一			□满意 □一般 □不满意
课程二			□满意 □一般 □不满意
课程三			□满意 □一般 □不满意
其 他			□满意 □一般 □不满意

教 材 出 版 信 息		
方向一		□准备写 □写作中 □已成稿 □已出版待修订 □有讲义
方向二		□准备写 □写作中 □已成稿 □已出版待修订 □有讲义
方向三		□准备写 □写作中 □已成稿 □已出版待修订 □有讲义

请教师认真填写表格下列内容，提供索取课件配套教材的相关信息，我社根据每位教师填表信息的完整性、授课情况与索取课件的相关性，以及教材使用的情况赠送教材的配套课件及相关教学资源。

ISBN（书号）	书名	作者	索取课件简要说明	学生人数 （如选作教材）
			□教学 □参考	
			□教学 □参考	

★您对与课件配套的纸质教材的意见和建议，希望提供哪些配套教学资源：